《外语教学研究新视界文库》 刘长江 主编
中央高校基本科研业务费专项科研项目资助，No. NR2013051

A Study on College English Classroom Ecology in the Context of Informatization

信息化语境下大学英语课堂生态研究

刘长江◎著

中国出版集团
世界图书出版公司
广州·上海·西安·北京

图书在版编目（CIP）数据

信息化语境下大学英语课堂生态研究 / 刘长江著 . —广州 : 世界图书出版广东有限公司 , 2014.8
ISBN 978-7-5100-8361-7

Ⅰ . ①信… Ⅱ . ①刘… Ⅲ . ①英语—课堂教学—教学研究—高等学校 Ⅳ . ① H319.3

中国版本图书馆 CIP 数据核字（2014）第 175807 号

信息化语境下大学英语课堂生态研究

责任编辑	宋 焱
出版发行	世界图书出版广东有限公司
地 址	广州市新港西路大江冲 25 号
	http:// www.gdst.com.cn
印 刷	虎彩印艺股份有限公司
规 格	710mm×1000mm 1/16
印 张	13.25
字 数	252 千
版 次	2014 年 8 月第 1 版 2016 年 1 月第 3 次印刷
ISBN	978-7-5100-8361-7/G・1705
定 价	40.00 元

版权所有，翻版必究

序　言

刘长江教授的专著《信息化语境下大学英语课堂生态研究》是他近几年从事外语教学生态研究的阶段性成果。现在这部著作能够由世界图书出版公司出版，的确是一件可喜可贺的事情！

大学英语因其课程的特殊性，涉及面和影响面极广，高校学生几乎都要修读这门课程，因此备受各方关注。尤其是2004年开始的大学英语教学改革主张把计算机网络应用于教学，一改外语教学的固有传统，使教学发生了许多前所未有的变化，引发了许多相关研究：有关于学生网络自主学习的研究，有关于信息化语境下教师角色的研究，有关于网络自学与课堂教学的关系研究，也有关于网络环境下教学方法的研究，等等。然而，这些研究尽管在理念上有所突破，但教学上所发生的变化及由此引起的失调现象（mismatches）还是缺乏较有说服力的解释和研究。大学英语教学改革已近10年，这种状况依然没有得到改善，这就需要外语教育工作者探寻不同的研究视角。

刘长江是我2010年就开始带的博士研究生，在完成学位课程开始进行论文写作选题时，他也是颇费了一些功夫，动了一番脑筋。经过反复讨论与不断思考，他最终将论文方向确定在大学英语课堂生态化的研究上，这个选题很有眼光，也是探索中国外语教学的新视角。经过努力，他比较顺利地完成了博士论文的写作和答辩。现在看到的这部专著在他原来博士论文的基础上又进行了一定的修改。纵观全书，作者选取了以我国大学英语教学改革为背景，以外语课堂生态化视角为主线，运用质性分析与量性分析相结合的方法，对我国大学英语教学进行了较为深入细致的考察，获得了不少有价值的发现。在我看来，刘长江的研究在先前研究的基础上有了一定的突破和创新，主要体现在以下两个方面：①本研究对外语教学的理解和阐释从"静态性"走向了"动态性"，把外语课堂看作是一个微观生态系统。其中主要的生态因子（教师、学生、技术、环境）之间的交互使课堂的生态随之发生变化，因此课堂教学是一个动态发展过程，是学生知识建构和能力培养的过程，是师生共同参与探求知识的过程。从动态的生态化角度对外语课堂教学进行理解，有利于我们更好地把握课堂教学的内涵，对外语课堂教学中的很多变化和失衡现象有着更强的解释力。②该研究借鉴了该领域有关外语课程生态化研究的现有成果，但并没有拘泥于此，而是结合现代信息技术对外语教学的实际影响情况，对信息技术与其他课堂生态因子的关系进行了较为科学辩证的分析，从而提出了大学英语课堂生态重构的原则、路径和策略，在一定程度上为当前的大学英语教学改革提供了富有价值的理论参考。

刘长江在学期间潜心研读、思想活跃、思维敏捷、虚心求教，做事踏实认真，毕业后仍在外语教学研究领域不懈探索。我很高兴地注意到，在刘长江的带动下，国内陆续有其他学者和博士研究生开展了外语教学生态化方面的研究。从这个角度讲，他带了一个好头。作者在出版前对书稿几经修改，虽然不可避免的还留有一些遗憾和值得商榷之处，但我想这也是正常的，学术研究的价值大抵就在于此吧。

外语教学生态化研究蕴藏着广阔的研究和发展空间，也可以说在MOOCs、微课、翻转课堂等快速发展的今天，人们更应冷静思考，在引进富有时代感理念的同时，更要注重外语教学生态的动态和谐发展。因此，外语教学生态化研究应该有所为，而且完全能够大有可为。衷心希望本研究能够引起学界专家学者和广大外语教师对外语教学生态化这个研究课题的更多关注，推动我国的外语教学理论不断向前发展。

刘长江早就向我约定，如果专著将来能够出版，请我为之作序。现在书已付梓，自然应当履约。

是为序。

陈坚林

2014 年 7 月于上海外国语大学

前　言

教育信息化是时代发展的必然，也是我国信息化发展的战略重点之一和教育现代化的必经之路。飞速发展的信息技术不断改变着人们的生活、工作和思维方式，同时也改变着教学。特别是近10年来的大学英语教学，已经和现代信息技术紧密联结。基于计算机网络和课堂的大学英语教学模式在全国范围内广泛推广，促使大学英语教学水平整体跃升。然而，在现代信息技术逐渐从辅助教学走向引领教学的过程中，大学英语课堂教学也出现了一些亟待解决的问题。

本研究采用跨学科的研究视角，运用生态学和系统科学的相关理论，按照发现问题、描述问题、分析问题和解决问题的基本思路，对信息化语境下的大学英语课堂生态进行了系统分析和深度探究，最终提出了消解大学英语课堂生态失衡问题的方略和举措。具体地说，就是将大学英语课堂视为一个微观教育生态系统予以研究，重点回答了4个问题：①大学英语课堂生态具有怎样的结构、功能和特征？②信息化语境下的大学英语课堂生态存在哪些失衡现象？③大学英语课堂生态的失衡与现代信息技术的使用有何关联？④如何在信息化语境下重构大学英语课堂生态？这四个问题属于渐进式问题，关于前一问题的研究构成了后续问题研究的基础。

本研究的主要观点如下：

1）大学英语课堂具有生态系统的基本属性，其基本结构可以简化为"人+课堂生态环境"，"人"包括构成课堂生态主体的教师和学生，"课堂生态环境"包括课前生成的环境（教室的物理环境、师生背景、教学媒介等）、课中生成的环境（师生关系、生生关系、师生情感态度等）和课后生成的环境（班风学风、课堂规章制度等），课堂生态主体和课堂生态环境之间相互作用、相互影响，共同决定着课堂生态系统的运行状态。从营养结构来看，教师主要是生态系统里的生产者，将来自系统外部或自身创造的信息（即知识），通过课堂环境传授给作为消费者的学生，学生同时作为分解者消化吸收这些信息（知识），再通过课堂环境给老师一定的反馈，实现着生态系统中信息和智能的流动。需要注意的是，教师和学生虽为生态主体，但也可能成为影响学习者的环境因子。教师、学生、课堂环境之间产生着复杂的交互作用，帮助系统发挥着优化结构、调谐关系、促进演化和生态育人等功能。

2）现代信息技术强力介入大学英语课堂教学以后，长期处于平稳运行状态的大学英语课堂生态受到了极大的扰动，出现了课堂生态结构上的失衡和功能上的失调。结构上的失衡主要体现在系统组分构成比重的失调、系统组分之间交互关系的失谐和系统内部营养结构的失衡。其中构成比重的失谐主要体现为信息技术应用的增多；交互关系的失谐主要表现为生态主体之间的失谐以及教师、学生、教学模式、教材、教室布局、教学内容、教学评估、教学管理等方面与信息技术之间的失谐；营养结构的失衡表现为大学英语教师缺乏专业发展的机会以及学生缺乏足够的自主学习能力和自我建构知识的能力。功能上的失调包括课堂生态系统结构优化功能衰减、关系调谐功能减弱、演化促进功能退化和生态育人功能降低，生态系统的整体功能难以发挥。

3）大学英语课堂生态的失衡和信息技术的应用紧密相关。在信息技术由原先的系统外部环境变为系统内部因子甚至主导因子的过程中，原本相对平衡的课堂生态被迅速带离到远离平衡态的非线性区域，系统进入较严重的失衡状态。在此状态下，信息技术并没有能够如预想的那般强劲地带动系统内部其他因子同步协变而形成合力，各生态因子的联动效应不够，未能较快地帮助系统完成阶段性演化，重新形成生产力大大增强的新的动态平衡结构——耗散结构。在系统失衡的状态下，系统内部各种交互关系出现失谐，课堂生态内部各种矛盾凸显。这些问题汇聚到一起，产生了整体效应，引起了各级教育主管部门的关注，外语教育界开始对大学英语教学目标、教学内容、信息技术的作用、网络自主学习的效果等进行集中反思，导致教改进入一个力度减弱、发展变缓的高原期和迷惘期，课堂生态被带回到线性区域，但仍处于非平衡态。如何重构课堂生态的平衡以提高课堂教学成效，成为了摆在广大外语教育工作者面前亟待解决的一个问题。

4）信息技术运用于外语教学的巨大优势以及信息技术使用的不可逆性，决定了大学英语课堂生态的重构必须坚持以信息化为语境，以科学合理地整合信息技术与外语教学为基本策略,这是重构大学英语课堂生态的前提条件。本研究认为,重构大学英语课堂生态必须坚持生态性、系统性、人本性和有效性原则,通过发挥信息技术作为主导因子的引领作用、控制课堂生态中的限制因子、调整课堂生态因子的生态位、引导系统各组分同步协变、规避课堂环境构建中的花盆效应、重塑互动对话的生态课堂交往、恢复信息化课堂的生态功能、保持课堂生态的活水效应等方法,优化课堂生态结构和功能,促进课堂生态的修复。在实践层面,外语教学工作者尤其要注重创新大学英语教学观念,建立分级分类培养体系和分层分类课程体系,构建多元互动课堂环境,提高师生信息技术素养,提供立体化教学资源,采用因境而变的教学方法,调整师生课堂角色,发展平等和谐的师生关系,构建多元多向的评价体系,最终创建出和谐高效、师生共生的生态课堂。

  本研究拓展了课堂研究的理论空间,开阔了课堂教学问题的研究思路,同时在跨学科理论运用方面进一步推进了教育生态学的发展,具有较好的理论和实践意义,同时在研究视角、研究对象、理论基础和问题解决方案等方面具有一定的创新性。然而,正所谓研前不知深浅,研后方知短长,本研究在研究方法、理论运用和研究内容上还存在一些局限,需要在以后的研究中予以克服。

目 录

第 1 章 引 论   001
    1.1 研究背景   001
    1.2 研究对象、问题和方法   020
    1.3 研究意义和主要创新点   023
    1.4 研究框架   025

第 2 章 理论基础   027
    2.1 理论基础之一：生态学理论   027
    2.2 理论基础之二：系统科学理论   043
    2.3 本研究理论运用的基本思路   053
    2.4 本章小结   054

第 3 章 大学英语课堂的生态性研究   055
    3.1 大学英语课堂的生态性论证   055
    3.2 大学英语课堂生态的结构和功能   062
    3.3 大学英语课堂生态的国内外研究   071
    3.4 本章小结   073

第 4 章 信息化语境下大学英语课堂生态失衡现象考察   074
    4.1 结构上的失衡   074
    4.2 功能上的失调   089
    4.3 本章小结   093

第 5 章 大学英语课堂生态失衡的信息技术归因   094
    5.1 信息技术的应用与系统整体的失衡   094
    5.2 信息技术的应用与系统局部的失衡   100

    5.3 本章小结   107

第6章 信息化语境下大学英语课堂生态的重构   108
    6.1 重构前提   108
    6.2 重构原则   110
    6.3 重构路径   118
    6.4 实践策略   132
    6.5 本章小结   166

第7章 结 论   167
    7.1 本研究的主要观点   167
    7.2 本研究的局限   171
    7.3 进一步研究的方向   172

参考文献   174

附录1 Abstract in English   182

附录2 本研究中常用词语英译   187

致 谢   199

图 目 录

图 1-1	研究的缘起	001
图 1-2	写作框架	025
图 2-1	耐受性定律图解	035
图 2-2	生态位重叠示意图	036
图 2-3	种群密度与存活率的相互关系	039
图 2-4	香农的通讯系统模型	046
图 2-5	控制系统中的信息反馈	048
图 2-6	本研究理论运用的思路	053
图 3-1	生态系统的基本构造（左）和三大功能类群的营养结构（右）	063
图 3-2	课堂生态系统的基本构造（左）和营养结构（右）	063
图 3-3	课堂生态结构	066
图 3-4	生态课堂结构	066
图 3-5	讲授式课堂生态	068
图 3-6	建构式课堂生态	068
图 3-7	共建式课堂生态	068
图 3-8	近 5 年相关主题论文数	073
图 4-1	课堂生态系统的主要组分	075
图 4-2	课堂生态主体网状交互关系	077
图 4-3	基于计算机和课堂的英语教学模式	083
图 4-4	教室座位设计模式	085
图 6-1	教学交互属性分类	127
图 6-2	课堂生态恢复机制	130
图 6-3	教师课堂角色	156

表 目 录

表 1-1　大学英语教学改革大事记　　008
表 2-1　生态学发展简表　　029
表 3-1　新世纪国内课堂生态研究论文数据统计　　060
表 4-1　大学英语教师实际平均周课时（取样学校 225 所）　　079
表 4-2　ICT 与大学英语整合的现状　　080
表 4-3　对大学英语学习效果的学生自评　　093
表 6-1　分级测试内容细目表　　137
表 6-2　不同起点班级的不同教学目标　　139
表 6-3　大学英语分层课程设置　　142
表 6-4　大学英语分类课程设置　　142
表 6-5　大学英语信息化课程设置（2013 年）　　142

第 1 章 引 论

教育信息化是人类教育史上又一次历史性革命，对促进教育方式、教育过程的变革以及教育资源的优化配置具有重要的推动作用。教育信息化语境下的大学英语教学正经历着与各种现代信息技术尤其是计算机网络技术的深层次整合。整合过程中的大学英语教学出现了一些新的现象和问题，需要深入分析和研究。课堂作为开展各种教学活动的主战场，从生态学视角看，是一个由教师、学生、教学环境等生态因子相互联系、相互依存而构成的生态系统。本研究拟结合生态学和系统科学的相关理论与方法，研究信息化语境下大学英语课堂生态的失衡现象，分析其原因，最后从生态的视角提出重构大学英语生态课堂的原则、路径和实践策略。本章将着重介绍本研究的时代背景、主要研究问题和方法、研究的意义与价值以及论文的结构框架。

1.1 研究背景

本研究是以问题为驱动的研究，源于现代信息技术应用于大学英语教学所伴生的问题以及教育生态学的发展为解决这些问题所提供的新视角和新理论。下面笔者将从新语境、新改革、新问题、新思路这四点一线（见图1-1）来探寻本研究的背景和缘起。

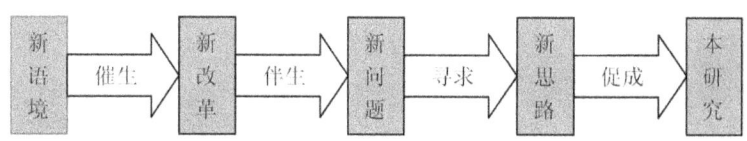

图 1-1 研究的缘起

1.1.1 新语境——教育信息化

信息化（informationization）是当今世界发展的大趋势，是推动世界政治、经济、社会、文化和军事变革的重要力量。一些发达国家如美国、英国、法国、德国等早在20世纪90年代就制定了具体的信息化发展规划，其中最具代表性的有美国克林顿政府于1993年9月提出的"国家信息基础设施"（National Information Infrastructure，简称"NII"）建设计划，俗称"信息高速公路"（information super highway）计划。该信息化战略是人类历史上的第一个信息化发展战略，（李湘虹、庞景安，1998：127—130）其主要目标是发展以互联网为核心的综合化信息服务体系和推进信息技术在社会各领域的广泛应用。随后，越来越多的发展中国家也开始主动迎接信息化发展带来的新机遇。我国早在1997年就召开了首次全国信息化工作会议，对"信息化"和"国家信息化"做了明确的定义。2006年，我国又制定了《2006—2020年国家信息化发展战略》，这是我国首次提出的较为系统全面的国家信息化发展战略。加快信息化发展，已经成为世界各国的共同选择。

什么是信息化？下面先探讨一下信息化的定义和内涵。信息化的概念起源于20世纪60年代的日本，首先是由日本著名社会学家梅棹忠夫教授于1963年在其论文《论信息产业》中提出的，而后被译成英文传播到西方。在我国，奚熙贤应该是最早使用信息化这一术语的学者，他于1979年在《气象》第10期上发表了一篇文章《气象资料信息化在我站的应用》。（王运武、陈琳，2008：32—33）关于信息化的表述，在我国学术界和政府内部有过较长时间的研讨，意见不一。有的人认为，信息化是指计算机、通信和网络技术的现代化；有的人认为，信息化是对某一系统或某一领域中信息的生成、分析、处理、传递和利用所进行的有意义活动的总称；有的人认为，信息化是一个从工业社会向信息社会演进的过程；有的人认为，信息化是一个从物质生产占主导地位的社会向信息产业占主导地位的社会转变的发展过程；如此等等。我国于1997年召开的首届全国信息化工作会议，将信息化定义为培育、发展以智能化工具为代表的新的生产力并使之造福于社会的历史过程；最新公布的《2006—2020年国家信息化发展战略》指出，"信息化是充分利用信息技术，开发利用信息资源，促进信息交流和知识共享，提高经济增长质量，推动经济社会发展转型的历史进程"（中共中央、国务院，2006：1）。综上所述，信息化至少包含以下几个方面的含义：

1）信息化的目的是推动行业发展和社会转型，促进文明进步。

2）信息化的基础是现代信息技术的不断发展，多媒体计算机技术、网络技术、通讯技术、人工智能和仿真技术的发展为各个行业和领域的信息化准备了技术条件。

3）信息化的核心内容是充分利用信息技术，开发利用信息资源，优化各个行业或领域的发展方式和过程。

4）信息化是一个长期持续的动态历史过程而非一种静止的状态，它是社会文明不断进步的发展途径之一。

教育信息化是我国信息化发展的战略重点之一。《2006—2020年国家信息化发展战略》（中共中央、国务院，2006：11）明确指出，在推进社会信息化方面必须"加快教育科研信息化步伐。提升基础教育、高等教育和职业教育信息化水平，持续推进农村现代远程教育，实现优质教育资源共享，促进教育均衡发展"。《国家中长期教育改革和发展规划纲要（2010—2020年）》（以下简称《教育规划纲要》）第十九章也专门从教育信息基础设施建设、优质教育资源开发与应用、国家教育管理信息系统构建三方面阐述了如何加快我国教育信息化进程。《教育规划纲要》特别指出"信息技术对教育发展具有革命性影响，必须予以高度重视"，并要求"强化信息技术应用。提高教师应用信息技术水平，更新教学观念，改进教学方法，提高教学效果。鼓励学生利用信息手段主动学习、自主学习，增强运用信息技术分析解决问题的能力"（中共中央、国务院，2010：58—59）。2012年初，教育部又专门制定了《教育信息化十年发展规划（2011—2020年）》，明确了进一步推进我国教育信息化的总体战略、发展任务、行动计划和保障措施，力争用10年时间的发展使我国教育信息化整体上接近国际先进水平。

什么是教育信息化？该概念是20世纪90年代伴随着美国信息高速公路的兴建而提出的。在美国的"信息高速公路"计划中，特别把信息技术（Information Technology，简称"IT"）在教育中的应用作为实施面向21世纪教育改革的重要途径，美国的这一举动引起了世界各国的积极反应，许多国家的政府相继制定了推进本国IT在教育领域应用的计划。我国自20世纪90年代开始关注信息技术对社会发展的影响，政府相关文件开始使用"教育信息化"（educational informationization）这一概念。（规划编制专家组，2012：6—7）教育信息化的称谓，强调的是一个动态的不断发展的过程，体现了东方语言的思维。西方国家的文献中使用这一概念的比较少，而是使用一些相对比较具体的概念，如电子教育（e-education）、电子学习（e-learning）、信息技术在教育中的应用（IT in education）、信息与通信技术在教育中的应用（ICT in education）、在线教育（online education）、虚拟教育（virtual education）、赛博教育（cyber education）等。

教育信息化的定义很多，主要是国内学者从不同角度做出的解释，王运武和陈琳在《中外教育信息化比较研究》（2008：34—35）一书中列出了国内17个学者的不同定义，现转引其中6个具有代表性的定义如下：

1）教育信息化是指在教育领域全面深入地运用以多媒体计算机和网络通信技术为基础的现代化信息技术，促进教育改革和教育现代化，使之适应信息化对教育发展的新要求。（何克抗、李文光）

2）所谓教育信息化，是指将信息通信技术（ICT）充分整合应用在教育系统之中，在一定程度上实现教育教学、组织管理、校园生活服务等活动的数字化、网络化、虚拟化，从而提高教育质量和效率，最终形成适应信息社会要求的新教育模式。（张建伟）

3）教育信息化是指在教育与教学领域的各个方面，在先进的教育思想指导下，积极应用信息技术，深入开发、广泛利用信息资源，培养适应信息社会要求的创新人才，加速实现教育现代化的系统工程。（李克东）

4）教育信息化是将信息作为教育系统的一种基本构成要素，并在教育各个领域广泛地利用信息技术促进教育现代化的过程。教育信息化的过程应高度重视对教育系统以信息的观点进行信息分析，并在此基础之上进行信息技术在教育中的有效应用。（黄荣怀）

5）所谓教育信息化，是指在教育领域全面、深入地运用现代信息技术来促进教育改革与发展的过程，其技术特点是数字化、网络化、智能化和多媒体化，基本特征是开放、共享、交互和协作。（范坤）

6）所谓教育信息化，就是将信息作为教育系统的一种基本构成要素，培育和发展以智能化教育工具为代表的新的教育能力，在教育的各个领域广泛地利用信息技术，并使之促进教育事业发展，实现教育现代化的历史过程。（秦如祥）

以上教育信息化的定义略有差异，主要表现在：①对现代信息技术的界定；

②对教育信息化目的的表述。至于什么是现代信息技术，不同学者理解的侧重点略有不同，有学者认为现代信息技术主要指多媒体计算机和网络技术，有人认为主要指信息通信技术，还有人认为主要指智能化教育工具，名称不同，内涵大致相同。本研究中所提到的现代信息技术的概念基本等同于信息技术的概念，主要指计算机软硬件技术、网络和通讯技术以及应用软件开发应用等。关于教育信息化的目的，有的学者将其表述为促进教育的改革和发展，有的人将其表述为促进教育的改革和现代化，还有人将其表述为提高教育质量和效率并构建新的教育模式。本研究认为，这些都是教育信息化的目的，只不过有些是直接目的，有些是长远目标而已。

综上所述，本研究认为，教育信息化就是为了提高教育教学效果和人才培养质量，在教育领域广泛使用现代信息技术，优化教育教学资源和方式方法、促进教育现代化的历史过程。这个定义首先明确了教育信息化的目的。国家将教育信息化视为国家信息化的战略重点之一，并投入大量的人力、财力、物力支持其发展，就是为了提高教育教学效果和人才培养质量，最终服务于国家的可持续发展。尽管教育信息化在促进人类发展的同时，也可能给教育的某些环节和方面、给人才成长和人们的工作生活带来某些消极的影响，但这些问题不是教育信息化的初衷，也可以在将来教育信息化的进程中寻求解决的途径。其次，这个定义强调了教育信息化的核心内容就是在教材编写、教学环境构建、教学方式方法、教学管理、教学评估等教育领域积极应用现代信息技术。

教育信息化是一个动态的不断发展的过程，其原始动力和直接目的是现代信息技术的教育应用，是在教育系统的各个领域，充分利用现代信息技术、开发利用信息资源，促进信息交流和知识共享、促进教育现代化的历史进程。教育信息化的技术特点包括数字化、网络化、智能化和多媒体化等，可以实现具有开放、共享、交互、协作等特征的教育应用。（规划编制专家组，2012：6—7）教育信息化的内涵包括：教育教学环境的信息化，教室、实验室、图书馆、阅览室等基础教学设施的网络化，教育资源、课程教材的信息化，教学模式和教学思想的信息化，教学管理和教学评估的信息化，教学相关人员自身的信息化等。

教育信息化是教育现代化的必经之路，为各个层次的教育革新和现代化以及各门学科教学的创新与变革提供了新语境。当信息化进入教育系统以后，基础教育、职业教育、高等教育、远程教育纷纷开始探索现代信息技术在教学中的应用。就高等教育来说,各门学科也都本着自身的学科特点,充分利用现代信息技术优化教学方式、学习方式、教学环境和教学管理,以提高教学实效。大学英语课程作为一门重要的基础课,率先开启了信息化之路,成为高等教育信息化的排头兵。

1.1.2 新改革——基于信息化的大学英语教学改革

大学英语是为非英语专业大学生开设的英语课程,是一门几乎关系到每一位大学生的重要基础课,以前被称为公共英语,自1986年"中国公共外语教学研究会"更名为"中国大学外语教学研究会"以后,"大学英语"这个名称才逐渐被使用。新中国建国以来,尤其是近30年来,大学英语教学一直在教材、教学内容、教学方法、教学手段等方面不断革新,但改革力度最大的当属2004年初以来由教育部直接推动的基于信息化的大学英语教学改革,其核心内容就是将信息技术广泛应用于大学英语教学,实践基于计算机网络和课堂的大学英语教学模式。

众所周知,外语教学的发展与技术进步紧密相关,技术的革新可以优化外语教学的手段和方式。19世纪90年代,幻灯最早运用于教学,包括外语教学,这就是早期的外语电化教学。20世纪20—40年代,广播、有声电影、录音等教学工具相继出现,外语电化教学也有了新的发展。20世纪40年代流行于美国和其他国家的听说法,尤其是20世纪50年代诞生于法国的视听法,广泛利用幻灯、电影等电化教学设备组织听说操练,使听觉形象和视觉形象结合起来,在情境中整体感知外语的声音和结构。20世纪六七十年代,开始使用录音机、语言实验室和录像进行外语教学。由此可见,外语电化教学已经具有几十年的历史了。

最近30年现代信息技术的发展又将外语电化教学推向新的阶段,即外语信息化教学阶段。20世纪80年代以来,基于计算机的语言学习材料开始出现,学习者可以通过使用计算机来提高自身语言能力,这个过程称为计算机辅助语言教学(Computer-Assisted Language Learning,简称"CALL")。CALL随即成为应用语言学研究的新领域。随着现代信息技术的迅猛发展和教育信息化的不断推进,基于计算机网络和多媒体的信息化外语教学成为教育发展的必然趋势。

当然,除了教育信息化对大学英语教学提出了改革要求和准备了技术条件之外,大学英语也有不得不进行改革的内在需求。这主要有两个方面的原因:①坚持改革开放的中国对通晓英语的国际化人才的需求不断增大。在经济全球化的进程中,中国的可持续发展离不开跨文化交流,而英语作为国际通用语言在跨文化交流中所扮演的重要角色尚无可挑战。②我国大学英语教学长期难脱"费时低效"和"哑巴英语"之咎。虽然大学英语课程的学分比重和课时占了每个本科生总学分和总课时的1/10左右,是高校里历时最长、课时最多的课程,但是社会对高校毕业生的英语水平很不满意,尤其是对毕业生的英语口头交际能力很不满意。虽然很多学生通过了大学英语四级考试甚至大学英语六级考试,具有较强的英语阅读能力,但是他们往往缺乏在国际舞台上或国际交往中直接使用英语进行口头交际的能力。大学英语必须进行教学改革,提高教学效果,培养具有英语实际运用能力的跨文化交际人才。

在内在需求和外部条件的共同作用下,在教育主管部门的大力推动下,一场基于信息化的大学英语教学改革终于在21世纪之初拉开了帷幕。

2000年5月,教育部启动了"新世纪网络课程建设工程"。2002年1月7日,教育部办公厅公布了"新世纪网络课程建设工程"第二、三批项目,华南理工大学、湖南大学、电子科技大学、全国高等学校教学研究中心联合申报的"大学英语网络课程"获批准正式立项,首次将现代信息技术系统地引入大学英语教学。2002年12月23日,教育部高等教育司下发《关于启动大学英语教学改革部分项目的通知》,启动了两项大学英语教学改革项目,一项是制定《大学英语教学基本要求》,另一项是建设大学英语网络与多媒体教学体系。2003年4月,教育部正式启动了"高等学校教学质量和教学改革工程",将大学英语教学改革列为"质量工程"4项工作中的第二项,要求广泛采用先进的信息技术,推动基于计算机的英语教学改革。2003年12月2日,教育部高等教育司发出《关于开展大学英语教学改革试点工作的通知》,2004年1月,教育部办公厅印发《大学英语课程教学要求(试行)》,2004年2月6日发出《关于实施大学英语教学改革试点工作的通知》,确定了180所院校参加大学英语教学改革试点工作。2006年4月,教育部批准了其中31所院校为大学英语教学改革示范点。2007年6月,教育部批准了第二批共34个大学英语教学改革示范点项目学校,同年7月10日,教育部办公厅发出关于印发修订后的《大学英语课程教学要求》的通知,这标志着基于信息化的大学英语教学改革进入了新的阶段。(王守仁,2008:26—36)。

这场基于信息化的大学英语教学改革的主要历程可以用表1-1清晰地呈现。

表 1-1　大学英语教学改革大事记

阶段	时间	重要事件
准备阶段 2000—2004	2000.5	教育部启动"新世纪网络课程建设工程"
	2002.1	教育部批准"大学英语网络课程"项目
	2002.12	教育部启动两项大学英语教学改革项目，着手制定《大学英语课程教学要求》和设计网络多媒体教学体系
	2003.2	教育部成立"大学英语教学基本要求"项目组，委托4家出版社开发"大学英语教学软件"
	2004.1	《大学英语课程教学要求（试行）》编写完成并印发
试点阶段 2004—2006	2004.1	教育部确定180所院校参加教学改革试点
	2004.3	教育部成立大学英语四、六级考试改革项目组
	2004.11	教育部批准设立了239项大学英语教学改革拓展研究项目
	2005.10	教育部批准195项第二批大学英语教学改革扩展项目
	2006.4	教育部批准31所院校为大学英语教学改革示范点，成立了2006—2010年教育部大学外语教学指导委员会
	2006.4—8	教育部组织全面调研大学英语教学改革进展情况，组织开展专家巡讲活动；四、六级考试大纲完成修订
推广阶段 2006—至今	2006.8	教育部发出全面实施大学英语教学改革的通知
	2006.9	教育部组织专家进行全国巡讲活动
	2006.11	教育部成立《大学英语课程教学要求》修订项目组
	2007.1	教育部启动大学英语四、六级网考研究项目
	2007.6	教育部批准34所第二批大学英语教学改革示范点
	2007.7	教育部批准印发修订后的《大学英语课程教学要求》
	2008.4	教育部对两批示范点学校进行项目中期检查
	近年	各校根据校情，深化大学英语教学改革

《大学英语课程教学要求》（以下简称《课程要求》）是这场基于信息化的大学英语教学改革的纲领性文件。在信息化资源开发和利用、教学模式、教学管理等方面，《课程要求》做出了如下规定：

应大量使用先进的信息技术，开发和建设各种基于计算机和网络的课程，为学生提供良好的语言学习环境和条件。

各高等学校应充分利用现代信息技术，采用基于计算机和课堂的英语教学模式，改进以教师讲授为主的单一教学模式。新的教学模式应以现代信息技术，特别是网络技术为支撑，使英语的教与学可以在一定程度上不受时间和地点的限制，朝着个性化和自主学习的方向发展。

各高等学校应根据本校的条件和学生的英语水平，探索建立网络环境下的听说教学模式，直接在局域网或校园网上进行听说教学和训练。读写译课程的教学既可在课堂进行，也可在计算机网络环境下进行。对于使用计算机网络教学的课程，应有相应的面授辅导课时，以保证学习的效果。

为实施新教学模式而研制的网络教学系统应涵盖教学、学习、反馈、管理的完整过程，包括学生学习和自评、教师授课、教师在线辅导、对学生学习和教师辅导的监控管理等模块，能随时记录、了解、检测学生的学习情况以及教师的教学与辅导情况，体现交互性和多媒体性，易于操作。各高等学校应选用优秀的教学软件，鼓励教师有效地使用网络、多媒体及其他教学资源。（教育部高等教育司，2007：16—36）

从以上要求可以看出，这场在教育部直接推动下的自上而下的大学英语教学改革的核心内容是信息化、个性化和自主性，信息化是实现个性化和自主性的前提和基础。首先必须充分利用计算机和网络技术，改变英语教学环境，使教材变为纸质版、光盘版和网络版三位一体的立体化教材，使学习环境变为传统教室、网络教室、空中教室三位一体的、能突破时空限制的立体化学习环境，然后才能通过因材施教、分类指导、个性化教学的方式培养学生的学习自主性，使他们全面、个性、自由发展。

基于信息化的大学英语教学改革是我国教育信息化的重要内容之一，也是高等学校各门课程信息化改革的排头兵和突破口，扮演着开路先锋的角色，具有很强的示范作用。时任教育部高等教育司司长的张尧学（2003）认为，作为《高等学校教学质量与教学改革工程》重要内容之一的大学本科公共英语教学改革事关如何培养新一代高素质创新性专门人才和拔尖人才、提高我国综合国力和国际竞争力的大局，同时也是高等教育人才培养和教学改革的重要突破口和最有可能用先进的信息技术手段改进传统教学模式、取得重大突破的领域。这场改革以现代信息技术在大学英语教学中的应用为核心内容，因此改革的历程也是我国大学英语教学信息化的过程，给大学英语教学带来了新的面貌和新的景象。这场改革始于 2000 年，迄今已经跨越了 13 个年头。这 13 年的历程可以分为 3 个阶段：①准备阶段（2000 年 5 月—2004 年 1 月）；②试点阶段（2004 年 2 月—2006 年 8 月）；③推广阶段（2006 年 8 月—至今）。本研究主要关注试点阶段和推广阶段伴随着现代信息技术的使用而出现的新现象和新问题。

1.1.3 新问题——大学英语教学信息化所遇到的问题

任何新生事物的出现都会给固有格局带来新的变化，任何新技术的应用都会给应用领域带来一定程度的改观，现代信息技术也不例外。当计算机多媒体和网络技术广泛应用于大学英语教学以后，各教学要素、教学环节以及教学要素之间的关系都会发生很大的变化，最终影响到大学英语教学质量和人才培养质量。基于信息化的大学英语教学改革自 2004 年初开始试点以来，已经经历了 9 个年头。这九年的改革给大学英语课堂教学带来了积极的改观，同时也衍生了一些亟待解决的问题。在陈述问题之前，先来看看信息化给课堂教学带来的积极变化。

1）信息技术拓展了课堂。传统的课堂主要是指由教师和学生在一起开展教学活动的教室。教师、学生、教材、黑板等都是课堂教学的要素，教师是知识的传授者，学生是知识的接受者，教材是知识传播的媒介，黑板是讲授知识的工具。当现代信息技术广泛应用于大学英语教学以后，教学环境、教学方法、师生角色等都发生了很大变化，学习资源的展现形式也变得更加丰富多样，大学英语课堂也从传统课堂拓展到了空中课堂和网络虚拟课堂，基于计算机和网络的课堂教学以及基于网络的学生自主学习已成为大学英语教学的重要组成部分。

2）信息技术丰富了教学资源的表现形式。在现代信息技术广泛应用于大学英语教学之前，教学资源主要是传统的纸质教科书，教师和教材是学生获取知识的主要来源。随着计算机、多媒体和网络技术的普及应用，数字化的课程资源已经成为大学英语教学资源的主要表现形式。各种各样的英语教学资源，借助于互联网环境，通过交互式多媒体等方式，被推送到电脑和网络教学系统中，供教师教学使用或学生自主学习使用，大学英语教材也从单纯的纸质教科书变成了纸质版、光盘版、网络版三位一体的立体教材。网络上与教学内容密切相关的数字化内容、教师的教案、学生的学习作品和经验等都可以在网络学习社区分享，大学英语教学资源更加丰富、更加开放，传播更加快捷。

3) 信息技术可望变革课堂的教学方式。传统的大学英语课堂以教师为中心，课堂教学中以教师讲授为主，被称为"一言堂"。教师是知识的传授者，学生是知识的接受者，教师和教材是学生学习知识的主要来源。当现代信息技术应用于外语课堂以后，教师的教学工具和学生的学习工具均发生了改变，计算机软件、多媒体课件、网络教学系统等成为教学的常用工具，知识的来源更加丰富，知识的呈现方式更加立体，封闭的、孤立的、单向的课堂教学被打破，参与式、讨论式、交互式成为大学英语课堂教学的主要方式，以教师为中心的课堂正在向以学生为中心的课堂转变。

4) 信息技术可望变革学生的学习方式。传统课堂教学中，学生端坐在教室里，课桌上摆放着大学英语教材，教师手拿教本认真讲解，学生认真听讲，偶尔做做笔记，听课成为学生学习的主要方式。信息技术在大学英语教学中的应用大大拓展了课堂，丰富了教学资源的表现形式，变革了课堂的教学方式。学生学习的主体性和主动性得以发挥，学习方式从单一走向多样，被动学习逐渐变为主动学习，学生可望真正成为学习的主人。

5) 信息技术可望变革教学评价方式。传统的课堂教学只重视对学生的终结性评价，忽视了对学生学习过程的形成性评价。在这轮基于信息化的大学英语教学改革中，《课程要求》规定，对学生学习的评估不仅要包括终结性评估，还应包括形成性评估。形成性评估是教学过程中进行的过程性和发展性评估，即根据教学目标，采用多种评估手段和形式，跟踪教学过程，反馈教学信息，促进学生全面发展。（教育部高等教育司，2007：22—24）计算机网络等信息技术能够自动记录学生网上自主学习的过程信息，能对学生自主学习过程进行有效监控，为实现形成性评估提供了技术支持。

如上所述，信息技术对教育发展具有革命性影响，现代信息技术的广泛应用给大学英语课堂教学带来了很大改观。但是，毋庸讳言，教学变革的过程往往也是一个不断出现问题和解决问题的过程。伴随着现代信息技术的广泛应用，大学英语课堂教学的各个要素以及要素之间的关系也出现了一些影响预期教学效果的问题，需要我们认真审视和仔细研究。

（1）教师方面

1) 教学观念滞后的问题。有些教师没有随着大学英语教学信息化的推进而及时转变教学观念，他们在课堂教学中仍然坚持以教师为中心，以课堂讲授为主要课堂活动，以语法翻译法为主要教学方法，现代信息技术对他们来说形同虚设。在传统教学观念的制约下，教师的课堂角色定位也趋于传统，没有针对信息化教学的特征及时调整课堂角色。这部分教师没有意识到，大学英语教育信息化的重要理论基础是建构主义（constructivism），提倡学生自己发现和探究知识并构建自己的知识体系，提倡个性化教学、交互式教学、任务型教学和研究性教学，教师在教学中应该扮演导师的角色和助学者的角色。

2）教学行为与教学理念分离的问题。有些教师非常清楚，基于信息化的大学英语教学应该以学生为中心，以参与式、讨论式、交互式为主要教学方式，应该运用多媒体技术生动形象地呈现知识，应该重视能力培养而不是知识传授，应该重视个性化培养而不是模具式统一化培养。但是他们的实际教学行为却屈服于传统的教学习惯，教学中依然存在"五重五轻"现象，即重视教师的教而轻视学生的学，重视知识的传授而轻视能力的培养，重视对课堂的控制而轻视对课堂的开放，重视统一化培养而轻视个性化培养，重视学生的接受性学习而轻视学生的探究性学习。（刘长江、吴鼎民，2008a）

3）信息技术水平不高的问题。部分教师因为早期的知识结构不同而对现代信息技术掌握不足，又因为年龄或兴趣等其他原因而不愿重新学习，久而久之，他们逐渐对现代信息技术产生畏惧心理和抵触情绪，在教学中会回避甚至拒绝使用网络化信息技术。还有一部分教师为了晋升职称，把主要精力放在提高学历水平、撰写科研论文上，对教学方面的投入明显不足，他们觉得教学方法和手段的信息化对个人发展没有好处，因此主观上缺乏学习积极性，不愿花费时间去学习各种复杂的网络教学系统，影响了课堂教学信息化的实施。

4）对网络教学的认识过于简单化的问题。在大学英语教学信息化进程中，有些教师缺乏对网络学习的正确理解，以为提供一个校园网络环境和下载一些供学生上网学习的学习资源就构成了网络学习的全部，以为给学生布置一个上网学习的任务就履行了教师的职责，其实不然。网络学习是围绕资源、服务、过程、监控、质量、成效等建立起来的一个学习体系，因此在设计网络教学系统时，必须对学生学习过程的每一个环节提供咨询、培训、辅导、评估、诊断、反馈，帮助学生获得独立学习和与他人合作学习的能力，自我约束、自我管理、自我监控的能力，主动获取信息和建构知识的能力。（姜闽虹，2009：5）在指导学生网络学习时，要与学生进行网络交互，要定时调看学生网上学习过程中的各种记录，及时发现问题并给予反馈。

5）迎合和迁就学生学习习惯的问题。有些学生的学习观念陈旧，已经养成的学习习惯跟不上基于建构主义的信息化教学，对现代教育理念所推崇的交际法教学、研究性教学、交互式教学等持抵触情绪，这些情绪影响到了他们对教师课堂教学的评估，使得部分老师产生吃力不讨好的感觉。这些教师为了在学生评教中获得好的成绩或口碑，往往会选择放弃在信息化语境下的教学改革探索，回到传统的教学方式和方法上，以迎合学生传统的学习观念和习惯，期待获得学生的认可和肯定，提高在学生评教中的分值。

6）对多媒体课件的依赖性问题。有些教师习惯了在课堂上播放、讲解教学课件，久而久之就产生了对多媒体课件的依赖性，在教学中缺乏随机应变的灵活性，他们一旦离开电脑，离开课件，就无法顺利完成教学，教师的主观能动性和课堂应变能力被严重削弱。曾经有一位英语教师，在教育部对她执教的学校进行本科教学评估时，接受评估专家的听课。不巧的是，那天教室里的电源突然出现故障，结果这位口若悬河讲解课件的老师一下子变得呆若木鸡，不知所措，似乎离开了课件就无法将课进行下去。这种慌乱状态一直延续了一刻钟之久，直到教室里重新来电，她才从手忙脚乱中解脱出来，想起了自己的教师身份和教学使命。

(2) 学生方面

1）学习观念滞后的问题。学习观念深刻影响着学习者的学习态度、学习行为和学习方法，最终影响学习效果。近年来大规模的信息化教学需要学生更新传统的学习观念，树立建构主义学习观，简单地说，就是主动地发现知识、探究知识和建构知识。但是有些学生学习观念滞后，难以理解和适应新的信息化语境下的教学环境、教学方法和教师角色。在他们看来，学习外语主要依靠老师的课堂讲授，老师是课堂的权威，学生应该听从老师的一切指挥，最主要的是要认真听课。在这种观念的影响下，这部分学生对信息化语境下教师积极改变课堂角色和教学方式的做法反而产生不满情绪，他们甚至觉得充满师生互动的课堂教学是一种浪费时间的低效益教学，觉得开放式的课堂是对学生的一种放纵。这些滞后的学习观念严重影响了他们的角色定位、行为表现和学习效果。

2）积习难改的问题。学习习惯是指积久养成的学习方式、方法和过程。学习习惯具有一定的惯性和自然延续性，不容易轻易改变。教改深处是习惯，培养学生"自主、合作、探究"的学习习惯是追求高效课堂的根本,因为好的学习习惯可以让学习事半功倍,而不好的学习习惯却会阻碍和降低学习的成效。我国传统语境下的学校教学一贯重视对学生的控制性管理,往往会将一些学生培养成课堂上安安静静的"好学生":端端正正地坐在教室里,眼睛盯视着黑板或课本,认真听老师讲课,不敢乱动,不敢乱说话,不敢和老师同学们交流。这些学生在新的信息化课堂上,即使在老师的积极鼓励下,也依然低着头、闭着嘴、沉默着,不敢积极参与课堂活动。在他们的学习过程中,他们更多地关注所学外语的准确性,忽视了所学外语的流畅性。他们重视发展阅读能力,不太重视发展口头交际能力,因此,课堂上的语言输入活动较多,而语言输出活动较少,中国外语课堂上的沉默现象没有得到根本性改变。

3)信息素养不高的问题。信息素养(information literacy)是指运用信息解决问题的能力以及在此过程中所展现出来的道德修养。本研究所提到的信息素养主要是指信息技术素养,即运用信息技术解决教与学问题的能力以及所体现出来的综合素质。一般认为,信息素养包括技术和人文两个层面的含义:①从技术层面来说,信息素养是指人们利用信息的意识和能力。②从人文层面来讲,信息素养反映了人们面对信息的心理状态,也可以说是面对信息的修养。(李豫颖,2008:197)在现代信息技术介入外语课堂教学以后,学生在上述两个层面都存在一些问题,但主要是后者。在技术层面,有些来自偏远地区的学生由于在中学阶段对信息技术掌握不够,在面对信息化外语学习环境时,尤其是在使用网络学习系统中一些非用户友好型的学习功能时,常常会遇到一些障碍,多次的受挫就会影响他们学习的积极性。还有些学生在运用现代信息技术尤其是网络信息技术进行研究性、探索性学习时显得有些捉襟见肘。在人文层面,有些学生由于英语学习动机不强烈,或者是由于功课压力太大、学习任务太重,有时会选择在网络自主学习中造假、作弊,主要是运用一些非学习手段甚至是高科技手段如网络加速器等获得一些网络教学系统中的学习过程记录,干扰教师对学生网络自主学习的形成性评价。还有些学生缺乏自我管控的能力,缺乏对自己的自律能力,禁不住网络上的各种诱惑,把本该投入学习的时间消耗在玩网络游戏和欣赏娱乐节目上,这也是信息素养不高的表现之一。

4)学习动机不强的问题。信息化教学具有信息量大、内容生动、易于理解和掌握等优势,但是信息化教学并不一定就比传统教学节省时间。网络教学需要教师和学生投入大量的时间和精力去掌握信息技术、了解各种学习系统的功能和操作以及真真切切地在线自主学习。但是,有些学校尤其是理工科学校的学生课程学习任务紧,有时一天要上8节课,甚至更多,他们迫于功课的压力,往往会选择减少在网络英语学习上的时间投入。其次,很多高校在大学英语四级考试改革以后,不再将学生通过大学英语四级考试作为他们获得学士学位的必要条件,这虽然在很大程度上减轻了学生的学业压力,但同时也造成了一部分学生英语学习动机的衰减。再次,现代信息技术的广泛应用使得等量的教学内容在网络教室和多媒体教室里所费时间比传统教室里所费时间少得多,比如多媒体课件的使用就能大大减少老师的板书时间,但是如果学生无法跟上课件翻页的速度,学生的积极参与性和学习成就感将大打折扣,容易沦为被动的听众和观众,学习的动机也会减弱,影响教学效果。

5)信息化学习方法欠缺的问题。信息化学习强调基于资源、合作、研究、问题等方面的学习,强调学习者在意义丰富的情景中主动建构知识。信息化学习模式主要有资源型学习模式、研究型学习模式、协作型学习模式等。资源型学习(resource-based learning)是一种通过对各种各样不同资源的开发和利用来完成课程目标的学习,也就是一种自我更新知识和拓展知识的学习。研究型学习(inquiry learning)又称探究性学习,是学生在一定情境中发现具体问题、确定研究课题、设计研究方案,通过自主探索和研究去寻求问题的解决方案,并在自主学习和探索的过程中,提高学习自主性和创新意识,养成主动探究的良好习惯,培养自我建构知识和创造知识的能力。协作型学习(collaborative learning)是学习者为达到共同的学习目标,在一定的激励机制下,为获得个人和小组最优习得成果而合作互助的一切相关行为,常常表现为多个学习者以小组形式对同一个问题用多种不同观点进行观察、比较、分析、综合等交互活动。(孙启美,2010:56—71)在信息化大学英语课堂教学中,有些学习者缺乏对信息化学习特征的了解和方法的掌握,在面对纷繁复杂的网络学习资源时,往往不知如何选择;在面对功能复杂的网络学习系统时,往往无所适从,不知如何使用;在面对老师布置的研究性学习任务或协作性学习任务时,常常不知如何着手。总之,总是有那么一批学生对信息化大学英语教学的适应性欠佳,缺乏相应的学习方法。

(3)教学环境方面

教学环境是影响教师教学活动和学生学习活动的发生并最终影响教学效果的情况和条件总和。狭义的教学环境仅指师生双方活动所处的物理环境,广义的教学环境则还包括社会人文环境如师生关系、师生心理、社会氛围等。只有了解教学环境，适应教学环境，控制教学环境，使教学环境为教学工作服务，教学才能获得理想的效果。（李伯黍、燕国材，2001：331）当现代信息技术广泛应用于大学英语教学以后，传统的教学环境发生了一些变化，给教学带来了积极影响，但同时也产生了一些问题。

1）信息化建设的失衡问题。在教育部的高度重视下，我国的教育信息化取得了显著进展，教育信息基础设施建设有了较快发展，高等学校校园网作为我国教育信息化的基础设施，其建设得到了国家的大力支持，现已普及。据2008年抽样统计（规划编制专家组，2012：17），高等学校已经全部建成了校园网络，校园网络在学生宿舍、教学、科研和管理楼宇的覆盖率达到85.32%，学校无线网络覆盖学校公共区域的比例达到15.82%，学生人均信息点数达0.677个。校园网主干带宽达到656.5Mbps，出口带宽均值为336.0Mbps，出口带宽利用率为74.58%。高校多媒体教室比例达到44.40%，师生人均拥有个人计算机0.628台。就大学英语教学的信息化来说，根据大学外语教学指导委员会在2009—2010年对全国530所高校大学英语教学现状所做的调查，（王守仁、王海啸，2011：4—17）53.2%的高校建有大学英语教学专用网络机房，平均每校有343个座位；有78.2%的高校建有大学英语教学专用语音室，平均每校有467个座位。这些数据表明，大部分高校非常重视信息化物理环境的构建，到2010年，已有超过一半的高校拥有专用网络机房，这为实施以计算机网络技术为支撑的英语教学新模式提供了便利。但与这些硬件设施建设的速度和力度相比，软件建设没有得到同等的重视，建设的速度和力度明显偏弱。王守仁、王海啸（2011：4—17）的调查显示，所有参加调研的学校基本上都使用了多媒体教学课件辅助教学，但大多数学校所采用的多媒体教学课件都由出版社提供，只有很少量985工程高校和211工程高校对课件进行了二次开发。在参加调研的学校中，约2/3的学校拥有并使用多媒体网络资源库，但网络资源库较多来自于出版社，只有较少的985工程高校和211工程高校自主开发了网络资源库。就使用的网络教学系统而言，基本都是由几个主要出版社，如外语教学与研究出版社、上海外语教育出版社、高等教育出版社、清华大学出版社等，所提供的与教育部指定的规划教材相配套的网络教学系统，几乎没有高校完全使用自主开发的教学系统，只有少数高校根据本校的教学需要开发了一些小的教学辅助系统，如约课系统、选课系统、分级管理系统等，软件建设明显落后于硬件建设。

2）网络教学系统的功能欠缺问题。现在绝大多数高校使用的网络教学系统都是由外语教学与研究出版社、上海外语教育出版社、高等教育出版社、清华大学出版社提供的，这些系统经过改革初期的开发和逐步完善，现在都能平稳地运行，基本能够解决大学英语日常网络教学的需要。这些教学系统的功能各有不同，各有自己的优缺点，但主要还是解决两大问题：①提供基于教材的网络学习资源；②提供学生与学习资源、学生与教师、师生与网络学习记录之间的互动。但是这些系统在实现互动方面还有进一步完善的空间，比如有的教学系统虽然提供了学生在线学习的记录，但这些数据太多，缺乏归类下载和汇总计算的功能，不利于老师对学生进行形成性评价；有的系统缺乏对学生网络自主学习的严密监控和对学生作弊的预防功能，致使有些信息素养不高的学生用一些非学习的方式和手段制造了一些在线学习的形成性记录，干扰了老师的正确评估。还有其他一些问题有待解决，如如何对学生的作文进行科学评阅、如何对学生进行具有较高效度和信度的计算机口语测试等等。

3）网络学习资源杂乱的问题。在数字化网络资源建设中，可能会出现两种极端倾向：①资源的单一化，所有网络学习资源只是教科书的数字化翻版，是教科书上的内容从书本上原封不动地照搬到网络。②资源的杂乱化。有些学校和教师对学生充满爱心，对资源建设充满热情，一发现某些有用的教学资源，就想方设法把它上传到网络学习平台，造成网络学习资源又多又杂，让学习者无从下手。在大学英语教学信息化过程中，这两种倾向都客观存在，早期以前者居多，后期以后者居多。殊不知，资源并非越多越好，太多的资源等于没有资源，给人1万个选择还不如不让他选择。真正对学习者有帮助的资源一定是经过认真选择、认真整理、分门别类的资源，而且体量不能太大。

4）应试教育的现象依然存在。2004年初启动的基于信息化的大学英语教学改革的初衷之一就是解决应试教育问题和学生的"哑巴英语"问题，因此将大学英语教学目标确定为培养学生的英语综合应用能力，特别是听说能力，同时改革大学英语四、六级考试的形式和内容，减轻师生的四、六级考试压力，改变应试教育的状况。时至今日，一些生源较好的重点大学纷纷解除对学生毕业前必须通过四级考试的硬性要求，教学不再围绕四、六级考试展开。但是遗憾的是，在大多数普通高校中，由于社会对四级考试成绩的高度认同以及用人单位对四、六级考试成绩的高度重视，

四、六级考试仍然是这些学校大学英语教学的指挥棒。又由于大学英语四、六级考试，因技术原因，到目前为止还难以开展大规模的口语考试，因此四、六级考试中没有对口语的要求，导致很多高校对大学英语口语教学不够重视，影响了学生口头交际能力的提高，同时还造成一些网络自主学习中心学习设备的闲置，网络学习流于表面化、形式化和观赏化。

5）人文关怀的缺失和师生关系的疏离问题。王琦（2006：28）认为，人文关怀的缺失主要是由技术至上的观念造成的。很多技术的使用者过分关注和强调技术给教育带来的正面影响，他们认为，只要应用了多媒体与网络技术，教育质量就高，教学效果就好，凡不用这些技术的教学就是落伍的教学，教学质量就应该受到质疑。他们忽视了教育中情感因素的重要作用，忽视了网络教学同样需要师生频繁互动的事实。实际上，在基于网络的大学英语教学中，教师的指导、关心、评价对学生的网络学习成就和对师生关系的发展至关重要。对技术功能的无限夸大是对人的智能和情感的挑战，是对人的尊严的挑战。殊不知，网络中纷乱杂陈的海量信息恰恰缺乏一种人文关怀，使很多学习者产生信息焦虑感，他们在面对庞杂的网络信息时，只能望洋兴叹，感到迷惘、恐惧，甚至对自身丧失信心。在网络自主学习时，如果缺少师生互动和生生互动，学习者就容易产生孤独无助的感觉，甚至在心理上形成障碍或心理疾病。如今，随着信息技术的迅猛发展，人机交流逐渐冲击着师生交流。多媒体课堂中以及网络虚拟教室里，学生与计算机交流的机会增多了，而与老师交流的机会相对减少，与老师面对面的直接交流机会更少了。一旦师生之间缺少了真情实感的交流，教师的模范行为和人格力量就很难直接感染学生，师生之间就很难发展和谐亲密的师生关系，最终导致师生关系的疏远。

以上从教师、学生和教学环境3个方面阐述了大学英语课堂教学信息化所伴生的各种亟待解决的问题。事实上，现代信息技术应用于外语教学所产生的影响远远不止于这三个方面，信息技术是一把双刃剑，还给课堂教学的其他方面比如课程的设置、教材的编写、教学活动的设计、教学评估、教学管理等方面带来积极和消极的影响，这些将在后文中从生态学的角度予以描述和分析，这里不再一一赘述。面对信息化教学所衍生的诸多问题，我们是否能够找到一种新的理论或新的视角，为我们打开分析这些问题的新视界呢？

1.1.4 新思路——生态学的视角和方法

大学英语教学信息化的进程中出现这样或那样的问题不足为怪,因为任何新生事物的发展都有前进中的曲折,都是在曲折中前进。问题虽是挑战,也是机遇,只要认真分析和解决好这些问题,事物的发展就会更加顺畅。近年来,生态学的发展为系统科学地分析和解决教学中出现的各种问题提供了新的理论和视角,对教育问题进行生态学考察渐成趋势。余胜泉(2006)认为,我国教育信息化在经历了"十五"期间的迅速发展后,已经进入到一个发展和应用相对缓慢并且需要集中反思的高原期,一些不可回避的深层次结构性问题开始显现,其根本出路在于采用系统观和生态观来指导教育信息化的实践。基于信息化的大学英语教学改革在经历了9个年头的粗放式发展之后,也同样出现了很多失衡和失谐问题,需要用生态观来系统地分析问题和引导未来的发展。

生态学(ecology)是一门研究生物之间以及生物与环境之间相互影响、相互作用的科学。朴素的生态学思想萌芽于古人对自然现象的观察和记录,最早见诸公元前的古希腊和中国的著作及歌谣中。(孙振钧、周东兴,2010:1)17世纪初到20世纪50年代是生态学的创建和发展期,生态学者们提出了许多有价值的概念如生物群落、生态位、食物链、生态系统等,生态学日趋成熟,从描述、解释向机制研究转变,生态学已基本成为一门具有特定研究对象、研究方法和理论体系的独立学科。(傅桦等,2008:3;黄远振、陈维振,2010:2)20世纪50年代以来,生态学发展进入深化和创新期,生态学家广泛吸收了系统论、控制论、信息论等横断科学的概念和方法,深入研究生态系统的结构和功能,生态系统中物质、能量和信息的交换,生态系统的自我调节机制和抵抗干扰的能力,生态系统的发育和演化过程,使生态系统理论成为生态学以及相关学科最有价值的理论之一。(黄远振、陈维振,2010:3)

随着生态学的不断发展和完善,其交叉渗透力逐步增强,与自然科学的学科融合形成了物理生态学、化学生态学、环境生态学等自然边缘学科;与社会科学的学科融合形成了生态经济学、行政生态学、教育生态学等社会边缘学科。当今的生态学已经发展成为一门研究内容广泛、分支学科众多、综合性很强的极具活力的学科。

教育生态学(educational ecology)诞生于20世纪70年代,是由教育学、生态学、心理学、社会学等学科相互交叉渗透而形成的边缘学科。教育生态学依据生态学的原理,特别是生态系统、生态平衡、生态位等原理与机制,结合系统论、控制论、协同论等系统科学的理论和方法，研究教育活动与其环境的相互关系，分析各种教育现象及其成因，探讨教学生态的特征和功能及其演化和发展的基本规律，寻求实现最佳教育生态结构的途径和方法，预示教育系统发展的趋势和方向。（吴鼎福、诸文蔚，2000：2；傅桦等，2008：20；黄远振、陈维振，2010：8）教育生态学以其新的视野、新的思路和新的方法，成为研究和探讨教育问题的独特视角，对教育的改革与发展具有重要的指导意义。

基于信息化的大学英语教学改革经过了3年多的试点和5年多的推广之后，进入到一个必须攻坚克难的改革深水区，改革中暴露出来的各种问题到了必须反思和解决的时候，不可回避。教育生态学的整体论和系统观有助于发现、分析和解决这些随着教育信息化所衍生的问题，并为信息技术与外语课程的合理整合以及大学英语教育的可持续发展提供指导。就大学英语课堂教学而言，从教育生态学的视角来看，大学英语课堂就是一个由教师、学生、教学环境等生态因子构成的微观生态系统，系统内各生态因子在长期的教学实践中磨合，达到一种相对稳定的平衡状态。当现代信息技术广泛应用于外语教学之后，课堂教学的内部环境和外部环境都发生了根本性变化，系统内各生态因子之间的关系随之发生变化，导致整个课堂生态系统出现失衡现象。教育生态学为研究课堂生态的失衡和生态课堂的重构提供了适切的理论和方法。

1.2　研究对象、问题和方法

研究对象是开展研究活动时思考和行动的着眼点与聚焦点，只有明确了研究对象才能做到目标明确、有的放矢。研究问题是理论研究的起点，只有发现问题和提出问题，才能建立明确的理论探索目标。研究方法是理论研究的利剑，只有找准了方法才能在研究工作中披荆斩棘、事半功倍。本研究的对象、问题和方法在第一节中已有所述，本节将更加明确清晰地予以说明。

1.2.1　研究对象

本研究以信息化语境下的大学英语课堂作为研究对象。

何谓课堂？广义上说，进行各种教学活动的地方都可以称为课堂。在这个意义上，孔子讲学的杏坛，苏格拉底施教的广场，鲁迅求学的三味书屋，孩子聆听父母教诲的书房，学生参加实习的工厂和自主学习的网络在线平台，广播电视上的教学节目，现代学校里宽敞明亮的教室等等，都可以称为课堂。狭义上的课堂主要指在学校里有计划地开展各种教学活动的场所，是学校用来进行教育活动，以传承、转化和建构教育知识为基本手段，旨在促进学生掌握知识、发展智力和能力，培养学生的品德和促进学生个性发展的场所。（黄远振、陈维振，2010：147）狭义上的课堂不包括社会课堂和家庭课堂，而是指与学校教学活动紧密相关的教学场所。本研究主要关注狭义上的课堂，即教师和学生在一起开展教学活动的场所，包括传统意义上的教室和老师参与指导的网络虚拟教室。

大学英语课堂，顾名思义，就是师生围绕大学英语课程教学开展各种活动的地方。大学英语课程是专为非英语专业本科生开设的基础课，是一个课程群，具体课程设置因学校而不同。根据《课程要求》的规定，"各高等学校应根据实际情况，按照《课程要求》和本校的大学英语教学目标设计出各自的大学英语课程体系，将综合英语类、语言技能类、语言应用类、语言文化类和专业英语类等必修课程和选修课程有机结合，确保不同层次的学生在英语应用能力方面得到充分的训练和提高"（教育部高等教育司，2007：16）。由于各个学校开设的具体课程不尽相同，本研究中的大学英语课堂是一个比较泛化的概念，并非特指教授某一特定课程的课堂。换一个角度来说，不管是读写译，还是视听说，每一个课程的课堂教学都在本研究的视界中。

关于信息化语境，前文已有提及，这里再次予以明确。《课程要求》要求："大学英语课程的设计应大量使用先进的信息技术，开发和建设各种基于计算机和网络的课程，为学生提供良好的语言学习环境和条件。"（教育部高等教育司，2007：16）根据这一要求，各高校纷纷在最近9年的大学英语信息化教学改革中，广泛应用以计算机网络为代表的现代信息技术，开发网络课程，创设网络学习环境。本研究中的"信息化语境"主要包括两层含义：① 2004年初开始的这场大学英语信息化教学改革的时代大背景；②具体课程的教学手段、教学环境等的信息化。

1.2.2 研究问题

本研究将运用生态学和系统科学的相关理论与方法，研究信息化语境下大学英语课堂生态的失衡现象，分析失衡的原因，最后从生态的视角提出重构大学英语课堂生态的原则、路径和实践策略。围绕该研究目标，本研究拟回答以下几个问题：

1）大学英语课堂生态具有怎样的结构、功能和特征？

2）信息化语境下的大学英语课堂生态存在哪些失衡现象？

3）大学英语课堂生态的失衡与现代信息技术的使用有何关联？

4）如何在信息化语境下重构大学英语课堂生态？

以上4个问题属于渐进式问题。对于第一个问题的探讨旨在对大学英语课堂进行其生态系统的身份认证，这是开展后续研究的前提。对大学英语课堂生态的结构和功能进行描述性研究，旨在勾勒出没有现代信息技术介入的传统课堂生态的常态。后三个问题主要按照发现问题、分析问题和解决问题的线性思维渐进式提出，问题二旨在反思现代信息技术的广泛应用给大学英语课堂生态带来了哪些失衡和失谐现象，主要回答"是什么"的问题；问题三旨在从生态学的视角对大学英语课堂生态失衡现象进行信息技术方面的归因，主要回答"为什么"的问题；问题四旨在提出问题的解决方案，主要回答"怎么办"的问题。

1.2.3 研究方法

研究方法指在研究中发现新现象、新事物，或提出新理论、新观点，揭示事物内在规律的程序、步骤、工具和手段。任何一项研究都离不开方法的支撑，没有研究方法的研究就成了无源之水、无本之木，就不是真正的研究。

研究方法的分类多种多样，最常见的分类是按定性和定量研究划分。在这个意义上，本研究主要采用定性研究的方法，对信息化语境下的大学英语课堂进行"质"的分析。具体地说，就是运用观察、描述、抽象、概括、归纳、综合分析等方法，借用生态学的原理，揭示信息化语境下大学英语课堂生态的本质特征和演变规律，回答好上述诸如"哪些失衡现象"、"为什么失衡"、"怎样重构平衡"等问题。

常用的定性研究方法有文献研究法、自然观察法、归纳法等等，这些方法贯串于本研究的全过程，但在不同的研究阶段，所选择的研究方法也有所侧重。比如，在分析本研究的背景、意义和国内外相关研究时，主要采用文献研究法和历史研究法；在探析信息化语境下大学英语课堂教学所出现的问题以及课堂生态所出现的失衡现象时，主要基于自然观察法和描述性研究；在分析大学英语课堂生态为什么失衡时，主要采用因果分析法；在探寻重构课堂生态平衡的方法路径时，主要运用思辨的方法和经验总结法。整篇论文主要以生态学和系统科学理论为指导寻求问题的解决途径，因此又使用了系统分析法和问题分析法。

本研究以定性研究方法为主，主要基于以下两点考虑：

1）定性研究是社会科学领域内的一种基本研究范式，主要通过发掘问题、理解事件现象、分析人类的行为与观点、回答提问来获取敏锐的洞察力。而对信息化语境下的课堂生态进行研究正是走的这样一条路径，目的是分析和解答教学中的问题，更适合从总体上运用思辨性方法。

2）生态系统是极其复杂的多成分的综合系统，课堂生态的整体性以及生态因子的复杂联动性到目前为止还难以通过提出假设或建立数学模型之后进行控制性实验来加以验证，但却适合使用文献法、自然观察法和归纳法予以洞察。关于课堂生态的研究一般认为遵从"理论—应用—实证"的发展过程，更为微观领域的应用研究更具有统计学实证意义，而本研究中的课堂生态并非特指某个特定的课程，而是一个偏重全面性和总体性的概念。

需要补充说明的是，现代科学的发展呈现出一个相互融合、相互渗透、相互影响的趋势，其中一个突出的表现就是研究方法的相互借鉴。定量与定性是两种不同的研究方法，但是在研究实践中，它们并非互相矛盾，而是互相补充的。本研究虽然以定性研究为主，但并不排除在分析某些问题时使用一定的数据进行定量分析，比如调查研究学生的网络学习自主性，以求从多个角度对问题进行全面的研究，得出比较科学的结论。另外，本研究结合了应用语言学、生态学、系统科学的相关理论，因此还运用了跨学科研究法或交叉研究法。

1.3 研究意义和主要创新点

本研究运用生态学和系统科学的理论与方法，研究信息化语境下大学英语课堂生态的失衡状况，并提出重构生态课堂的策略。这是从独特的研究视角，运用新的理论，解决教学实际问题的创新研究，既具有理论价值，又具有实用价值。

1.3.1 研究意义

本研究的理论意义主要体现在以下几个方面：

1）将课堂视为生态系统进行研究，拓展了课堂研究的理论空间。传统的课堂研究一般运用外语教学理论和二语习得理论，即便对课堂环境进行考察，也基本局限于环境与教学效果的相关性分析。对课堂进行生态系统的身份认证，然后运用系统分析的方法予以考察，开辟了课堂研究的新视角。

2）对课堂要素的生态学考察，增强了对要素之间关系的研究。以往在讨论课堂教学和分析课堂教学中出现的问题时，大多孤立地考察教师、学生、教材等课堂要素，很少关注这些要素之间的关联。本研究将课堂作为生态系统进行考察时，不仅分析系统中的各个因子，而且关注这些因子之间相互影响、相互依存的关系，体现了系统分析的整体观。

3）将生态学理论和系统科学理论进一步结合，凸显了生态学研究的跨学科性，进一步丰富了教育生态学的内涵。教育生态学是一门新兴的交叉学科，其理论体系和研究方法需要进一步的完善，运用系统科学的相关理论研究教育生态，是对教育生态学的进一步推进。

本研究的实用价值主要体现在以下几个方面：

1）有助于系统反思信息化语境下大学英语课堂教学中所出现的问题。毫无疑问，9年来的大学英语信息化教学改革对外语教学的发展产生了很多积极的影响。这9年里，很多硬件设施和软件设施，很多教学管理措施，都是从无到有新建起来的，广大教师和管理工作者投入了大量的时间和精力，似乎无暇认真审视粗放式发展过程中所衍生的问题。本研究在分析研究背景时认真总结了信息化所伴生的问题，并将在第4章从课堂生态失衡的角度考察这些问题，有助于广大教师对这些问题进行集中反思。

2）有助于建立和谐高效的外语课堂。本研究通过对信息化外语课堂中出现的问题进行反思和分析，寻求解决这些问题的策略。一旦课堂教学的失衡问题得以解决，必将有助于重构生态外语课堂，提高外语课堂教学的有效性。

3）有助于教育信息化的可持续发展。国家"十二五"规划将教育信息化建设列为教育发展重点工程之一，并明确指出教育信息化是教育现代化的必经之路。基于信息化的大学英语教学改革，作为教育信息化建设的排头兵，如果能够解决好前进中的问题，必将起到良好的示范效应，促进教育信息化的可持续发展，并为国家的教育现代化起到一定的推动作用。

1.3.2 主要创新点

本研究具有一定的创新性，具体体现在以下几个方面：

1）新的研究视角。本研究全面采用生态学的视角和运用生态学的理论和方法，将大学英语课堂视作一个微观生态系统予以考察，分析系统中出现的各种失衡现象，并找出解决问题的策略。

2）新的研究对象。近年来对课堂生态的研究开始出现，但专门研究大学英语课堂生态的文献很少，而专门研究现代信息技术语境下的大学英语课堂生态的文献更是少见。该研究将深入推进大学英语课堂生态研究。

3）新的理论基础。本研究将结合生态学和系统论、信息论等系统科学的理论进行研究，理论基础具有跨学科性。

4）研究的全面性和综合性。本研究将是运用生态学方法全面综合研究信息技术语境下大学英语课堂生态的先行者。

5）从多维层面提供具有实用价值的问题解决方案，推进了教育生态学理论的具体运用。教育生态学的发展规律一般认为是从理论研究到实际应用再到实证检验，目前的相关研究大多停留在理论探讨层面，本研究将进一步推进教育生态学的应用研究。

1.4 研究框架

本专著共分 7 章，整体架构如图 1-2 所示：

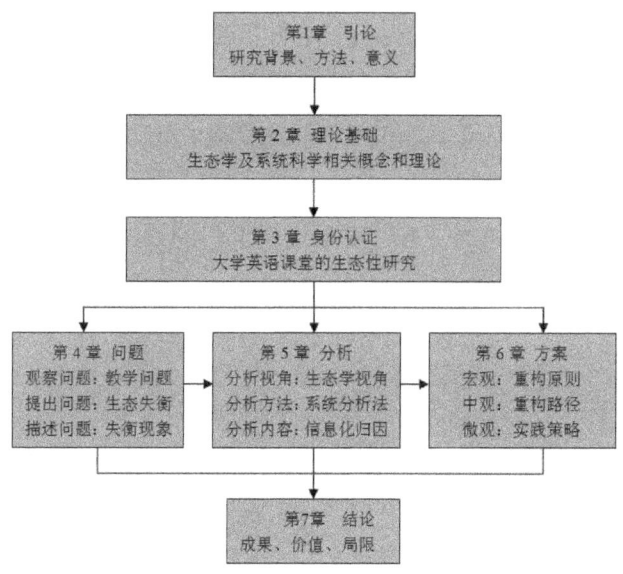

图 1-2 写作框架

第 1 章为引论部分，主要介绍研究背景、研究对象、研究问题、研究方法、研究意义和主要创新点。在研究背景部分，比较详细地介绍了本研究的历史背景，即我国的教育信息化以及大学英语信息化教学改革，希望借此阐明本研究题目中的"信息化语境"的概念。在此之后，试图通过对教学改革中所出现的问题进行比较详细的描述性研究，阐明本研究的必要性和迫切性。随后对研究对象、问题、方法、意义和创新点一一予以介绍，旨在进一步明晰本研究的主要内容、路径和方法。

第2章是理论基础，主要探讨生态学的基本概念和主要理论以及系统科学的主要理论，为后文从生态学的视角、运用系统科学研究方法分析和解决课堂生态失衡问题提供理论基础。

第3章是身份认证，旨在通过文献研究法和生态学基本观点对大学英语课堂进行生态性考察和微观生态系统的身份认证，运用系统分析的方法探讨课堂生态的结构和功能，综述大学英语课堂生态的国内外相关研究现状，进一步阐明本研究的可行性和价值所在。

第4章是问题考察，即从生态的视角，审视现代信息技术广泛应用于大学英语课堂教学之后所出现的课堂生态失衡现象，为后续分析问题和解决问题准备讨论的对象。

第5章是问题分析，即运用生态学理论和系统科学的相关理论分析现代信息技术带来课堂生态失衡的机理。

第6章是问题求解，从原则、路径和实践策略3个层面为重构大学英语课堂生态提出解决方案。

第7章为结论，阐明本研究的主要观点、理论价值、实践意义、局限性以及尚待进一步研究之处。

第 2 章 理论基础

对大学英语课堂进行生态系统研究，必将涉及一些生态学的基本概念和运用一些生态学的基本理论，同时还会用到系统科学的相关理论和外语教学理论。考虑到本研究的宏观视野为生态视角的系统分析，本章将集中回顾生态学和系统科学的主要概念和理论，至于研究中需要运用的外语教学理论将在行文过程中予以交代，不再单独析出。

2.1 理论基础之一：生态学理论

21世纪被认为是生态世纪，生态学思想渐入人心，成为人们生活、工作和解决实际问题的新思路和新方法。越来越多的教育工作者也将视线转向生态学的最新理论成果，并将其运用于教学实践。谈到生态学，首先需要辨析生态系统、生态位等基本概念，了解生态学的基本观点。为了更好地运用生态学的观点解释和分析大学英语课堂教学中的现象和问题，本节将对生态学的发展、生态学的基本概念和理论以及生态学的研究方法进行文献回顾。

2.1.1 生态学的发展

生态学是研究生物与环境之间相互关系及其作用机理的一门学科。朴素的生态学思想古已有之，古希腊神话中蕴含的生态整体意识，如万物一体的认识、对人类中心主义的谴责以及对理想生态的追慕，亚里士多德的朋友、植物学家提奥弗拉斯（Theophrastus）所描述的有机体之间以及有机体与所处环境之间的关系。我国荀子所说的"树成荫而众鸟息焉，醯酸而蜹聚焉"、"积土成山，风雨兴焉；积水成渊，蛟龙生焉"；孔子所说的"鱼失水则死"、"鸟能择木，木岂能择鸟乎"，都体现了古人对生态的朴素认识。孟母三迁的故事，更说明了当时人们已注意到教育与自然环境、社会环境的关系。

然而,"生态"这一科学术语出现得比较晚。据考证,"生态"(ecology)一词最早由美国作家、博物学家亨利·索瑞于1858年首先使用,(霍凤元,1989:3;黄远振等,2010:2;范国睿等:2011:1)德国动物学家雷特尔(Reiter)于1865年对该词做出解释,认为它是希腊文词根"Oikos"("住所"的意思)和"Logos"("研究"的意思)结合而成"Oekologie"(德语,表示"对住所的研究")。1866年,德国生物学家海格尔(Haeckel)首次给出了生态学的定义,即"生态学是研究有机体同周围环境之间相互关系的科学"(Hawley, 1950),这个定义奠定了生态科学研究的基础。1895年,日本植物学的奠基人三好学将"ecology"一词译为"生态学",后经武汉大学张挺教授介绍到我国。

20世纪上半叶,一些有价值的生态学概念纷纷出现,如生物群落、生态位、食物链、生态系统等。1935年,英国生态学家坦斯利(Tansley)首次提出了生态学界迄今为止最具创造性的"生态系统"的概念,得到了广泛的接受,这一概念的应用和发展将生态学推向了系统研究的新高度。到20世纪中叶,生态学日趋成熟,从描述、解释向机制研究转变,生态学已基本成为一门具有特定研究对象、研究方法和理论体系的独立学科。(傅桦等,2008:3)

20世纪50年代以来,生态学逐渐从生物科学中的一门描述性分支学科发展成为一门崭新的、结构完整的、具有高度综合性的学科,生态学发展进入到注重与其他学科结合、与技术手段结合、面向实际问题的现代生态学时期。在研究规模和尺度上,逐渐由"个体—群落—生态系统"向"区域—国家—全球规模"转变;在研究对象上,由传统的以自然生态系统为主逐渐向"自然—社会—经济复合生态系统"转变;在研究目的上,从"象牙塔"走向社会,直接为社会服务;在研究方法和手段上,由传统的收集、观测、描述、统计到现代的全球生态网络的建设等。(孙振钧、周东兴,2010:5)

"生态学"一词在教育研究中正式使用可能始于美国教育学者沃勒(Waller)于1932年提出的"课堂生态"(ecology of classroom)的概念。(范国睿等,2011:1)由此可见,"课堂生态"概念的提出(1932)要早于"生态系统"的概念(1935),因此可以推测,早期对课堂生态的研究并没有上升到系统分析的层面。1966年,美国教育学家阿什比(Ashby)运用生态学的原理和方法研究高等教育,提出了"高等教育生态学"（ecology of higher education）的概念。（Ashby, 1966）1976年，美国哥伦比亚师范学院院长劳伦斯·克雷鸣（Lawrence Cremin）在《公共教育》（27—53）一书中最早提出"教育生态学"（ecology of education）的概念，并用了一章的篇幅进行论述，重点阐明了教育配置中各因素的相互作用和相互影响，该概念的提出对发展跨学科研究、开拓教育科学新领域是一个重要的贡献。我国教育生态学研究始于20世纪60—70年代，较早论著有台湾学者方炳林的《生态环境与教育》(1975)，李聪明的《教育生态学导论》(1989)，吴鼎福等的《教育生态学》(1990)。

生态学发展过程中的几件标志性事件可用表2-1清晰呈现。

表2-1 生态学发展简表

时间（年）	重要事件	事件人
1858	最早使用"ecology"（生态）一词	亨利·索瑞（Henry Thoreau）（美国）
1865	最早解释"ecology"（生态）的词义来源	雷特尔（Reiter）（德国）
1866	最早定义"ecology"（生态学）	海克尔（Haeckel）（德国）
1895	将"ecology"译为"生态学"	三好学（日本）
1917	提出"ecological niche"（生态位）的概念	格林内尔（Grinnell）（美国）
1932	提出"ecology of classroom"（课堂生态学）的概念	沃勒（Waller）（美国）
1935	提出"ecosystem"（生态系统）的概念	坦斯利（Tansley）（英国）
1949	提出"ecological balance"（生态平衡）的概念	威廉·福格特（William Vogt）（美国）
1976	提出并论述"ecology of education"（教育生态学）	劳伦斯·克雷鸣（Lawrence Cremin）（美国）

2.1.2 生态学的基本概念

本节将对生态、生态系统、生态因子、生态平衡、生态环境5个基本概念分别做简要阐述和评说。

（1）生态

日常生活中使用的"生态"一词，无论是在汉语中，还是在英文中，都有两种词性用法：名词和形容词。作为名词使用的"生态"在汉语中多作为中心词出现在一些偏正词组中，如自然生态、社会生态、政治生态、教育生态、课堂生态等等，意思是"生存的状态"或"生态系统"，词意属中性，所对应的英文应该是名词

ecology。作为形容词使用的"生态"通常作为定语成分出现在一些偏正词组中，如生态农业、生态旅游、生态公园、生态课堂、生态鸡蛋等，意思是"生态的"或"生态化的"，词语的感情色彩趋于褒义，是用来修饰那些符合现代生态理念的、健康和谐的、能促进可持续发展的事物或系统，所对应的英文应该是形容词 ecological。第三种情况是"生态"作为名词出现在偏正词组的定语位置，但不表达"生态的"、"和谐的"等褒义，而是属于中性，表达"生态类别的"，如生态系统、生态环境、生态因子等，对应的英文是 ecological 或 eco-。

英文中的"生态"（ecology）一词最初来自于希腊文，表示"对住所的研究"，关注的是生物与环境的关系，后发展为"生态学"（ecology）的概念。如何给作为学术概念的"生态"下定义？大多数研究者都认同以下表述：生态是生物体的生存状态以及生物体之间、生物体与环境之间的关系。在这个定义中，我们可以解析出关于生态的4个关键词：生物体、生存状态、环境、关系。这四个关键词体现了两个构成要件（生物体和环境）和两组关系（生物体之间以及生物与环境之间）。可见，对生态的研究主要研究在环境的作用下生物体处于什么样的生存状态，同时还要研究生物体之间以及生物体与环境之间存在什么样的关系。既然是状态，就有平衡和失衡的问题；既然是关系，就存在和谐与失谐的问题。

本研究的聚焦点是大学英语课堂生态，需要关注的也是系统的"状态"和"关系"。这里所说的"课堂生态"主要包含两层含义：①"课堂生态系统"，将课堂看作一个生态系统来加以研究。②"课堂生态系统的状况"。因此，本研究所关注的问题主要包括：课堂生态系统是否存在失衡现象？如有，有哪些体现？为什么会失衡？课堂生态中的"生物体"（教师和学生）之间以及师生与教学环境之间的关系怎样？是否有失谐现象？如有，是哪些？为什么会有失谐问题？怎样重构平衡态？本研究旨在回答好这些问题。

（2）生态系统

什么是系统？系统指由部分组成整体的意思。整体论和系统论认为，系统是由若干相互作用、相互依赖的要素组成的具有一定结构和特定功能的有机整体。谭璐等（2010：20）认为，具有以下共同点的，都可以看作是系统。

1）由两个或两个以上的要素构成，其构成要素可以是单个事物，也可以是一群事物的集合体。

2）其内部与外部要有一定的秩序。也就是说，它的各要素之间、要素与整体之间、整体与环境之间都存在着一定的有机联系。

3）其整体要具有不同于各个组成要素的结构和功能。如果只是一些元素的简单堆积或重叠，我们则认为它们不构成系统。

生态系统（ecosystem）是指由生物群落与无机环境构成的统一整体，如果用一个简单明了的公式表示就是：生态系统＝生物群落＋非生物环境。生物群落并不是孤立存在的，而是和环境密切相关、相互作用着。有关生态系统的定义有很多：

1）生态系统是在一定的时间和空间范围内，生物与生物之间、生物与非生物（如温度、湿度、土壤等）之间，通过不断的物质循环和能量流动而形成的相互作用、相互依存的一个生态学功能单位。（李振基等，2011：6）

2）生态系统是指生物群落与它的无机环境相互作用而形成的统一整体，它存在于一定的空间和时间界限之内，包括各种生物和它们生活的无机环境，具有能量流动和物质循环的基本功能。（傅桦等，2008：8）

3）生态系统是指在一定空间内生物与环境构成的自然、开放的生态学基本单位，在这个单位中各种生命现象之间在生存过程中相互竞争、相互作用、相互依存，形成健康有序的状态。其基本特征是结构的多样性、系统的复杂性、能量的流动性、物质的循环性、系统的动态性和自我调节性。这些定义虽表述略有不同，但总体内涵相似。结合起来看，任何一个生态系统都具有以下共同特性：

1）它是一个系统，结构上由群落和环境构成，功能上相互作用。

2）它具有能量流动、物质循环和信息传递三大功能。

3）它是一个动态系统，内部具有自调节、自组织、自更新能力。

从结构上说，每个生态系统都是由生物群落和无机环境构成的。群落指一定区域内彼此相互联系的各种生物种群的总和。在生态系统中，生物群落从功能上又可分为3类：生产者、消费者和分解者。生产者通过光合作用转化太阳能，输入系统，为消费者和分解者提供能源，能量通过食物链在各级消费者间实现流动（energy flow），物质在各个营养级间传递（nutrient cycle），信息在生态系统的各个组分间传递（information transmission），生态系统在此过程中不断进化和演替。在一个生态系统中，每一个生物都在与其他生物以及环境的相互联系和相互作用的共生、合作中存在，最终形成活的生命共同体。生态系统的原理就是联系的原理、共生的原理。

随着现代生态学的发展，生态系统的概念开始应用于教育科学领域。教育生态系统是教育系统内部诸要素之间的交互作用及其与外部环境之间的物质、能量和信息交换系统，准确地说，是一个由"人—教育—环境"构成的充满适应与发展、平衡与失衡、共生与竞争的矛盾运动的社会生态系统。（黄远振等，2010：8）课堂生态作为一个微观生态系统，也具有上述结构、功能和特征，这些将在后文中进行分析。

（3）生态因子

生态因子（ecological factor）也称环境因子（environmental factor），指对生物个体或群体的生长、发育、生殖和分布等生命活动起着直接或间接影响的各个环境因素。（李振基等，2011：66）各个生态因子不仅对生物产生着影响，而且相互之间也发生作用，既受周围其他因子的影响，反过来又影响其他因子。其中一个因子如果发生了变化，其他因子也会产生一系列的连锁反应。影响生物生活和分布的各种生态因子的总和就构成了生物的生存条件。

生态因子有各种不同的分类。根据生态因子的性质，通常可以分为气候因子、土壤因子、地形因子、生物因子和人为因子，共 5 类；根据生态因子的稳定性，可以分为稳定因子和变动因子两类；最常用的一种是将生态因子分为非生物因子（biotic factor）和生物因子（biotic factor）两大类，前者包括气候、土壤、地形等，后者包括生物种内和种间的相互关系。生物因子之间、非生物因子之间以及生物与非生物因子之间的关系是错综复杂的，它们通过能量的流动、物质的循环和信息的交换，在自然界中构成一个相对稳定的自然综合体。

（4）生态平衡

生态平衡（ecological balance）指一个生态系统在较长时间内输入和输出趋于相等，其结构和功能长期处于稳定状态，即使在轻度干扰下也依然具有自我修复力的一种稳定状态。当生态系统处于平衡状态时，系统具有一定的自我控制、自我调节和自我发展的能力，能够通过内部和外部的物质、能量、信息的传递和交换，使系统内部生物之间、生物与环境之间达到相互适应、协调统一的状态。陈坚林（2010：210—211）认为，生态平衡是一种相对的动态平衡，是在生态系统的演替发展中，依靠其内部各组成部分之间及系统与外部环境之间的相互联系和相互作用，通过不断调节系统内部的结构和功能而得以实现的。

生态平衡也称自然平衡。在自然界中，一个正常运转的生态系统，如果给以足够时间和环境的稳定性，总是能向着较大的复杂性发展，最终进入成熟的、稳定的相对平衡阶段，物种达到最高和最适量，物种之间彼此适应、相互制约，各自在系统中进行正常的生长发育、繁衍后代，并保持一定数量的种群，能够排斥其他生物的入侵。生物多样性丰富、结构复杂、生物量最大、环境的生产潜力充分地发挥出来，是衡量生态平衡的指标。

生态平衡意味着生物与环境之间必须达到平衡，反映了环境与生物之间的主动与被动关系。如果难以适应所赖以生存的环境，生物就不可能生存，也就不存在平衡。要维护生态平衡，并不意味着永远保持最初的稳定状态。生态平衡是动态的、相对的，是一个运动着的平衡状态。当一个生态系统发展到成熟的、稳定的阶段，它的生产者、消费者和分解者之间，即物质和能量输入和输出之间，接近于平衡状态。此时，物种组成及数量比例持久的没有明显变动，达到平衡的状态。

生态平衡是靠生态系统的自动调节来实现的，自动调节又依赖于系统的反馈机制（feedback mechanism）。生态系统是一种控制系统和反馈系统，它具有一种反馈机制。当一个生态系统被破坏时，系统就会自动启动对抗破坏的反馈机制，通过自调节、自修复达到自维持、自发展。但是，生态系统的自动调节能力具有一定的限度，即使调节能力很强的生态系统对外来冲击的耐受力也是有限度的，这个限度就是"生态阈限"。超越了生态阈限，自动调节就会降低甚至消失，生态平衡就会失调，系统中有机体的数量就会减少，生物量下降，能量流动和物质循环发生障碍，这一系列连锁反应甚至会导致整个系统慢性崩溃。

不同的生态系统在其发育的不同阶段和不同季节具有不同的阈限，这在很大程度上决定于该系统组分的多样性和能量流、物质流的复杂性。因此，在开发和改造生态系统前，必须深入研究生态平衡规律，掌握影响生态平衡的因素，确定生态阈限，这样才能保证开发和改造措施有助于生态系统的结构和功能保持在相对平衡的状态下持续运行。

（5）生态环境

环境（environment）通常泛指生物有机体周围各种条件的总和，是某一特定生物体或生物群体以外的空间以及直接或间接影响该生物群体生活与发展的各种因素。（曾祥跃，2011：14）环境有各种不同的类别，我们经常见到的就有自然环境、社会环境、人文环境、物理环境、学习环境、工作环境、学术环境、生态环境等等。

生态环境（ecological environment），简称"生境"，它是各种生态因子综合起来，影响某种生物（包括人类）的个体、种群或某个群落的周围环境。对生态环境这个概念，国内还存在几种不同的解读：①生态不能修饰环境，通常说的生态环境应该理解为生态与环境。②当某事物、某问题与生态、环境都有关，或分不太清是生态还是环境问题时，就用生态环境，即理解为生态或环境。③把生态作为褒义词修饰环境，把生态环境理解为不包括污染和其他问题的、较符合人类理念的环境。④生态环境就是环境，污染和其他的环境问题都应该包括在内，不应该分开。本研究不太赞成上述4种解读，而是倾向于将"生态环境"理解为一个偏正词组，其中"生态"是作为名词而不是形容词来修饰"环境"的，表示的是环境的一种类别，是生态视角下的环境，是指影响生态系统和各生态因子的环境因子。

所谓教育的生态环境，它是以教育为中心，对教育的产生、存在和发展起着制约和调控作用的多维空间和多元环境系统。我们从生态环境因子的分析中，探究各种生态环境与教育的相互关系及其作用机制。教育的客观环境，往往是自然因素和社会因素相互渗透交织、物质因素和精神因素相互结合融通的复合生态环境。只有具有一定生态关系构成的系统整体才能称为生态环境。

2.1.3 生态学主要理论

生态学理论建立在种群、生态系统、生态因子、生态位、生态平衡等概念的基础之上，在生态学的发展进程中，逐渐形成了由一系列原理构成的理论体系。20世纪七八十年代，生态学原理的影响逐步扩大，向人文社会科学领域渗透，同时也促进了教育生态学的发展。

本节主要阐述生态学和教育生态学的主要理论。

（1）限制因子理论

限制因子理论主要涉及限制因子、生态幅等概念和最小因子定律、耐受性定律和最适度原则。

1840年，德国农业化学家利比希（Liebig）在研究各种化学物质对植物的影响时发现，作物的产量往往不是受其大量需要的营养物质的限制，而是受那些作物需要而土壤中又极为稀少的营养元素的限制，如果及时施以这种稀少的营养元素，在其他条件不变的情况下，作物产量会有明显的提高。经过进一步的研究，利比希得出了一个结论：植物的生长取决于环境中那些处于最小量状态的营养物质。利比希对这种规律的认识被称为最小因子定律（law of the minimum），处于最小量状态的物质就是影响植物生长的限制因子。

1954年，奥登（Odum）发展了限制因子的概念，将其外延扩展到"达到或超过生物耐受限度的因子"。1965年，赖特（Knight）又指出：生态因素缺乏时，在或低于临界线，或超过最大忍受度的情况下，都会起限制因子的作用。（吴鼎福、诸文蔚，2000：158）在这些认识的基础上，1913年，美国生态学家谢尔福德（Shelford）提出了耐受性定律（law of tolerance），即任何一个生态因子在数量上或质量上的不足或过多，即当其接近或达到某种生物的耐受限度时，都会影响该种生物的生存和分布。每一种生物对任何一种生态因子都有一个能够耐受的范围，即有一个最低点（耐受下限）和一个最高点（耐受上限），最低点和最高点之间的耐受范围就称为该生物的生态幅（ecological valence）。生态幅当中包含着一个最适区（zone of the optimum）和两个耐受区（zone of tolerance）。（李振基等，2011：68）在最适区内，该物种具有最佳的生理或繁殖状态，而在接近耐受下限和上限的两个耐受区，生物的生长往往不太理想。耐受区一般比较窄，耐受性定律可以用图2-1加以说明。

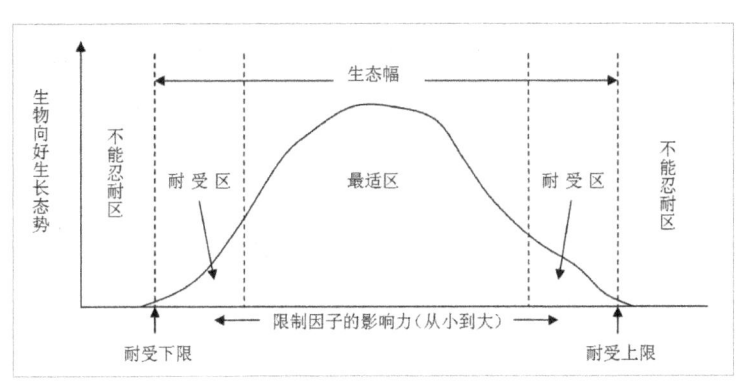

图2-1　耐受性定律图解

结合最小因子定律和耐受性定律，限制因子（limiting factor）的概念可以表述为：当生态因子（一个或相关的几个）接近或超过某种生物的耐受性极限而影响甚至阻止生物生存、生长、繁殖、扩散和分布时，这些因子就成为限制因子。

随着教育生态学研究的开展，限制因子、最小因子定律和耐受性定律已被运用到对教育生态的研究中。耐受性定律从某个环境因子的度和量的角度分析其对生物体的影响,这对探析教学问题背后的原因以及科学合理地配置教育资源都具有指导意义。在原理的具体运用过程中,要解决好以下几个问题:①如何确定限制因子?②如何从环境因素和个体因素两个方面分析限制因子产生影响的原因?③如何从度和量的维度减少特定因子的限制作用,扩大发展最适区?等等。

(2)生态位理论

生态位理论主要涉及生态位、生态位宽度、生态位重叠等概念和竞争排斥原理。

生态位(ecological niche)指群落中种群或物种个体占据的一定空间和具有的一定功能。通俗地说,一个物种的生态位就是指它生长在什么地方,起着什么作用。在生态系统中,每一物种都有自己的生态位,并以此保持系统的正常运行。对于生态位的研究也是逐渐深入的,随着不同学者对生态位做出各有侧重的解释,空间生态位、营养生态位、多维生态位、基础生态位、实际生态位等概念也涌现出来。空间生态位主要关注物种所占用的空间问题。营养生态位主要关注物种在其群落中的地位和功能作用,强调物种之间的营养关系。多维生态位主要关注物种在多维空间中的位置。基础生态位指物种在没有种间竞争情况下潜在的可占领的空间。受竞争影响的、现实的生态位称为实际生态位。

生态位宽度(niche breath)指一个物种所利用的各种资源的总和的幅度。当资源可利用性减少时,生态位的宽度就增加,生态位就会泛化(generalization)。以习惯摄食箭竹生存的熊猫为例,当箭竹大片死亡时,它就不得不摄食其他植物、甚至小动物来充饥。相反,在资源多的情况下,生物就会选食最习惯摄食的猎物,因此生态位的宽度就减少,生态位就会特化(specilization)。(吴鼎福、诸文蔚,2000:172)两个或更多的物种共同分享一定的生态位空间时,就会出现生态位重叠(niche overlap)。图 2-2 显示了资源对生态位的影响。

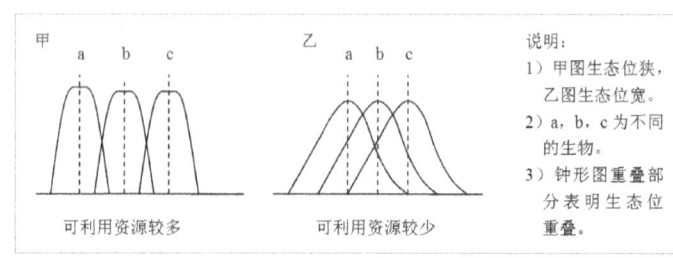

图 2-2 生态位重叠示意图

生态位重叠现象产生后,不同的物种就不得不共同利用资源,这就涉及资源数量的分享、共存程度及竞争的稳定度问题。每种生物生存都有一个生境最小阈值，在激烈的竞争下就只能适者生存了。也就是说，一个物种会被另一个物种完全排挤掉，或是一个物种被迫与另一个物种占据不同的空间位置和利用不同的食物资源等，即发生生态位分离，这在生态学上称作高斯的竞争排斥原理，即生态位相同的两个物种不可能在同一地区内共存。如果生活在同一地区内，由于激烈竞争，它们之间一定会出现栖息地、食性、活动时间或其他特性上的分化。一种生物能够在生存竞争的生态系统中拥有一个最能适合其生存的时空位置时，这就说明它有合适的动态生态位，就能与环境达成和谐。（陈坚林，2010：211）经过长时间的竞争排斥，生态系统中的每一个物种都会有不同于其他物种的时间、空间位置，也包括在生物群落中的功能地位。

竞争排斥原理（principle of competitive exclusion）由前苏联生物学家高斯（Gause）在20世纪30年代研究种间竞争的基础上提出的，又称高斯法则（Gause Rule），其内容可概括如下：在一个稳定的环境内，两个以上受资源限制的、但具有相同资源利用方式的物种，不能长期共存在一起。竞争排斥原理说明，物种之间的生态位越接近，相互之间的竞争就越激烈，完全的竞争者不能共存。

教育生态学引进生态位理论，就是为了明确教育的生态个体、生态群体、教育生态系统各自的生态位及其相互竞争和排斥关系。根据生态位理论，教育工作者应该思考几个问题：①如何让每个老师和学生在教学中找到各自生存和发展的空间？更准确地说，就是如何在空间和功能上找准各自的生态位？②在发现生态位重叠时，如何对个人生态位做出调整和改变？如何认清自我，错位发展？③从管理角度讲，如何营造多维教学环境，避免严重的生态位重叠和竞争排斥现象？④鉴于在同一生态位下适度的竞争有其积极意义，体现了主动进取、不甘落后的精神，能起到鼓舞斗志、奋发向上的作用和效果，如何适切地运用竞争排斥原理增强学生的学习动机和学习自主性？等等。

（3）生态链法则

自然界的生态链主要指基于能量流的传递摄取而形成的生物体之间的关系。通俗地讲，生态系统中各种生物通过一系列吃与被吃的关系，把这种生物与那种生物紧密地联系起来，这种基于营养关系的联系，一环扣一环，就像一条链子一样，在生态学上被称为食物链（food chain）。食物链的概念是由美国科学家林德曼

（Lindeman）经过3年的生态学研究于1942年提出来的。他认为，能量在各营养级中转化会有大约10%的降衰，这就是著名的林德曼"百分之十率"。食物链通常具备以下特点：①一条食物链一般包括3—5个环节（由于食物链传递效率为10%—20%，因而无法无限延伸，存在极限）。②食物链的开始通常是绿色植物（生产者），第二个环节通常是植食性动物，第三个或其他环节的生物一般都是肉食性动物。③在生态系统中，生物之间的营养关系，常常不是那么简单的直线关系，很多生物不止捕食一种猎物，因此形成一种复杂的网络，称为食物网（food web）。

据文字记载，最早揭示生物链的是中国西汉时的文学家刘向，在他写的《说苑》中有这样一段描述："园中有树，其上有蝉，蝉高居悲鸣饮露，不知螳螂在其后也；螳螂委身曲附，欲取蝉，而不知黄雀在其旁也；黄雀延颈欲啄螳螂，而不知弹丸在其下也。"这就是我们常说的"螳螂捕蝉，黄雀在后"。日常生活中常说的"大鱼吃小鱼，小鱼吃小虾，小虾吃泥巴"讲的也是这个道理。

教育生态链和自然界的食物链具有相似之处，信息流通过程会出现降衰现象，比如从上级部门往下级部门拨款就会出现一级级的衰减。根据生态链法则，物质、能量和信息在生态系统中也可能产生富集过程，即聚集放大效应，就像一条受某种有害物质污染的河流，通过食物链，这种有害物质在人体富集一样。生态系统中营养的富集和降衰，对教育生态也具有启发意义。作为外语教育工作者，我们可以利用生态链法则加以考虑：①英语中听、说、读、写、译5种语言技巧之间的相互作用机理是什么样的？②大学英语不同课程之间的网状关系是怎样的？③课堂教学中的信息如何合理流动？知能流如何富集？等等。

（4）最适密度原则

俗话说："物以类聚，人以群分"，这句话揭示了自然界的群聚（aggregation）现象。自然界中任何物种的个体都难以单一地生存于地球上，生物个体基本都会在某一时期与同种及其他种类的许多个体联系成一个相互依赖、相互制约的群体才能生存，这是基于适应性特征的集群。不同种群群聚的原因可能有所不同，有的是生殖需求，有的是遗传的本能，有的是趋光性、趋湿性等习性使然，有的是被动运送的结果，如风吹、水冲等。种群群聚的时间也各有不同，有的是临时性集群，有的是季节性集群，有的是永久性集群。

集群的生态学意义包括（李振基等，2011：127）：①有利于提高捕食效率；

②可以共同防御敌害；③有利于改变小生境；④有利于提高学习效率；⑤能够促进繁殖。集群效应只有在足够数量的个体参与群聚时才能产生，如果数量太少，低于集群的临界下限，则该动物就难以正常生活和生存，此所谓"最小种群原则"。是否数量越多越好？生态学观察发现，如果密度过高，由于食物和空间等资源缺少，排泄物的毒害以及心理和生理反应，则会对群体带来不利的影响，导致拥挤效应（crowding effect）和死亡率上升。生态学家阿里（Allee）在大量实验的基础上，概括了种群密度与存活率之间的相互关系（见图2-3），提出了最适密度原则（optimum density），又称阿里氏原则（Allee's principle）。他认为，种群密度太低或太高都会对种群的增长起着限制作用，只有在一定的条件下，当种群密度（数量）处于适度大小时，种群的增长最快。

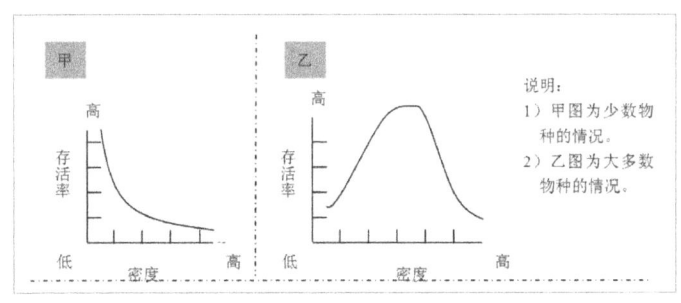

图2-3 种群密度与存活率的相互关系

每种生物都有自己的最适密度，教育生态群体也不例外。教育工作者应该运用最适密度原则，思考一些问题：①教育群体有哪些？各有什么不同的特性？②如何探究各种不同教育群体的最适密度？研究结果对教学工作有何启发？对现阶段大学英语教学来说，最需要考虑的问题就是：①如何合理开设大学英语课程群？②如何确定不同课程班级的合理人数？③如何确定分级教学中各级别的人数比例？等等。

（5）生态效应相关理论

生态效应（ecological effect）指生物因子或非生物因子在其存在或活动过程中，对其所在生态系统中的结构、功能所产生的影响。广义的生态效应还包括各生态因子之间相互产生的影响。近年来我们日常生活中经常提到的温室效应和生态平衡等都属于生态效应的范畴。本节重点介绍和教育生态紧密相关的花盆效应、边缘效应、整体效应和活水效应。

1）花盆效应（flowerpots effect）在生态学上称为局部生境效应，是奥地利地质学家修斯（Eduard Suess）于 1875 年在他的地质学论著中首先提出的。众所周知，花盆是一个半人工半自然的小生境，虽然离开了自然的生存环境，只要人为地创造非常适宜的环境条件，人工控制好花盆内的湿度和温度，在一段时间内，作物和花卉依然可以长得好。但是，它们对生态因子的适应阈值在下降，生态幅变窄，生态位下降。（吴鼎福、诸文蔚，2000：168）换句话说，就是生存空间变窄，环境适应力和竞争力下降，个体功能减退。所以，花盆里的作物或花卉一旦离开人的精心照料，就会经不起温度、湿度的较大变化，更经不起风吹雨打，它们的生命就会很快枯萎。这种现象就叫花盆效应。

花盆效应留给教育工作者的思考是：①如何为学生创造适宜的学习和成长环境？②如何锻炼他们的环境适应力和竞争力？③如何在牵手和放手之间求得平衡？④如何在学生培养中将学校教育和社会实践结合起来？等等。

2）边缘效应（edge effect）的概念是 1942 年由生态学家比切尔（Beecher）提出来的。他发现在两个或多个不同的生物群落交界处，往往会出现不同种类的生物共同生长的现象，而且种群密度变化很大，有些物种生长明显更加旺盛，生产力更强。比如，在田间试验时，即使土壤条件是相同的，但由于每一植物个体所占空间的不同和相连试验区的影响以及小气候的差异等，周边部分与中央部分的作物在株高、粒数和病虫害的危害等方面也会出现差异，这种现象称为边缘效应。中国生态学家王如松和马世俊 1985 年对边缘效应进行了定义：在两个或多个不同性质的生态系统交互作用处，由于某些生态因子（可能是物质、能量、信息、时机或地域）或系统属性的差异和协合作用，引起系统某些组分及行为（如种群密度、生产力、多样性等）的较大变化，这种现象称为边缘效应。边缘效应以强烈的竞争开始，以和谐的共栖结束。（吴鼎福、诸文蔚，2000：195）边缘效应按性质可分为动态边缘效应和静态边缘效应。动态边缘是移动型生态系统边缘，外界有持久的物质、能量输入，边缘效应相对稳定，能长期维持其高生产力。静态边缘是相对静止型生态边缘，外界无稳定的物质、能量输入，边缘效应是暂时的、不稳定的。

边缘效应在教育生态系统中也有独特的应用价值。在基于信息化的大学英语教学改革过程中，全国高校广泛推行分级分类个性化教学改革，我们应该根据边缘效应思考一些问题：①如何在教育中确定一些边缘区？②如何通过持久的物质、能量输入，提高边缘区学生的学习竞争力？③就大学英语教学来说，如何利用边缘效应指导分级教学？④学生在靠近教师的前排落座是否成绩更好（生产力更强）？在课堂参与上是否具有临近效应（proximity effect）？等等。

3）整体效应（holism effect）指生态系统各组分在质和量上的变化以及相互作用的过程中对本系统或更高层级系统所产生的放大效应。最典型的整体效应就是食物链的断裂所引起的生态连锁反应，所谓"牵一发而动全身"说的就是这种效应。欧洲历史上曾发生过严重的鼠疫，死了上百万人，究其原因，是因为一段时期人们杀灭了猫，从这件事情可以看出，大量杀猫所造成的更大后果是很多人死于鼠疫。又如近年来因为保护野生动物，很多地方野猪大量增加，曾造成庄稼严重受损和个别人员伤亡事件。整体效应还包括另外一种，那就是 $1+1>2$ 的现象。具体地说，生态系统具有不同的层级，下一层级的两个或多个系统作为生态因子组成更高一层的生态系统，但新系统的结构功能会大于那些生态因子的简单叠加。

教育生态系统也具有整体效应，需要我们去认真思考和利用。在不断深化大学英语信息化教学改革的进程中，主要需要我们去认真思考以下问题：①如何利用 $1+1>2$ 的效应，做好学生的分类指导问题？②如何从细节入手，抓好每个环节，提高大学英语教学的整体成效？③如何加强教师团队建设，增强师资的整体实力？④如何理解教学和科研的良性互动对教学的整体推动作用？等等。

4）活水效应（flowing-water effect）指生态因子的不断优化或物质能量的不断输入而使生态系统保持动态平衡的现象。常言道："流水不腐，户枢不蠹"，"问渠哪得清如许，为有源头活水来"，说的都是这个道理。一潭水也是一个生态系统，由鱼、虾、水藻等物种和水、泥沙、气候等非生物环境构成。生活观察发现，如果这潭水没有活水的不断注入，可能过不了多久，水质会变差，水草会枯死，鱼虾难存活。从生物学角度讲，这个生态系统就会严重失衡，甚至崩溃。生态学认为，要维持生态系统的健康和可持续发展，必须要有能量的流动和生态因子的优化。

在教育领域，活水效应也能给我们很多启发。就大学英语教学而言，活水效应至少可以激发我们去思考以下问题：①为什么以及怎样让师生树立终身学习的理念？②如何不断优化教学环境？③如何科学合理地更新教学方法？④就大学英语信息化教学改革而言，如何提高师生的信息素养？等等。

2.1.4 生态学的研究方法

生态学作为研究生物与环境之间相互关系的一门学科，经过100多年的发展，已经逐步形成了自己的学科理论体系和研究方法。从20世纪50年代开始，生态学研究方法趋向专门化，针对不同的研究目的、研究对象和研究问题，设计了各种系统化的专业性方法技术，主要包括原地观测、受控实验和综合分析。原地观测指在自然界原生境通过野外考察、定位观测、原地实验等方式对生物与环境的关系进行考察的方法。受控实验是在模拟自然生态系统的受控生态实验系统中研究单项或多项因子相互作用，及其对种群或群落影响的方法技术。综合分析指对原地观测或受控生态实验的大量资料和数据综合归纳分析，表达各种变量之间存在的种种相互关系，反映客观生态规律性的方法技术。（孙振钧等，2010：12—14）

20世纪80年代以后，随着系统科学的发展以及全球人口、资源、环境问题的不断出现，现代生态学突破了传统生态学长期以来形成的自然科学界限，开始向人文社科领域拓展，在方法上也更加注重层次性、整体性、系统性和协同性。层次性指考虑到不同层级的生态系统在结构和功能上具有紧密的关联，如果研究高级层次的结构和功能，有必要了解低级层次的结构和功能，反之亦然。生态学认为，每一高级层次的结构和功能是由构成它的低级层次发展而来的，但又不是简单的叠加，而是具有$1+1>2$的系统效应。整体论要求在研究的过程中，始终坚持把不同层次的研究对象作为一个生态整体来对待，注意系统整体的生态特征和系统之间的相互作用。系统性指在研究和分析的过程中，既关注系统各组分及组分之间的情况，又关注系统整体的表现。协同性指在研究的过程中，通过研究系统各组分之间以及系统与系统之间的协同作用，探索生态系统的动态演化过程。

运用生态学的理论和方法研究教育问题，是教育生态学的研究范畴。作为跨越教育学和生态学两个领域的一门独立的学科，教育生态学借鉴了这两门学科的研究方法，并在吸收系统科学研究成果的基础上有所发展，主要路径是通过类比的方式将生态学研究方法移植到对教育问题和教育生态的研究中，坚持跨学科研究，融会贯通系统论、协同论、耗散结构论等系统科学的研究方法和生态学的方法技巧，坚持从整体、分层、系统、协同等多维度研究分析教育生态。在研究课堂生态方面，既要研究课堂生态系统中各组分的结构和功能，还要研究它们之间的相互关系、它们与系统整体的关系以及系统整体与外围环境之间的关系。

2.2 理论基础之二：系统科学理论

我国著名科学家钱学森院士曾经指出："不管哪一门学科，都离不开对系统的研究。系统工程和系统科学在整个21世纪应用的价值及其意义可能会越来越大。"（吴今培、李学伟，2010：1）系统科学的"旧三论"和"新三论"是人类历史发展中的横断科学，具有一般的科学方法论的特点，适合于诸多学科甚至一切学科。系统科学正在向所有科学结构层次横向拓展和渗透，在生态学研究中的应用也日趋广泛，促进了生态学理论的发展。

2.2.1 系统科学简述

系统科学是以系统为研究和应用对象的一门科学。换句话说，从系统的角度观察研究客观世界的学科就是系统科学。什么是系统？系统就是由相互联系、相互作用的要素组成的具有一定结构和功能的有机整体。系统科学研究系统的要素、系统的结构和系统的行为，研究客观世界普遍存在的系统现象和系统问题，其研究领域横跨自然科学、工程技术、社会科学等领域，属于横断科学。

系统思想的产生最早可以追溯到原始社会古人类对自然世界的整体认识。在三大古文化中，古希伯来的宗教神学、老子的自然人学、古希腊自然哲学都充分体现了系统的思想。"系统"一词，就来源于古希腊语，是由部分组成整体的意思。我国传统中医主张的望、闻、问、切四疗法，我国战国时期修建的都江堰水利枢纽工程，都是系统思想的具体应用。但是，系统科学作为一门新兴学科而产生还是20世纪30年代的事情。1937年，贝塔朗菲（Bertalanffy）提出了一般系统论原理，奠定了这门科学的理论基础。由于贝塔朗菲对系统科学的创立、推广和发展做出的杰出贡献，他被公认为一般系统论的创始人。系统科学和以往几次重大科学革命一样，它的产生标志着人与社会、人与自然之间又开展了一场新的对话。这场对话的主要内容之一，就是用系统思想、系统原理和系统方法去观察和研究事物，革新传统的科学认识和方法，建立人类思维的新模式。（吴今培、李学伟，2010：1）

系统科学的发展大致经历了3个阶段：①系统科学的形成阶段（20世纪40—60年代）；②自组织理论的建立阶段（20世纪70—80年代）；③复杂系统科学的兴起阶段（20世纪80年代中期以来）。这三个阶段的代表性理论分别是人们常说的"老三论"（系统论、控制论和信息论），"新三论"（耗散结构论、突变论和协同论），复杂系统理论（非线性自组织理论、复杂适应系统理论和开放的复杂巨系统理论）。如今，系统科学已成为20世纪中叶以来发展最快的一门综合性科学。系统科学的发展使人类对客观世界的认识水平从平衡态到非平衡态、从确定性到非确定性、从线性到非线性、从连续性到非连续性、从他组织到自组织、从简单性到复杂性、从最优解到满意解、从实体中心论到关系中心论推进。（吴今培、李学伟，2010：8）鉴于系统科学对生态学分析的重要指导意义，下节将对系统科学基础理论，即"老三论"和"新三论"，做一简要概述。

2.2.2 系统科学相关理论

20世纪以来，伴随着社会生产力和科学技术的迅猛发展，人类社会出现了许多前所未有的新变化，需要用新的概念、理论和原则予以解释、分析和研究，系统科学正是在这样的时代要求下应运而生的。系统科学在各个领域得到了广泛的应用，为人类文明和社会进步做出了积极贡献。

（1）系统论（system theory）

系统论是个概括广泛的概念，从一般的意义上理解，它是从系统观念出发把握对象，并运用整体性、集中化、等级结构、终极性、逻辑同构等概念，寻求系统的模式、原则和规律，并对其功能进行数学描述的一门正在继续发展的方法论学科。（林骧华等，1987：56）

什么是系统？系统是由若干相互作用、相互依赖的要素组成的具有一定结构和特定功能的有机整体。每个系统都是由许多子系统组成的层次结构，子系统又由更小的子系统组成，它们之间以一定的结构方式组成有机整体。每个子系统各有其一定的功能，而整个系统的功能并非是各个系统功能的简单相加。当低层次的要素组成高层次的系统时，系统往往产生出新的、原来层次所没有的性质，这个过程被称为"涌现"（emergence）。

美籍奥地利生物学家贝塔朗菲被公认为是一般系统论的创始人。1934年，他发表了《现代发展理论》，提出了几个基本观点：①系统观点，认为一切有机体都是一个整体。②动态观点，认为一切生命现象都处于积极的活动状态，应把生命看成与环境发生物质和能量交换的开放系统。③层次观点，认为一切有机体都是按照严格的等级和层次组织起来的。这些观点为创立"一般系统论"奠定了基础。（林骧华等，1987：57）1937年，贝塔朗菲在芝加哥大学的哲学讨论会上，第一次提出了"一般系统论"(general system theory)的概念；1945年，在《德国哲学周刊》上发表了《关于一般系统论》一文；1968年出版了《普通系统论》一书，系统论作为一门新学科得以确立。

一般系统论研究的对象不是具体系统而是抽象的一般系统，揭示一般系统的同构性问题。所谓系统的同构性，指各个不同性质的系统之间所表现出来的存在方式和运动方式上的一致性，即所有系统共同遵守的规律。（吴今培、李学伟，2010：3）包括系统的结构、系统的功能、系统的状态、系统的演化、系统的分类、系统的特征等。系统的结构指系统各组分之间的关联。系统的功能指由系统行为引起的、有利于环境中某些事物发展乃至整个环境存续的作用。系统的状态指系统可以被观察和识别的情况、特征等。系统的演化指系统的状态、特征、结构、行为、功能等随时间的推移而发生的变化。系统分类有很多种：①根据内容分为物质系统和观念系统；②根据规模分为小型、中型、大型和巨型系统；③根据与环境的关系分为封闭系统和开放系统；④根据构成要素的性质分为自然系统、人工系统和复合系统；⑤根据状态分为静态和动态系统；⑥根据具体领域分为管理系统、工程系统等。整体性、关联性、层次性、动态性、有序性等是所有系统的共同特征。

系统论开启了系统综合的思维方式，把分析和综合辩证地结合起来，既对系统的成分、结构、功能、关联等予以分析，又对它们进行综合的系统考察。系统论坚持动态的观点，把系统放到动态的运动中去把握，从中找出系统的动态规律，在动态中协调整体与部分的关系，使部分的功能和目标服从系统总体的最佳目标，以达到总体最优。这些观点对分析课堂生态具有积极意义，有利于我们从生态系统的角度思考以下问题：①课堂生态的系统属性有哪些？②课堂教学的整体目标是什么？③如何优化课堂生态结构？④如何协调课堂生态中各生态因子（即教学要素）的功能，以达到系统总体的最佳目标？⑤信息化课堂生态的动态特征是什么？⑥如何实现自然平衡？等等。

（2）信息论（information theory）

信息论是关于信息的本质和传输规律的科学理论，是一门运用数理统计方法研究信息处理和信息传递的科学。什么是信息？信息是系统内部建立联系的特殊形式，是系统确定程度、走向有序的标记。通俗地说，信息就是知识、数据、密码、情报等。信息具有可识别、可转换、可传递、可加工处理、可存储、可多次利用、可量化等

特征。(谭璐等,2010:156;林骥华等,1987:62;傅桦等,2008:21;吴今培等,2010:5)

美国贝尔电话研究所的数学家香农(Shannon)被公认为是信息论的创始人。1948年,香农发表了其著名论文《通讯的数学理论》,奠定了现代信息论的基础,标志着信息论的正式诞生。香农从理论上阐明了通讯的基本问题,提出了通讯系统模型(见图2-4),指出了在有限信道中以最大速率传递信息量的基本途径,初步解决了编码、译码的精确性问题。他的研究对人类认识与改造自然产生了深远影响。另一位美国科学家维纳(Wiener)也以其著名的滤波理论、信号预测的接受理论、量测信息量的数学公式等为信息科学做出了独特贡献。香农和维纳引进统计概率论来描述信息量,建立了一整套处理信息量的数学公式和模型。维纳指出:"在一个系统中,信息量是它的组织化程度的度量,一个系统中熵就是它的无组织程度的度量",信息量增大,熵就相应减少。信息量和信息熵是从不同的角度对系统的统计特征所做的描述。

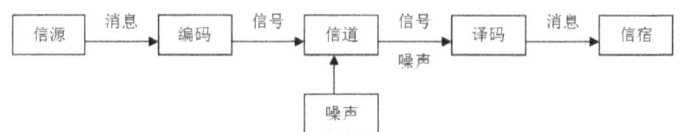

图2-4　香农的通讯系统模型

经过几十年的发展,信息论已经经历了狭义信息论和广义信息论两个不同发展阶段。狭义信息论主要研究信息处理和信息传递,广义信息论是运用狭义信息论原理研究其他领域的问题,或称信息学。如今,信息论已在基础理论和实际应用方面都取得了巨大的进展,人类已经生活在信息的汪洋大海中,一刻也离不开信息,信息化也已成为世界各国的重要战略,成为推动社会发展的重要动力。信息论向各门学科渗透,给许多学科研究拓宽了路径,丰富了科学认识的范畴,为科学家认识客观事物的本质联系提供了新的重要思维工具。

利用信息论原理对其他领域的系统进行研究时,需要将整个系统过程抽象为信息传递和信息转换的过程,换句话说,就是要完全撇开对象的具体运动形态,把系统的有目的的运动抽象为信息交换过程,包括信息输入、信息存储、信息处理、信息输出、信息再反馈到输入端。信息论认为,系统各要素之间、各局部之间、局部与整体之间、系统与环境之间的相互联系和相互作用,都要通过信息的交换、加工和利用来实现。正是由于信息在系统中的正常流动,特别是反馈信息的存在,才能使系统按预定目标实现控制,达到协调关系和优化效果的作用。谭璐等(2010:170)认为,信息方法大致分为5个步骤:①将系统抽象为信息传输过程;②对抽象出的信息进行定性定量分析;③建立各种信息模型;④依据模型阐明原型;⑤在实践中修改完善模型。

信息方法作为一般方法论,有着越来越重要的用途和现实意义。利用信息方法,我们可以从信息流的角度去分析生态系统中的能量流动和课堂生态系统中的信息传输。具体地说,我们可以思考以下问题:①如何将教学过程抽象为信息传输过程?②如何根据香农的通讯系统模型优化课堂信息流通模型,减少信息降衰?③如何撇开教学内容来思考教学方式和方法?换句话说,重要的不是我们教了什么,而是我们能怎么教?能教多少?④信息技术对提高课堂信息流通起着什么作用?⑤如何提高信息技术的效用?等等。

(3) 控制论(cybernetics)

控制论是一门研究各类系统的调节和控制规律的科学。何谓控制?谭璐等(2010:138)将控制理解为"根据信息选择目的的行为及实现这一行为的过程",似乎说得不够透彻。吴今培等教授们(2010:6)的解释更易理解:所谓控制,就是人们根据自己的目的,改变条件,使事物的可能性空间缩小,沿着某种确定的方向发展。可见,一切控制过程,实际上都是由3个基本环节构成的:①了解事物面临的可能性空间是什么;②在可能性空间中选择某一些状态为目标;③控制条件,使事物向既定的目标转化。这里所说的事物的可能性空间是指事物发展变化过程中各种可能性的集合。

美国科学家维纳(Wiener)被公认为是控制论的创始人,他早在1919年就开始接触自动控制系统的问题,提出控制的关键是根据周围环境的某些变化来决定和调整自己的运动。第二次世界大战期间,维纳在美国军事部门的要求下研究如何提高火炮射击的准确度和如何组织起一个有效的防空和反击网,期间他提出了"反馈"概念(见图2-5),即认为控制和调节都是由一个方向相反的校正活动来补偿,就像驾驶汽车,如果发现太靠左了,就向右做出一个校正,反之亦然。由此维纳认为目的性的行为可以用反馈来代替,从而突破了生命与非生命的界限,把目的性行为这个生物所特有的概念赋予机器。战后，他将原来的工作总结规范、提炼成了一部关于控制理论的经典之作——《控制论》，并给出了控制论的经典定义：控制论是一个关于动物和机器中控制和通信的科学理论。

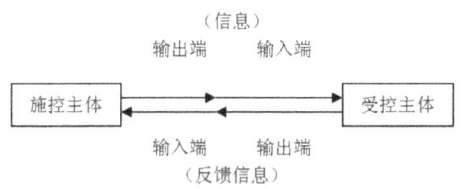

图 2-5　控制系统中的信息反馈

图 2-5 中的"施控主体"是信息传输中的信源，信息通过"输出端"进入受控主体的输入端，从而对"受控主体"产生影响。可见，"输出端"指影响其他系统的部分，"输入端"指一个系统受外界影响的部分，"施控主体"又称控制部分，指系统中不变的部分，"受控主体"又称执行部分，指系统中的被控制部分。反馈信息分为两种，如果反馈信息加剧了系统正在进行的偏离目标的运动，称"正反馈"，它导致系统的不稳定状态，乃至破坏稳定状态。如果反馈信息起到了减少外界影响而使系统运动接近目标，称"负反馈"，它使系统保持稳定性，阻止熵的增加，保证系统能适应外界不断变化的条件。

控制论的形成和发展大致可分为 3 个阶段：1942 年以前是酝酿阶段，1943—1948 年是形成阶段，1948 年以后是发展阶段。现在，控制论作为一门横断科学，研究的对象范围非常广泛，已经拓展到了客观现实的各个领域。它研究各种系统的共同控制规律，既不限于自然科学，也不限于社会科学，而是横跨各个学科，超出了各个学科的局限性。（谭璐等，2010：139）按照应用范围，控制论可分为生物控制论、工程控制论、社会控制论、智能控制论等。

现代控制论的主要理论包括最优控制理论、自适应控制理论等。（谭璐等，2010：153—154）最优控制理论强调采用动态的控制方式，通过各种数学模型方法，力图有效地解决大型复杂系统的设计和控制问题，以实现系统整体和过程的最优化。自适应控制系统是在环境条件还没有影响到控制对象之前，就通过预测而进行控制的一种方式。它能按照外界条件的变化，自动调整自身的结构和行为，在系统功能的保持上更具适应性。

对于信息化外语教学来说，控制论的观点可以帮助我们思考一些问题：①在现代信息技术介入教学后，课堂生态系统面临的可能性空间是什么？②如何利用反馈信息调节课堂生态系统的平衡？③如何运用最优控制理论实现课堂生态的最优化？④如何运用自适应控制理论来预测和预防课堂生态系统的失衡？等等。

（4）耗散结构论（dissipative structure theory）

耗散结构论是一门研究耗散结构的性质、形成、稳定和演化的规律的科学。（林骧华等，1987：85）什么是耗散结构？耗散结构就是在一定的非平衡条件下（物质、能量和信息的不断交换），系统通过自组织"进化"过程在远离平衡区域从无序状态自发地演化成有序状态时所产生的有序结构。有序结构的形成和维持需要耗散能量和物质，因此被称为耗散结构。所谓自组织，就是系统通过自身的力量自发地增加它的活动组织性和结构的有序度的进化过程，它是在不需要外界环境和其他外界系统的干预或控制下进行的。由此而形成的有序的较为复杂的系统称为自组织系统。耗散结构是相对于平衡结构而言的，它与平衡结构不同，平衡结构是"死"的有序化结构，而耗散结构是"活"的有序化结构，它依靠能量的耗散才能维持其有序状态。

耗散结构论是由比利时著名科学家普利高津（Prigogine）于1969年创立的。以普利高津为首的、由近百位各国科学家组成的布鲁塞尔学派，长期坚持以动态的、发展的眼光研究不可逆问题，把热力学理论推广到非线性区域，不仅建立了非线性非平衡热力学的初步框架，而且还把它运用到生物、生态和社会等方面，做出了很大的贡献。普利高津从1947—1967年整整耗费了20年的心血，终于在远离平衡的、线性范围之外得到了"耗散结构"的概念，并逐步建立了一套非线性非平衡热力学方法。在1969年"理论物理学与生物学"的国际会议上，普利高津正式提出"耗散结构论"。由于这一理论对科学事业发展具有重大作用，普利高津为此荣获1977年度诺贝尔化学奖。

耗散结构论中除了耗散结构、自组织等概念外，还有一个重要的概念：熵（entropy）。熵是作为系统宏观状态有序程度的一种度量量度。系统的演化方向可以用熵的变化来描述。处于平衡态的系统具有最大的热力学几率和熵值，而一个系统的状态偏离平衡态越远，这个状态所对应的热力学几率和熵值就越小。下面对熵的概念进行举例说明。熵最初是热力学中的一个概念，是一个态函数，后来一些数学家用"熵"来描述一般系统内部各子系统分布的均匀性。比如一个分为左右两部分的匣子,里面放入若干个没有相互作用的相同粒子,在只放一颗的情况下,这个粒子落在左部分和右部分的可能性均为 1/2,左右两边均匀分布的概率为 0,不均匀分布的概率为 1。如果是 A、B 两个粒子,则有 A 左 B 右、B 左 A 右、AB 都在左、AB 都在右 4 种分布可能,每种分布的可能性均为 1/4,左右两边均匀分布的概率为 1/2,不均匀分布的概率也为 1/2。以此类推,当粒子数增长为 10 个时,两边各为 5 个粒子的均匀分布概率约为 0.25,而 10 个粒子都分布在匣子左边或右边的不均匀分布概率约为 0.002。由此可见,系统存在这样的趋势,粒子数越多,对称的均匀分布的概率就越大于极不均匀分布的概率。换句话说,一个系统中的子系统越多,系统内就越无序,熵的值就越大,系统就越接近于平衡。

按照耗散结构理论,一个宏观有序状态的自发产生和维持,至少需要 3 个条件(吴今培等,2010:59—61;谭璐等,2010:60—61):①开放系统。系统必须是开放的,开放系统是产生有序结构的前提。孤立系统的熵值总是增加的,系统总是趋于增熵、减序的平衡态;而开放系统在同外界进行物质和能量交换的过程中,不断从外界获得负熵流来抵消系统本身内部熵的增加,使系统总的熵值趋向零甚至负值,系统达到增熵、增序的平衡态。②远离平衡态。系统必须处于远离平衡的条件,非平衡是有序之源。普利高津认为,平衡态和线性区的近平衡态一样,系统总是稳定的,这样的状态不能自发发展到有序状态。只有在远离平衡的条件下,即在非线性区域,系统才会出现非线性自组织机制,产生相干效应。它与数量上叠加的线性作用不同,它由系统各要素协同工作耦合成新的整体性效应,从而产生新的质,形成新的有序结构,即耗散结构。③非线性反馈和涨落。系统内部必须存在适当的非线性反馈,通过涨落达到有序。非线性的相互作用是系统形成有序结构的内在原因。任何一个宏观系统总是存在涨落,即系统的影响因子在平均值附近的起伏摆动,在通常情况下,涨落对系统的宏观行为影响不大,但涨落如果发生在远离平衡的非线性区,它就会通过非线性反馈作用而放大,破坏原有结构的稳定性,使系统原有结构解体,为系统形成新的有序结构创造条件。

耗散结构理论研究的是开放系统,而宇宙中各种系统,不论是生命系统,还是非生命系统,实际上无一不是与周围环境有着相互依存和相互作用的开放系统。正因如此,耗散结构理论具有极其鲜明的方法论特征,具有应用于各个学科的普适性。

利用耗散结构理论分析大学英语课堂生态，需要我们思考如下问题：①课堂具有哪些开放系统的特征，如何与外部环境进行物质、能量和信息的交换？②课堂生态是否具有形成耗散结构的条件？③现代信息技术引起的涨落对课堂生态系统起着什么作用？产生的影响是否具有不可逆性？④课堂生态在什么条件下更易在远离平衡的非线性区域形成耗散结构，重构平衡态？⑤课堂生态中哪些生态因子具有局域平衡的特性？对系统的失衡和重构有何启发意义？等等。

（5）协同论（synergetics）

协同论是研究自组织系统共同遵守的基本原理和基本概念的一门横断学科，主要建立在协同作用、有序、无序、支配原理等概念的基础上。协同论和耗散结构论一样，都是研究复杂系统如何从不稳定态走向稳定态的理论，在系统科学的理论研究中，两者经常被统一起来运用，因此又统称为自组织理论。协同论之所以称为协同论，一方面由于它研究的对象是许多子系统的协同联合作用，以产生宏观系统上的结构和功能；另一方面，这门学科又要有许多不同的学科进行合作，以寻求支配自组织系统的一般原理，同时加强对各学科之间横向联系的研究。

协同论是德国著名物理学家哈肯（Hermann Haken）于1977年正式创立的。20世纪60年代，他主要从事激光理论研究，并于1970年出版了一部很有影响力的激光理论专著。激光是在远离平衡区域的非线性中从无序转变到有序的典型现象，哈肯在长期研究具体的激光课题的过程中发现，在一个开放系统的演化过程中，存在着子系统独立运动和子系统间协同运动两种运动形式。哈肯于1971年第一次提出"协同"的概念，随后逐渐形成基本观点和理论框架，并于1977年出版了《协同学——物理学、化学和生物学中的非平衡相变和自组织》一书，标志着这门横断学科的正式诞生。（林骧华等，1987：79）

协同论认为，一个复杂系统的许多自由度里，不稳定的自由度会把稳定的自由度拖着走，一直拖到空间中的某一点，即系统的一个稳定状态。（傅桦等，2008：22）哈肯把系统本身固有的这种自我调节称为协同作用，把系统运行的那个自由的多维空间称为相空间，把系统达到稳定状态的那个点称为目的点，把系统内部元素与元素、系统与元素、系统与系统之间相互联系和相互作用的规则称为序，分为有序和无序两种。有序、无序是状态描述的相对量，是相对而言的，绝对的有序或无序并不存在。有和无序在一定的条件下可以相互转化，是系统在自然界中的两个演化方向。系统的有序度用序参量来表征（耗散结构论中用熵来度量）。序参量是通过系统各要素的协同作用而形成的，同时它又支配着各子系统的行为。序参量是系统从无序到有序变化发展的主要因素，它决定着系统的自组织行为。当外界条件变化，系统开始出现有序时，序参量随着外界条件的改善和系统有序程度的提高而逐渐增大；当接近临界点时，子系统之间的相干作用产生的协同行为占主导地位，序参量急剧增大，最终在临界域变到最大，导致系统不稳定而发生突变，于是新结构开始出现。

协同论应用于大学英语课堂生态的分析时，同样能给我们很多启发和思考：①怎样利用外界条件的改善，比如现代信息技术的应用，促使系统不稳定而发生突变，建立新的稳定结构？②怎样利用各子系统的联系和协同作用，促进系统发挥最大最佳的功能和效应？③如何实现子系统的协同和共生？具体地说，如何实现教师和学生的共同成长？④支配原理对分析信息化语境下大学英语课堂生态有何启发？课堂生态中哪些是慢变量，哪些是快变量？如何相互作用？等等。

（6）突变论（catastrophe theory）

突变论主要以拓扑学为工具，通过对稳定性结构的研究，以说明自然界和社会现象中所发生的不连续的突然变化过程，试图从定性的角度来描述各种现象中的不同性状之间的突然的跃迁。以拓扑学为工具，就是以拓扑学的奇点理论为主要数学方法，也就是根据势函数对状态的临界点进行分类，进而研究各种临界点附近的非连续性态的特征，由此确定有限个数的若干个初等突变，然后建立数学模型，进一步认识突变现象的机理，并对突变做出预测。

突变论是法国数学家雷内·汤姆（Rene Thom）于1972年创立的，其专著《结构的稳定性和形态发生》阐述了突变理论的基本思想，宣告了这个新兴理论的诞生。突变论认为，一个系统结构的稳定状态，可用一组参数来描述，标志该稳定状态的势函数就取一个唯一的值（如能量取极小值，熵取极大值等等）。如果系统的结构发生变化，那么这组参数就会在某个范围内变动，如果势函数有不止一个临界值（比如 a 临界值和 b 临界值），系统就往往处于不稳定状态（分岔点）。突变论指出：如果该系统结构从一种稳定态（取 a 临界值）而进入不稳定状态（分岔点），在这些关键的分岔点上，极小的扰动会引起系统发展过程中的质变，换句话说，就是当其他参数再进一步变化，那么就会使处于不稳定状态的系统进入另一稳定态（取 b

临界值），这就使整个系统产生了突变。（林骧华等，1987：74—76）突变论还指出，高度优化的设计可以带来结构上的最优，但也常常联系着对缺陷的高度敏感性，就会产生特别难以对付的破坏性，引发突变。

突变论带给大学英语课堂生态研究的启发是：①现代信息技术介入课堂生态系统后，对系统产生了怎样的扰动？能否使系统产生分岔点？②当系统进入不稳定状态后，如何通过其他参数的再变化，推动系统从不稳定状态进入另一种稳定状态，即重构平衡态？③如何在精心设计的一堂信息化大学英语教学课中，避免因系统结构和功能的高度敏感性而导致一堂课的瘫痪？等等。

2.3 本研究理论运用的基本思路

本章的前两节分别对生态学和系统科学的主要概念和理论进行了概述，这些概述是在文献研究的基础上通过内容消化、吸收、筛选总结而来，筛选的原则就是相关性原则。众所周知，生物学和系统科学这两种理论体系实际上各自都是一个庞大的学科群，各自都有很多重要的概念和理论，本专著只选取了与本研究具有较大相关的主要理论，具体考量见图2-6。

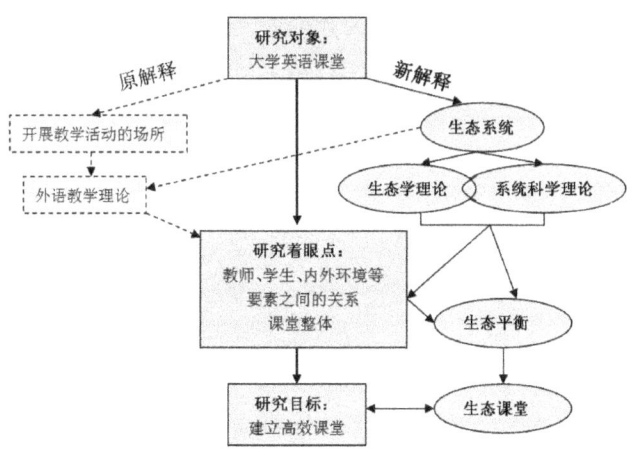

图2-6 本研究理论运用的思路

如图所示，本研究的主干思路是通过对大学英语课堂的研究，具体就是通过对课堂内外的教学要素进行研究，从而实现课堂的高效（图中的中轴线所示）。对大学英语课堂可以做两种解释，传统解释认为大学英语课堂是进行外语教学活动的场所，因此基本都从应用语言学（外语教学）和二语习得的角度寻找理论支撑（图左侧虚线连接部分所示），通过运用外语教学理论来研究各教学要素，最终建立高效课堂，但这并不是本研究的思路。本研究将大学英语课堂看作是一个教师和学生实现共同成长的生态系统。为了更好地解释系统的生态性和系统失衡与重构的演化过程，本研究力图从生态学和系统科学中找到理论解释和支撑，并运用这些理论来考察各教学要素及其之间的关系，以实现课堂生态系统的平衡，建立一种生态的、高效的课堂（图右侧实线连接部分所示）。在这个过程中，仍然会谈到和运用外语教学理论，但这不是主线，因此在理论回顾中没有专门对外语教学理论进行综述，而是在具体行文中予以适时解释。单独析出的生态学和系统科学的理论将综合起来运用，以论证课堂的生态身份属性，信息化课堂教学中的问题考察、问题分析，以及系统重构等问题。

2.4 本章小结

大学英语课堂是教育领域里的一个微观生态系统，对它进行考察和研究需要系统科学和生态学相关理论的科学指导。考虑到学科跨度较大，本章对生态学的主要概念和理论进行了集中回顾，并对系统科学中的系统论、控制论、信息论、耗散结构论、协同论和突变论进行了综述，为分析大学英语课堂生态失衡的原因以及研究如何重构大学英语课堂生态打下了理论基础。

第 3 章 大学英语课堂的生态性研究

从生态学的视角研究大学英语课堂，就是将大学英语课堂看作一个微观生态系统加以研究，因此，有必要首先对大学英语课堂进行身份认证。本章将依据生态学和系统科学相关理论，对大学英语课堂的生态属性予以考察，并对课堂生态的国内外相关研究进行文献综述，以阐明本研究的历史渊源和价值创新。

3.1 大学英语课堂的生态性论证

从生态学和系统科学的角度研究大学英语课堂生态，属于跨学科研究。要实现跨学科研究，根本的办法就是进行类比论证。类比论证是一种通过已知事物（或事例）与跟它有某些相同特点的事物（或事例）进行比较类推从而证明论点的论证方法。其中，"相同特点"是这种论证方法能够成立的前提，没有它，就无法进行类推。对于本研究来说，只有首先证明大学英语课堂具有生态性，是一种"生态系统"，然后才能根据这个"相同特点"，在研究大学英语课堂时适用生态学和系统科学的相关理论。

如果视"大学英语课堂具有生态性，可以看作一种生态系统加以研究"为一种类比假设，则该假设可以得到以下 3 点支撑：①生态学的包容性和系统科学的横断性支持从生态的视角将课堂视为系统予以研究。②前人已经从生态的视角对课堂教学做了大量研究，并取得了比较丰硕的成果。③大学英语课堂具有生态系统的基本结构和功能。下面分别对这三点予以阐述。

3.1.1 生态学的包容性和系统科学的横断性

生态学具有很大的包容性，有很多可以移植的概念、理论和方法，对解决各门学科所面临的问题均有帮助。现代生态学已经突破了原有经典或传统生态学的自然科学界限，发展成为一个研究内容广泛、分支学科众多、横跨自然科学和社会科学、综合性很强的学科，具有明显的方法论特征。生态学和教育学的相互渗透和融合就形成了教育生态学，其主要内容就是运用生态学的理论和方法研究教育问题，课堂教学作为教学活动中的重要一环，自然进入了教育生态学的研究范畴。事实上，教育生态可以分成宏观生态系统和微观生态系统，而课堂教学生态就属于微观教学生态。

系统科学属于横断科学，是在概括和综合多门学科的基础上形成的一类学科，其覆盖面广，对许多具体学科都能起到方法论的作用。系统科学不是以客观世界的某种物质结构及其运动形式为研究对象，而是从许多物质结构及其运动形式中抽出某一特定的共同方面作为研究对象，其研究对象横贯多个领域甚至一切领域，小至一个原子、分子，大到国家、地球乃至整个太阳系，都可以分别作为系统来研究处理。在这个意义上，课堂完全可以成为系统科学的研究对象。事实上，课堂就是通过师生与环境的互动而构成的基本系统，具有系统的结构和功能，这一点将在下一小节予以具体说明。

3.1.2 国内外对课堂生态的研究

课堂生态研究，是一种生态方法在课堂领域里的应用研究。随着人类对生态问题的日益关注以及生态学自身的快速发展，生态学与教育学加快融合，教育生态学发展成为一门指导教学活动和开展教学研究的新兴学科，国内外对课堂生态的研究也日益丰富。

国外正式从生态学的视角研究课堂教学，可以追溯到 1932 年。当时，生态学经过几十年的发展渐趋成熟，并开始应用于其他学科领域。美国社会学家沃勒（Waller, 1932:161）在其代表性著作《教学社会学》中正式提出"课堂生态学"（ecology of classroom）的概念，并探讨了课堂教学的社会性和生态性。20 世纪 60 年代，国外开始联系课堂的多种因素：教师、学生和课堂环境等，比较系统地研究课堂生态，并取得了比较丰富的研究成果。教育学与生态学继续融合，一些新的概念如"高等教育生态学"（1966）、"教育生态学"（1976）相继提出，这也标志着教育生态学作为一门独立的学科正式诞生。

从 20 世纪 60 年代开始，有一些学者开始用生态的眼光研究课堂要素之间的关系，比如教室里师生距离与课堂表现之间的关系。其实，早在 1921 年，格里菲斯（Griffith

就通过观察发现,坐在前排和后排的学生成绩低于坐在中间的学生(第四排最佳),但他并没有借助生态学的概念加以描述和解释。1967年,索莫(Robert Sommer)在《应用行为科学》杂志上发表了名为"课堂生态学"的论文,探讨了课堂座位布置与学生课堂参与之间的关系。他发现,在讨论式座位布局中,直接面对老师的学生比坐在两边的学生课堂参与度高;在座位横排的传统型教室里,坐在前排的学生比坐在后排的学生课堂参与度高,坐在每排中间的学生比两边的学生课堂参与度高,由此得出"视觉接触会增加课堂互动"的结论。贝克(Franklin D. Becker)、索莫等(1973)对大学课堂生态做了3个现场研究,旨在探究在不同教室环境下的学生参与情况。第一个研究是在传统布局的教室里进行,结果发现教室大小和学生课堂参与率有关,但和学生参与时长无关。第二个研究是在各种实验室里进行,教师的主要职责就是看看评评,结果发现学员之间互动更加频繁。第三个研究是在一个大礼堂里进行问卷调查,结果发现学生参与情况和座位、对调查的兴趣、与老师的熟识程度等有关。莱文等(Levine, et al., 1980)分两阶段探讨了学生落座位置对成绩及课堂参与的影响。研究发现,第一阶段主动落座前排的同学考试成绩明显更好,但在课堂参与上没有明显的临近效应。在第二阶段,由老师随机指派落座,结果发现,落座前排的学生在成绩上并没有明显差异,但在课堂参与上更加积极。这表明落座位置和成绩受自我选择的愿望影响,参与度受落座位置影响。

类似的研究还有斯泰尔斯(Stires)于1980年的研究,证明了远处落座的学生缺勤率更高。霍利曼(Holliman)和安德森(Anderson)于1986所做的研究,进一步发现了落座位置与成绩之间的关联。布鲁克斯(Brooks, 1991)所做的历时6年的研究,发现女生比男生坐在前排的频率更高,成绩更好,缺课更少,而男生座位逐渐后移,缺课增多,成绩下降。以上研究都是从生态学的视角对课堂进行考察,很明显,早期对"课堂生态"的研究更多地聚焦于课堂环境及其影响,这可能源于"生态"概念在教育科学领域里的借用还属于初期阶段,还保留了很多"自然环境"的影子。针对20世纪60—80年代一批研究者们热衷于研究座位排列方式以及落座位置对学习影响的现象,娄赖斯(Knowles, 1982)专门撰文对这些研究的部分结果提出了质疑,认为之所以很多研究结果与60年前格里菲斯的发现相矛盾,是因为没有考虑到一些细节问题,如座位的空缺与否对学生选择的影响等因素。他还对这种研究的意义提出了质疑,认为没有致力于教学效果的提升研究,没有重点研究如何改进座位布局来提高学生成绩和课堂参与度。

　　20世纪70年代末，更多的研究者开始从生态的视角开展对教师行为的研究，尤其是在特殊教育领域。多勒（Doyle）和庞德（Ponder）在1975年撰文指出，对教师行为的研究几乎60年未变，教师行为模式也没能达到公认的教育目标。他们指出，如果从课堂生态的角度分析教师行为，将会对教学研究起到很大的推动作用。1977年，多勒再次撰文，从生态的视角分析了课堂环境的复杂性以及教师减少复杂性的策略，同时指出了课堂环境对教师行为的影响。沃滕博格（Watternberg, 1977）从实际教育工作者的角度，以生态学的视角研究了如何针对学生的越轨行为来采取合适的教师应对行为策略。沃克（Walker, 1985）认为教师社会行为标准和期望是课堂生态的决定因素，并探讨了教师对学生的期望反过来对教师本身行为、课堂环境和学习产生的影响。奥尔古热恩（Algozzine, 1986）通过对分类的特殊教育课堂中教师教学行为的观察，认为教师没有根据课堂类型不同而采取不同的教学行为。里斯等（Rieth, et al., 1988）的研究发现，如果教师能在大范围的空间里进行教育，学生将会有更高的学习参与度。杜克斯和索代尔盖斯（Dukes & Saudargas, 1989）提出教师对学习能力低下学生的评估偏见会减弱课堂生态的效果。沃尔瑞等（Wolery, et al., 2002）提出了课堂活动和规则的生态和谐评估，以此来确定学习能力低下学生的功能性目标。（(孙芙蓉、谢利民，2006a）这些研究大多在特殊教育领域里开展，应该和问题催生研究有关。

　　对课堂生态中的学生因素进行研究，主要集中在学生行为生态方面，而且常见于儿童研究。1974年，达米科和沃顿（Damico & Watson）对小学课堂中的同伴帮助关系进行生态学视角的研究。结果发现，学生同同伴一起学习的能力因人而异，而且相差很大。同时，研究也显示进行同伴帮助对学校的态度、同伴接受和自尊有一定的积极影响。1975年，泰利（Tyler）研究发现，环境支持能够为社会行为的发生提供机会，加大社会行为发生的可能性。1979年，惠伦（Whalen, et al.）通过在准自然的课堂环境中的观察，对多动症男孩的社会生态特点进行了研究，并探讨了如何介入问题的解决。佩莱格里尼（1984）对课堂生态与儿童语言的关系进行了研究。通过实验证明了研究的两个假设：①不同的学习中心产生不同的语言功能。②能促进想象性游戏的情境比其他情境更能促进多功能的语言表达。（孙芙蓉、谢利民，2006a）雅各布斯（Jacobs）于1989年通过研究发现，其实非传统学生很勤奋、很智慧、很独立，他们之所以非传统，主要和他们的态度相关。莱昂内（Leone, 1990）通过对行为失常儿童的社会生态研究，发现在特殊学校中行为失调的学生比传统学校正常的学生表现出更低的纪律与更高的教师控制。1990—1993年，鲍尔斯（Bowers）等连续出版了3本著作，其内容包含对微观的课堂生态的研究。（吴鼎福、诸文蔚，2000：11）麦斯肯斯（Muyskens）和伊塞尔代克（Ysseldyke）于1998年对10所学校122名学生的最佳学习时间进行了研究，结果发现学习高效时刻并不是与每天的某个具体时间紧密相关，而是与课堂生态相关联，由此说明了课堂生态对学生行为效果存在影响。

20世纪末，生态学与系统科学的融合更加深入，开阔了研究者们探究课堂生态的视野，一些研究开始关注课堂生态系统内的信息流转。美国计算机专家古兹迪阿尔教授（Guzdial, 1997）从信息生态的视角探究了在计算机支持下的合作学习中信息的流转与认知。巴罗威和史密斯（Barowy & Smith, 2008）运用生态心理学等理论对课堂中的意义生成与交互进行了系统功能分析。博伊兰（Boylan, 2010）提出了"参与生态"（ecologies of participation）的概念，他认为"参与"是学习的关键，并探讨了正式或非正式学习环境中参与的复杂性和多维性。课堂生态的研究开始关注系统的复杂性。

孙芙蓉、谢利民（2006b）对国外课堂生态的研究进行文献回顾之后发现，国外对课堂生态存在两种理解。第一种观点认为，课堂生态等同于课堂环境，把课堂生态理解为课堂中教与学行为发生所依赖的环境。这种理解在已有研究中占有一定比例，这些研究把课堂行为生态理解为促进学生课堂内学习行为的课堂环境，包括物理的、空间的和建筑的变量。本研究认为，这种理解出现在生态学与教育学相融合的早期时候是可以理解的，生态学这个原本属于自然科学领域内的理论应用于社会科学研究，保留了原来自然生态的意象。但是随着现代生态学的发展，早期的理解就显得有些狭隘，因为生态学不仅关注系统的各个组分，更关注系统的各种关联。本研究更倾向于西方研究中的第二种理解，即"课堂生态"＞"课堂环境"。课堂环境只是课堂生态中的一部分，应该把课堂生态理解为包括课堂环境在内的由课堂生命体和课堂环境互相作用而形成的综合体。

国内对课堂生态的研究相对于国外来说起步较晚，早期的研究也是聚焦在宏观的教育生态学研究上，如台湾师范大学教育系方炳林所著的《生态环境与教育》，台湾学者李聪明所著的《教育生态学导论——教育问题的生态学思考》（1989）。大陆的研究有：吴鼎福发表的《教育生态学刍议》（1988）、《教育生态的基本规律初探》（1989）和合著出版的我国大陆第一部教育生态学专著《教育生态学》（1990），任凯、白燕合著的《教育生态学》（1992），田慧生所著的《教学环境论》（1996），李森所著的《教学动力论》（1998），范国睿所著的《教育生态学》（2000）等。

进入新世纪以来，国内对课堂生态的研究呈逐渐增多的趋势。通过在"中国知网"上输入相应的标题关键词进行精确检索后发现（见表3-1），这种增长趋势在近5年尤为明显，关于"生态课堂"的研究论文数量近几年更是迅猛增加，由2008年的43篇猛增到2012年的249篇，数量上翻了近6倍，这还没有包括那些标题中不含"生态课堂"4字的相关研究论文。这些研究论文绝大部分都是探讨生态课堂的本质特性以及如何构建生态课堂。近年来，在著作出版方面也有突破。2008年，西南师范大学出版社推出的"名师工程系列丛书"中，有一本胡涛主编的《拿什么调动学生：名师生态课堂的情绪管理》，以理论联系实践的方式专门探讨了如何通过情感管理构建生态课堂。2010年，黄远振、陈维振撰写的《中国外语教育：理解与对话——生态哲学视域》一书，专辟了一章浓墨重彩地探讨了外语课堂生态。2011年，李森等学者出版了有关课堂生态研究的专著《课堂生态论——和谐与创造》，从认识论、方法论和实践论3个层面探讨了课堂生态的理论建构和实践方略。2011年，范国睿等学者出版了《共生与和谐：生态学视野下的学校发展》，专门用一个章节论述了课堂生态的结构和功能。这些动向表明，生态学的视角和方法逐渐被教育研究工作者所重视。记得鲁迅曾经说过："世上本没有路，走的人多了，便变成了路。"既然中外研究者们已经对课堂生态做了如此多的研究，"是否能将外语课堂看作一个生态系统加以研究？"这个问题应该也就不成其为问题了。

表3-1 新世纪国内课堂生态研究论文数据统计

关键词 时间(年)	课堂生态	生态课堂	外语课堂生态	英语课堂生态	外语生态课堂	英语生态课堂	+信息技术
总数	140	775	2	26	1	34	2
2001	1						
2002	2						
2003	2	3					

续表 3-1

关键词 时间(年)	课堂 生态	生态 课堂	外语课堂 生态	英语课堂 生态	外语生态 课堂	英语生态 课堂	+信息 技术
2004	3	6				1	
2005	6	12		2			
2006	7	13					
2007	13	34		3			
2008	18	43		2		2	
2009	22	87	1	6		1	
2010	20	128		1		8	
2011	24	200	1	4	1	10	2
2012	22	249		8		12	

（数据来源于中国知网 2013.3.16）

3.1.3 大学英语课堂的生态系统属性

生态系统是由生物和非生物环境构成的统一整体。任何一个生态系统都具有3个特征：①是一个系统，结构上由群落和环境构成，功能上相互作用；②具有能量流动、物质循环和信息传递三大功能；③具有一定的自调节、自组织能力。大学英语课堂生态和一般课堂生态一样，具有这些基本特征。

陈坚林（2010：212）认为，外语教学是一个系统，因为外语教学是一个由许多相互联系和相互作用的部分（要素）按照一定层次和结构所组成，并具有特定功能的有机整体。外语教学系统本身是一个完整的大系统，含有外语课程的方方面面。外语课堂是一个微观生态系统，具有生态系统的结构和功能特征：

1）外语课堂具有所有课堂的一般特征，它是一个由教师、学生、教学环境等要素构成的整体，整体内部各组分都有自己的功能，各组分之间、各组分与整体之间相互作用、相互依赖，构成一个功能更为强大的整体，这个整体就是一个典型的系统，具备系统的基本属性。

2）外语课堂具有生态系统的能量流动特征。自然生态系统内有生物群落和无机环境，课堂生态中有教师和学生（生物成分）和课堂教学环境（非生物环境），这些组分之间有能量的流动。有所不同的是，课堂生态属于社会系统而不是完全的自然生态系统，因此能量的流动并不是始于绿色植物的光合作用和化能细菌的合成作用。社会系统是靠人的大脑生产和输出的智能信息流来维持和推动的，课堂生态系统里的教师和学生是系统能量的来源，能量通过教与学的活动产生并实现流动，在这个意义上，教师和学生都是这个生态系统中的生产者。当教师或学生从课堂系统或其他组分中吸收能量实现自我发展时，他们又相当于异养生物，是作为消费者而存在的。当教师或学生把吸收的能量经过自身的内在作用输出时，他们又是相当于异养生物的分解者。所以，在课堂生态中，教师和学生兼具生态系统中生产者、消费者和分解者3种身份特征。

3）外语课堂生态在长时间无外部力量介入时，各生态因子之间的相互关系会逐渐趋于稳定和相对固定，进入相对的平衡态。换句话说，外语课堂生态具有一定的自组织能力，能够实现自然平衡。

关于大学英语课堂的结构、功能和特征将在下节具体阐述。

3.2 大学英语课堂生态的结构和功能

本节所谈的大学英语课堂生态，是指从大量实际课堂生态中抽象出来的一般性课堂生态，而不是在广泛应用现代信息技术以后发生突变的远离平衡区的大学英语课堂生态（这一点将在本章探讨）。探讨所有学科共有的课堂生态结构和功能，具有普适性，可以帮助我们了解"大学英语"这门具体课程的课堂生态。

3.2.1 大学英语课堂的结构分析

结构的"结"是表示结合、联系之意，"构"是表示构造、框架之意，结合起来，结构就是指若干组成部分按照一定的关系结合而成的一种架构，常用来表示事物的存在状态。结构主要包括两层含义：组分和关系，即由什么构成，以什么关系存在。

一个生态系统，有了组分还不够，还需要有一定的结构才可以运转，才可以实现其功能。生态系统结构包括两种：形态结构和营养结构。形态结构指生态系统在内部和外部的配置、质地与色彩。营养结构指以营养为纽带，把生物和非生物紧密结合起来，构成以生产者、消费者、分解者为中心的抽象结构。形态结构包括内部基本构造和外部呈现形态。一个生态系统的基本构造是比较清楚的，由生物（按功能可细分为生产者、消费者和分解者）和非生物环境（可分为无机物质、有机化合物和气候因素）构成，它们之间相互作用。如果具体到特定的生态系统，则生物的类别和个体、环境的构成等均有所不同，而且会受到营养结构的影响而出现不同的外部呈现形态,因此不便用统一的图形来表示,但内部的基本构造仍然可以抽象出来。营养结构中的生产者、消费者、分解者是依据它们在生态系统中的功能而划分的,而与分类类群无关,所以又称为生态系统的三大功能类群。来自太阳的能量通过生产者的光合作用或化能作用进入生态系统,逐级流动,形成生态系统三大功能类群的营养结构(见图3-1)。

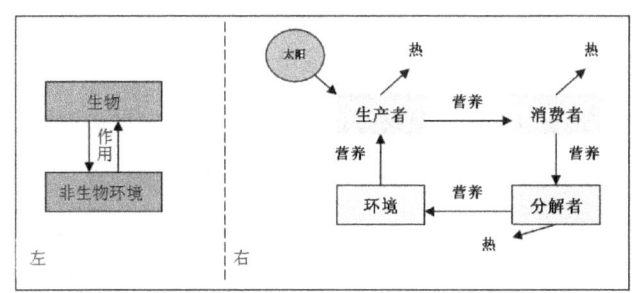

图3-1 生态系统的基本构造(左)和三大功能类群的营养结构(右)

将课堂生态类比为自然生态,其基本的内部构造和营养结构也可以用图3-1来解释。课堂的基本构造可以简化为人(课堂生态主体)和环境(课堂生态环境)两个维度,"人"相当于自然生态系统中的生物,课堂环境相当于自然生态系统中的非生物环境。其中"人"可以细分为教师和学生,课堂环境可以细分为教材、教学手段、课堂布置、教学氛围、师生关系、规章制度等等,课堂生态系统中的这些生态因子相互作用、相互影响、相互依赖,共同构成一个生态整体。课堂生态中的基本营养结构是:教师是生态系统里的生产者,将来自外部世界和自我经历的信息(知识)消化转换,以学生能够吸收的方式通过课堂环境传授给学生,学生消化分解这些信息(知识),再通过课堂环境给老师一定的反馈。课堂生态的这种基本形态结构和营养结构可以通过修改图3-1(见图3-2)来表示。

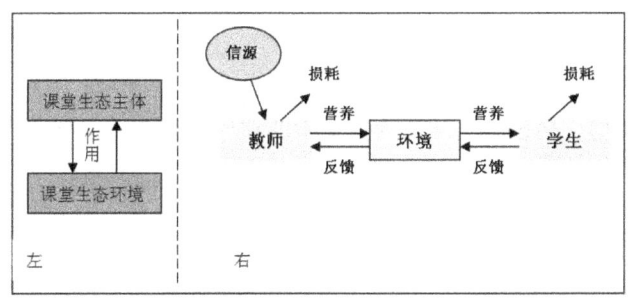

图3-2 课堂生态系统的基本构造(左)和营养结构(右)

但是，课堂生态作为一种社会生态，又有与自然生态不同的地方。随着教育生态学的不断发展，人们对课堂教学本质的认识不断生态化，对课堂生态系统中的各生态因子以及这些组分之间的关系也有了更深的认识，促进了课堂生态的形态结构和营养结构不断进化。李森等（2011：86）认为，对课堂生态结构的研究需要确立两个方法论的前提：①运用结构观点，以关系思维而非实体思维，把握课堂生态要素之间的关系。②运用过程观点，揭示课堂生态要素之间的互动，以动态的观点来把握课堂生态。

传统的课堂结构观认为，课堂教学就是一个教师将知识通过一定的方式和手段传授给学生的过程，这个过程涉及很多教学要素，如教师、教材、教学观念、教学方法、教学手段、学生、环境等，传授知识的过程基本是单线流动的，方式以教师讲授为主，教学的目的是帮助学生成长。现代生态学的核心思想是追求和谐与共生，和谐指关系维度的和谐，共生指生物的共同生长。生态教学观认为，课堂是一个复杂的生态系统，系统各组分（教师、学生、课堂环境）之间相互作用、相互依赖，甚至相互交融和转换，形成各种关系，这种关系需要和谐，以实现师生的共同成长。在课堂生态系统中，教师是系统内部信息（知识）的主要生产者，但不再是唯一的生产者，课堂环境中的某些因素（如计算机网络多媒体等）也可以成为信息之源。同样，某些学生也可以成为信息之源、知识之源，此所谓"三人行，必有吾师焉"。学生主要是学习者，是信息的消费者和分解者，但部分学生在一定情况下也可以成为系统中的生产者，提供知识，在一定意义上履行教师的职责。在现代课堂生态中，教师也不再是单纯的生产者，他也同时成为系统里的消费者和分解者，在一定程度上吸收着来自学生、同事以及环境的知识。这样，教师和学生都同时具备3种功能身份，是系统里信息的生产者、消费者和分解者，不过有主次之分，教师主要是生产者，学生主要是消费者。教师、学生、环境之间通过课堂交互活动，实现能量流动和信息流通。

关于课堂环境，传统结构观认为主要指课堂气氛和教室环境。现代生态教学观还没有形成统一的观点。瓦伯格和安德森（Walberg & Anderson）把课堂环境分为结构维度和情感维度；穆斯把课堂环境分为关系维度、个人发展维度和系统保持与系统改变维度；艾礼逊（Ellison）、博伊金（Boykin）等把课堂环境分为社会或心理关系、教学的核心技术、物理结构及组织程序、纪律和课堂管理、态度观念及期望5个维度；

李森等学者将课堂环境划分为自然物质环境、制度文化环境以及心理精神环境。(李森等，2011：76—79)以上分类方法视角不同，各有侧重。还有一种分类方法比较流行，就是将课堂生态环境分为客体性课堂生态环境、派生性课堂生态环境和客体性课堂生态主体3类。(张舒，2009)客体性课堂生态环境指那些独立于课堂生态主体的主观意识而客观存在的课堂生态环境因素，主要指物理因素，如教室的布置、仪器设备等。派生性课堂生态环境指那些由课堂生态主体派生而形成的课堂生态环境因素，如教材、教学方法与手段、班级学风、管理制度等，是社会环境和规范环境的组合。客体性课堂生态主体指作为客体性环境因素而存在的课堂生态主体，主要是就教师个人因素和学生个人因素而言的，包括教师专业素质、师生个性倾向等。这种分类方法也有难以理解之处，首先是"客体性课堂生态主体"作为一种课堂环境的名称容易引起歧义，另外，派生性课堂生态环境中的教学方法似乎也应该属于客体性课堂生态主体的范畴。

  本研究认为，课堂环境应该考虑3个维度：①结构维度，即课堂环境由哪些生态因子构成。心理学认为，环境泛指生物有机体周围各种条件的总和，是某一特定生物体或生物群体以外的空间以及直接或间接影响该生物群体生活与发展的各种因素。在这个意义上，课堂环境应包括课堂设施和布局、现代信息技术和教材等教学媒介、教师的教学理念和方法、学生的学习态度等。需要特别指出的是，社会生态中的环境也包括人，因此教师、学生在一定的条件和情况下也起着课堂环境的作用。②关系维度，即课堂生态系统中各生态因子之间的交互关系，主要是教师的情感态度、学生的情感态度、师生之间的关系、师生与环境的关系等。③文化维度，即维持和改进课堂生态系统运行的各种课堂文化（荣誉班级、学习氛围等）和规章制度。以上3个维度的看法，为了理解上的便利，可以从时空维度进一步理解，第一个维度是课堂教学之前就确定了的客观情况，不妨称为课前生成的环境。第二个维度是通过课堂教学中的交互现场形成的情况，不妨称为课中生成的环境。第三个维度是通过课堂上的各种反馈而形成的学风或相应制定的制度等，不妨称为课后生成的环境。这三种环境是一种动态的概念，它们之间会随着时间的推移而相互转换。也就是说，这次课堂过程中的交互关系语境，比如学生对老师的看法和态度，如果固化下来，就成了下次课的课前生成环境；比如这次课堂上形成了一个良好的互动氛围，如果固化下来，形成了班风，则成了下次课的课后生成环境。

从结构、关系和文化 3 个维度理解,课堂环境既影响着教师和学生的教与学,同时也受教师和学生的影响而变化。教师、学生、课堂环境之间以及他们 / 它们的个体之间实现着交互甚至交融,形成了网络状课堂生态结构。李森等(2011:88)认为,课堂生态的结构关系主要表现为交叉结构,其实质是教师和学生以课堂环境为中介的互动和发展,教师和学生在课堂环境中进行各种交互活动,同时给课堂环境带来新质的变化,从而不断呈现出新的课堂形态结构(见图 3-3)。

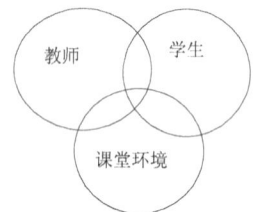

图 3-3　课堂生态结构(李森等,2011)

为了充分表示课堂生态系统与外部环境的交互、课堂生态因子直接与系统外部环境的交互、课堂生态因子个体之间以及个体与整体之间的交互、各环境因子之间以及环境因子与生态主体之间的交互,本研究在图 3-3 的基础上设计了新的课堂生态结构图(见图 3-4)。图中的 T1、S1、E1、Tn、Sn 等表示个体生态因子;图中的箭头表示课堂生态系统和课堂生态因子与系统外部环境的相互影响;图中表示系统的四方形和表示生态因子类别的圆圈都有缺口,这表示系统的开放性,是系统与外部环境互动的通道。

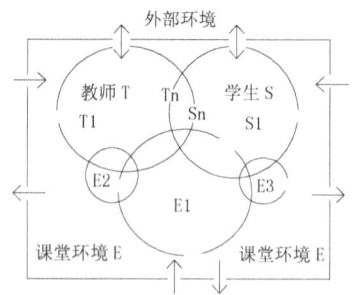

图 3-4　生态课堂结构

既然图 3-4 取名"生态课堂结构",这里有必要先区别以下两个概念:课堂生态和生态课堂。前文(参见 2.1.2)在叙述"生态"的概念时已经说过,汉语中的"生态"常作为中心词出现在一些偏正词组中,如课堂生态,表示"生存的状态"或"生态系统"。

所以我们在说"课堂生态"时,就是指课堂生态系统或课堂这个生态系统所表现出来的状态,它是通过课堂中各属性间的相互关系来表现的。课堂生态强调的是一个实然状态,具有客观存在性,即课堂"看上去"是一个什么样子,因此,所有的课堂都必然会具有生态。生态课堂是个不同的概念,这里的"生态"是作为形容词使用的,意思是"生态的"或"生态化的",词语的感情色彩趋于褒义。准确一点说,生态课堂是用生态主义的观点来理解课堂、建构课堂,是一种理想化的课堂,是一个教学效益最佳的课堂。生态课堂强调的是一个应然状态,即应该是一个什么样的课堂,具有主观人为性。生态课堂(ecological classroom)的内涵包括课堂中和谐平衡的环境生态、文化生态、行为生态、心理生态、关系生态等。生态课堂本质上是内外关系和谐的、利于师生共同成长的课堂生态。课堂生态和生态课堂的联系在于,前者是后者的内容和基础,后者是前者的方向和目标。构建生态课堂,可以立足于对现有课堂的生态进行考察、分析,使低层次、欠和谐的课堂生态系统发展为高层次、和谐的课堂生态系统。这也正是本研究的基本思路。

  回到课堂生态的结构上来。上文运用结构的观点探讨了课堂生态要素之间的关系,下文运用过程的观点揭示课堂生态要素的动态结构。课堂生态结构不是一成不变的,它是动态的,会随着各个生态因子的变化而发生演变,甚至突变。教师的责任心、学生的学习态度、信息技术的应用、教室环境的布置等等都会影响系统内能量流动和信息流通的方式和路径,形成不同的教学模式。英国教育专家查理斯·华特金(Chris Watkins)把复杂的课堂系统活动提炼为6个要素:目标、任务、社会结构、角色、资源以及时间和步调,并推演出3种教学方法,体现了3种不同的教学关系和课堂生态:讲授式课堂生态、建构式课堂生态和共建式课堂生态。(李森等,2011:90)讲授式课堂生态是以教师为中心的传统教学法,课堂生态的能量流动和信息流通主要由教师控制。建构式课堂生态是基于建构主义理论的、以学生为中心的新型教学法,课堂生态的能量流动和信息流通主要由学生控制,教师的角色转变为助学者。共建式课堂生态是一种理想的课堂生态,是基于生态理论中的共生原则,摆脱了一元主体,体现了主体间性,教师和学生都是课堂生态中的学习主体和创造主体,通过探索和发现实现共同成长(见图3-5,图3-6,图3-7)。这三种基于过程的课堂生态是一种动态的关系结构和营养结构,在具体的课堂教学中有可能交叉出现。三种课堂生态各有利弊,但是以建构主义观点和生态教学理论来看,建构式课堂生态和共建式课堂生态更是生态课堂的追求。

图 3-5　讲授式课堂生态（仿李森，2011）　　图 3-6　建构式课堂生态（仿李森，2011）

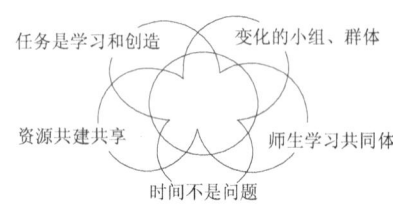

图 3-7　共建式课堂生态（仿李森，2011）

3.2.2　大学英语课堂的功能分析

"功"表示"功效、作用"，"能"表示"能力"，结合起来，功能指有特定结构的事物或系统在内部和外部的联系和关系中表现出来的特性和能力。凡是系统都具有功能，系统的功能指由系统行为引起的、有利于系统所处的环境中某些事物或整个环境发展和存续的作用。这里所说的系统行为指系统相对于它所处的环境表现出来的变化。生态系统有三大功能：能量流动、物质循环和信息传递，它们共同维持着生态系统的正常运转。课堂生态是教育领域里的一个微观生态系统，因此也具有生态系统的一般功能。具体地说，课堂生态的功能就是指课堂生态系统内部各生态因子之间的相互作用或系统与外部环境之间的相互作用给系统内、外带来的积极作用，这种作用只能在系统与环境的相互作用过程中才会表现出来。结构和环境决定系统的功能。

课堂生态在形态结构上表现为教师、学生、课堂环境相互作用而形成的整体，在营养结构上表现为系统与外部环境的物质、能量、信息交换与传递，以及师生依靠教学活动完成系统内物质循环、能量流动和信息流通，维持系统的正常运行。在这样的结构和环境中，课堂生态系统会对系统组分、系统本身以及系统所处的环境产生怎样的作用？对此，不同学者有不同的认识。李森等（2011：93—107）认为课堂生态的主要功能包括：可持续发展功能、系统规范功能、动力促进功能和滋养功能。

黄远振等（2010：149—150）概括为中介与传递功能、加工与建构功能、调整与适应功能和促进与驱动功能。窦福良（2003：26—29）从课堂生态系统内部的物质流动、信息交流和情感交流3个方面进行了阐述。张舒（2009：92）将其归纳为中介功能、联结功能、促进功能、动力功能和规范功能。潘光文（2004：16—22）总结出了4个功能：滋养功能、环境参照功能、动力促进功能和制度规范功能。这些分类折射出对课堂生态的两种理解：①课堂生态是一个生态系统。②课堂生态主要指课堂环境，尤其指派生性课堂生态环境。本研究倾向于将课堂生态理解为课堂生态系统，系统运行和优化的目标是构建生态课堂。结合课堂生态的性能和生态课堂的表征，从系统对内部结构、内部关系、系统整体以及社会所产生的作用，可以归纳出课堂生态的四大功能：

1）优化结构的功能。课堂生态的基本结构是相对稳定的，由课堂生态主体和课堂生态环境组合而成。课堂生态的营养结构也是比较清楚的，教师生产知识，学生消费知识，环境在过程中起着媒介的作用，在这点上教材扮演着重要角色，学生通过对教材的学习增强自己的知识，提升自己的能力。但是，随着人们生态理念的加强，许多固有的格局被打破，比如，教材不再是知识的唯一载体，网络和多媒体成为重要的知识载体。教师不再是知识的唯一提供者，学生可以互相学习，环境本身也具有一定的教育功能。学生不再是知识的被动吸收者，而是知识的体验者、探究者、发现者和创造者。在这些生态理念的推动下，课堂生态因子之间的互动随之发生变化，课堂生态逐渐由传统型向建构型、共建型等新的生态结构演化，在此过程中课堂生态系统得到不断优化。

2）调谐关系的功能。教师和学生是课堂生态里面的生态主体，他们之间的关系是课堂生态的重要构成和主要关切。师生关系是流动的、互为依存的，通过课堂教学活动不断调整变化。生态视野下的课堂追求师生之间更多的交互，提倡学生更多的课堂参与，这些教学活动给系统输入新的动能，促成一种新型的互相尊重的和谐师生关系的诞生。此外，生态视野下的课堂打破传统课堂中教师和学生二元对立的模式，重视主体间性，强调学生与老师之间、学生与学生之间、老师与老师之间的多元互通。师生交互的过程中，必然伴随着情感的交流，情感信息在各种生态因子之间发生流动，形成情感交流的动态网络。学生的情感态度会影响老师的教学，老师的情感态度会影响学生的学习，师生在教学生态中不断通过反馈自我调整情感，有利于师生关系的和谐。同时,课堂生态中主体与客体的关系也通过系统的反馈不断优化,关系趋向更加和谐。

3)促进演化的功能。生态系统的正常运行必须依靠系统与外部环境的物质、能量和信息交换以及在内部的流通,这是系统动力的源泉。课堂生态是一个社会生态,系统的能量并非来自太阳,而是来自师生的课堂交互活动以及系统外部环境的影响。良好的师生关系、好的教学方法、好的学习资源、正面的社会期待等都能对教学产生促进作用。系统的信息主要来自于老师对外部学习资源的转化以及自身的生产创造。伴随着能量和知识的输入,系统内产生了驱动力、信息流和智能流,它们在系统内流通,促进了师生的成长和环境的优化,促进了系统的运行和自然演化。最初来自于外部环境的知识和智能最终通过学生的消化吸收,以自己对社会的贡献等方式返回到社会大生态中。

4)生态育人的功能。生态系统的最根本功能是提升生产力,课堂生态的根本功能是培育人才。这里的生态育人包含3层意思:①生态主体的共同成长。人是教育的核心元素,育人是教育的根本任务,所以课堂生态的功能归根到底是育人的功能。和谐与共生是生态课堂的根本属性,教师和学生的共同成长是生态课堂的最终目标。传统课堂主要关注学生的发展,生态课堂尊重生命的光彩,包括教师和学生。而且,教师的成长和发展又会反过来促进学生的成长和发展,生命的共同成长进入良性循环。②生态主体的均衡发展和可持续发展。传统课堂主要关注学业成绩,把学生当作产品批量生产,学生的能力提升和情感体验被忽略。现代课堂生态更加关注人的全面自由个性发展,提倡多样性共存。可持续发展指对学生的培养更加放眼长远,注重自主学习能力的培养和终身学习理念的传输,最终通过人的可持续发展促进社会的可持续发展。可持续发展是现代生态学研究的重要领域和重要思想。③育人方式更加生态、更加科学。传统课堂认为,学生是教出来的,没有教不好的学生。现代课堂生态更加重视学生的主观能动性,认为知识是靠自己参与活动体验出来的,是靠自己探究发现出来的,不应迷信教师的权威,要发展自己的判断能力和自主学习的能力。因此灌输式教学不是生态课堂的追求,建构式和共建式课堂是现代课堂生态的主要形态。

需要说明的是,系统的功能是由结构和环境共同决定的。系统的基本结构具有稳定性,但是系统的外部环境会发生变化,变化了的外部环境会对系统产生扰动,系统与外部的物质、能量、信息交换就会随之改变，系统与环境相互作用的过程和效果就会受到影响，最终导致系统功能异变。所以说，系统功能比系统结构具有更大的可变性。大学英语课堂生态具有一般课堂生态的特征，结构和功能相对稳定。但是，当信息化大学英语教学改革实施后，大学英语教学环境发生巨大变化，大学英语课堂生态被牵引到一个远离平衡区，系统的某些功能也就相应发生了改变，大学英语课堂生态出现了一定程度的失衡。

3.3 大学英语课堂生态的国内外研究

"大学英语"是面向我国非英语专业大学生开设的一门基础课，因此，对大学英语课堂生态的研究主要集中在国内，国外的相关研究主要聚焦在对广泛意义上的"课堂生态"的研究（参见 3.1.2）以及对二语习得的生态考察。

3.3.1 国外相关研究

随着 21 世纪的到来，生态语言学的基本观点影响到第二语言习得和外语课堂教学理论等领域，相关著作有图德的《语言课堂之能动性》（Tudor, 2001）、莱瑟、范达姆合著的《语言习得生态学》（Leather & Van Dam, 2003）、克拉姆契的《语言习得生态学》（Kramsch, 2003）和范莱尔的《语言学习中的生态学和符号学》（van Lier, 2004）。《语言习得生态学》收录了11篇从生态的视角研究二语习得的论文。莱瑟认为，语言是说话者和社会网络构成的共同体，语言的学习主要依靠学习者与环境的交互，包括空间的、社会的和文化的交互。2003年出版的《语言习得与语言社会化》也是一本专著集，书中收录了6篇论文，6位作者都是从生态的视角探讨语言习得问题。这一系列著作的出版，标志着生态外语课堂教学观正在形成。

生态外语课堂教学观非常重视外界环境对外语学习的影响，认为外语学习的过程是学习者的知识和经验与自然、社会和人文等环境互动的过程，环境对学习者的动机、态度、策略、方法和学习成效具有重要影响，学习者对环境的适应性决定了他们的学习状况，所以即使在相同的环境下，不同的学习者可能会取得不同的学习成效。对学生的二语习得和外语学习产生影响的环境既包括学校和课堂环境，还包括家庭和社会环境，其中课堂环境更加重要，因此要为学生创设良好的学习环境，提高学生的学业成就。生态外语课堂教学观认为，外语课堂是一个由多种因素相互依存、相互制约而构成的生态系统。和以往的外语教学研究不同的是，生态外语课堂教学观更加强调和重视教师、学生与环境的关系，强调各课堂要素之间的互动。因此，外语教学要认识和处理课堂中的一对对关系，任何一种关系处理得好，将有助于另一些关系的发展，达到系统内各种关系的平衡与和谐，促进教学效果的提升。生态课堂教学观认为，外语课堂教学中出现新问题是自然的，师生一起努力共同解决这些问题能促进师生的关系和谐和共同成长，也体现了课堂教学的能动性，保持外语课堂的活力。（左焕琪，2007：78—85）

3.3.2　国内相关研究

国内关于外语课堂生态的研究近年来也开始出现，尤其是最近5年增长比较明显。根据在中国知网上的搜索（见表3-1）数据，以"外语课堂生态"和"外语生态课堂"作为关键词分两次精确搜索，总共才搜到3篇论文；以"英语课堂生态"和"英语生态课堂"作为关键词分两次搜索，共检索到60篇，基本出现在最近5年，增长趋势明显（见图3-8）。在这63篇论文中，共有18篇论文明确讨论大学英语课堂生态问题，其中有2篇论文讨论网络多媒体环境下的大学英语课堂生态的构建。从作者身份和论文内容上看，这些研究人员多数是从事一线教育教学的广大教师，在具体运用生态课堂的理念和方法上具有实践经验，论文内容多数都在探讨构建生态课堂的必要性和具体措施。专著方面，2010年陈坚林教授所著的《计算机网络与外语课程的整合》一书用专门的一章探讨了"外语课程生态化"，主要运用生态位理论研究信息技术与外语课程整合的相关问题。（191—229）同年，黄远振、陈维振合著的《中国外语教育：理解与对话——生态哲学视域》也用一章专门讨论了外语课堂生态的整体观、互动观和平衡观。（146—202）

需要再次说明的是，以上关于"外语课堂生态"的统计是不全面的，因为还有一些论文也是讨论外语课堂生态的相关论文，但标题中并不包含这些关键词，因而没有在知网上检索出来。比如论文方面，陈坚林教授于2006年发表过关于"对计算机辅助外语教学的生态学考察"的论文，但不在统计之列。尽管如此，以上数据还是能够在一定程度上说明关于外语课堂生态研究的大致情况和总体趋势。可以说，近年来关于生态课堂的研究论文较多，但关于外语课堂生态的研究文章相对较少，关于信息化语境下的大学英语课堂生态失衡问题的研究极为少见，在内容上更有待深入。

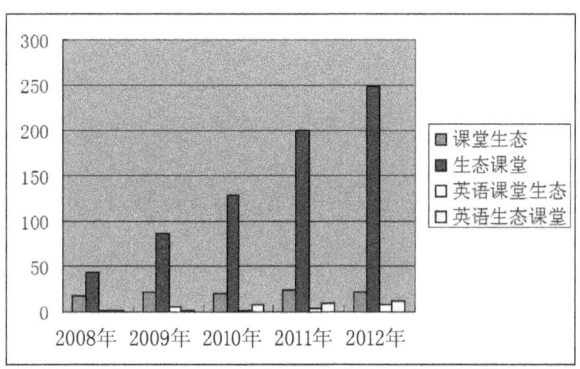

图 3-8 近 5 年相关主题论文数

（仅统计标题中含相应关键词的文章）

3.4 本章小结

生态学研究的方法论特征和系统科学的横断性均支持从生态的视角将课堂视为生态系统予以研究。事实上，国内外对课堂生态的相关研究已经取得了比较丰硕的成果，而且，大学英语课堂也具有生态系统的基本属性，这些都论证了对大学英语课堂进行生态系统研究的可行性。为了给后续研究打下良好的基础，本章还系统分析了大学英语课堂生态的结构和功能，并对国内外相关研究进行了回顾。

第 4 章 信息化语境下大学英语课堂生态失衡现象考察

大学英语教学的信息化是我国教育信息化的重要组成部分。基于信息化的大学英语教学改革自 2004 年正式启动以来，已经跨越了 9 个年头。在这 9 年的信息化进程中，现代信息技术与大学英语课程不断整合，部分走在改革前沿的高校英语课堂生态正逐渐从无序走向有序，从不稳定走向稳定。但是由于地域的差异和校情的不同，全国各个高校大学英语教学的信息化进程并不是呈平行发展状态，而是处在不同的发展阶段和不同的发展水平，教学中依然存在很多问题（参见第 1 章）。如果从生态学的角度审视这些问题，可以得出结论：大学英语课堂生态总体上还处在不同程度的失衡状态。这个论断来自于课堂观察，求证于进一步的课堂观察、访谈和文献研究。

一般来说，要说明一个教育生态系统正处于失衡状态，或处于疑似失衡状态，该系统必须至少出现以下 3 种状况之一：①生态系统中的各要素得不到良好发展，其功能难以发挥。②生态系统中的各要素关系失谐，相互矛盾，信息流通不畅。③生态系统的整体功能难以发挥，满足不了人们对教育的期待。本章将用描述性研究的方法，从生态学和系统科学的视界考察大学英语课堂生态的失衡现象，为第 5 章的解释性研究打好基础。描述主要从结构失衡和功能失调两个方面展开。

4.1 结构上的失衡

凡是系统皆有结构，世界上没有无结构的系统，也没有无系统的结构。结构合理就会组成稳定的系统，结构不合理就会组成不稳定的系统，结构从总体上反映着元素之间的有序性和组织性，它是系统协调或失调的内在根据，是系统能否实现其功能的根本前提。大学英语课堂生态在 2004 年改革之前基本处于平衡定态，系统内各生态因子(教学要素)经过长期教学实践的磨合,已经处于比较好的兼容状态,系统相对比较稳定,但同时也开始显露出一种惰性,课堂生产力开始降衰。大学英语信息化教学改革以来,由于现代信息技术的强势介入,课堂生态的环境因子发生剧烈改变,各生态因子之间的结构关系也随之发生变化。具体地说,这些变化主要体现在构成比重、交互关系和营养结构3个方面。

4.1.1 系统组分构成比重的失调

先回顾一下课堂生态系统的构成。第2章中的图3-2展示了课堂生态的最基本构成,即由课堂生态主体和课堂生态环境相互作用而构成。课堂生态主体的概念比较容易把握,指系统中的生物成分——教师和学生,但是课堂生态环境的概念比较复杂,对一个特定学习者来说,课堂生态系统中的主体有时也会演化为对其产生重要影响的环境。总体来说,本研究倾向于从结构维度、关系维度和文化维度来理解课堂生态环境(参见3.2.1),主要包括课前生成的环境,如教室的自然物理环境、教师的教学水平、学生的基础、师生信息素养、教材和网络多媒体环境等,课中生成的环境,如师生关系、生生关系、师生对课堂环境的情感态度等,以及课后生成的环境,如班级学习风气、课堂教学规章制度等(见图4-1)。

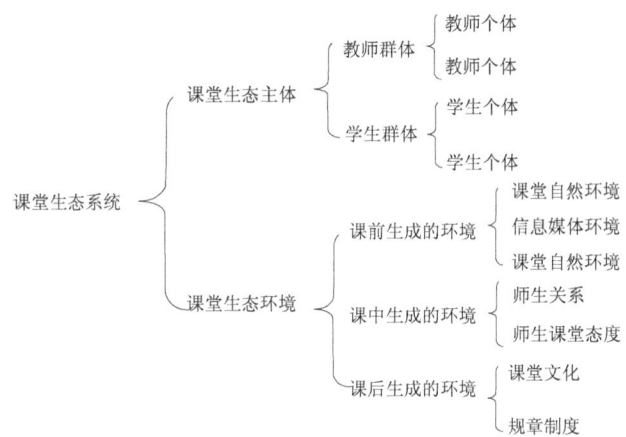

图4-1 课堂生态系统的主要组分

本节主要从量变的视角审视课堂生态系统中各个组分所占比重的变化情况,这里的"量变"主要指在程度上的逐渐变化,是相对于根本性的质变来说的。课堂生态作为一个系统,内部的因子是互相作用、互相制约的,因此现代信息技术的使用必然会给其他生态因子带来新的要求。换句话说,如果其他生态因子拒绝与信息技术因子同步协变，那么大学英语课堂生态系统中的各个组分在构成比重上就会出现失调。形象地说，传统的大学英语课堂教学宛如一个处于平衡态的天平，当装有"现代信息技术"的那个托盘突然加大砝码，天平必然会失去平衡。若想使天平继续维持在平衡态，就必须让天平的另一个托盘里装载的元素在比重上发生相应变化，才能保持天平两端的平衡。课堂生态系统也一样，它的结构不应该是静止的，系统的演化需要结构进行适当调整，这种调整首先反应在各个组分的连锁量变上。改革以来，课堂环境中的巨大变化来自信息技术的大量使用，造成信息技术与其他生态因子之间比重的严重失调，最突出的表现是其他生态因子在量变上缺乏与信息技术的同步和协调，很多生态因子的调整变化显得滞后，联动效应迟缓。

基于计算机网络和课堂的大学英语教学改革于2006年在全国推广以后，各个学校都以现代信息技术的应用为改革突破口，试图将传统的讲授式课堂教学（见图3-5）转变为基于信息化的建构式（见图3-6）和共建式课堂教学（见图3-7），以提高大学英语的教学效果。现代信息技术的大量使用使课堂生态系统中的环境因子发生显著变化，这时，为了保证系统的稳定，其他课堂生态因子必须做出相应的反应，但是遗憾的是，在这个过程中，很多教师没有及时转变教学观念，提高信息素养，也没有在课堂教学中调整课堂角色和制定信息化课堂管理规章制度等，学生也没能及时改变传统的学习方式，接受新的教学理念，适应新的学习环境等。由于这些课堂生态因子没有同步出现相应变化，课堂出现了现代信息技术的大量使用与教师教学理念更新缓慢、学生学习习惯变化缓慢、教师信息水平提高不快、学生信息素养提高不快、教学方法转变缓慢、学生学习自主性不高、课堂气氛依然沉闷、课堂教学依然以教师为中心等情况的不协调。这些不协调的状况严重阻碍了现代信息技术发挥自身应有的功能。现代信息技术犹如一匹良驹，但是指望这一匹好马拉动那么多的元素一起前进，很难形成一股同向合力，自然难以跑出理想的速度，因此出现了教学实践与改革预期之间的落差。

4.1.2　系统组分之间交互关系的失谐

现代信息技术在课堂教学中的使用，不但造成课堂生态系统中各组分的构成比重出现失调，而且还造成各组分之间的交互关系出现失谐。各组分之间的相互关系是纵横交错的，是一个网状结构。考虑到信息技术在课堂生态环境中所占的主导地位，也为了叙述上的方便，本节在阐述生态主体之间的失谐之后，将以现代信息技术为主要立足点,阐述系统组分之间的失谐现象,具体包括教师与信息技术、学生与信息技术、教学模式与信息技术、教材与信息技术、教室布局与信息技术、教学内容与信息技术、教学评估与信息技术、教学管理与信息技术等因子之间的失谐。

(1) 生态主体之间的失谐

在大学英语课堂生态中,生态主体呈网状交互,包括教师生态群体与学生生态群体、教师生态个体与学生生态群体、教师生态个体之间、学生生态个体之间、学生生态个体与教师生态群体之间的交互关系(见图4-2),其中师生群体之间的交互关系最为重要。

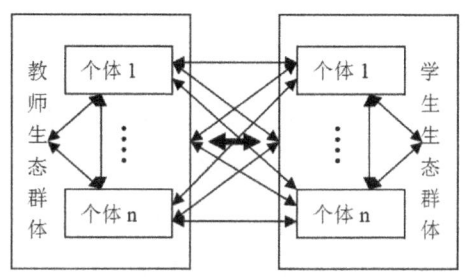

图 4-2 课堂生态主体网状交互关系

在生态课堂中,和谐的师生交互关系主要体现为目标与理念的一致、交流和交互的通畅、关系和谐和师生共生。然而,在信息化进程中,这些和谐的表征并不理想,师生之间存在失谐现象。首先体现在师生的目标与理念不太一致,存在交错现象。由于这次的改革是自上而下推行的,老师的目的是先改革,大量使用计算机网络等现代信息技术,开展网络教学,在改革中发现问题和解决问题;而对学生来说,改革不改革并非他们关注的事情,他们的愿望就是高效迅速地学好英语,师生目标不完全一致。反映在教学中,教师采用新的建构式教学理念,强调以学生为中心,注重学生的课堂参与,着重培养学生的自主学习能力,但对这些教学模式和教学方法上的改变,部分学生并不理解和接受,他们认为教师的课堂讲解是一种最快最有效的传授知识的方式,组织他们进行课堂讨论和放手让他们自主学习都是一种浪费时间的做法。鲍静(2008)在交互式课堂教学的调查分析中发现,只有15%—30%的学生喜欢小组讨论等形式的教学活动;50%—70%的学生更喜欢教师面对全班学生讲授的教学活动。而教师中经常组织此类活动的占28.5%,有时组织的占57%。此项结果说明,师生都没有充分利用多种课堂交互活动以提高学生语言知识的综合建构。这也正反映出第二个失谐现象，即师生交互不足。

在信息化改革进程中，由于大量使用网络教学，加之有些教学系统的师生交互功能并不健全，而且有一定的滞后性，同步交流比较困难，因此师生交流不够流畅，包括信息交流和情感交流。信息语境下的教学缺乏情感的交互。现代信息技术不仅是用来传输知识的，也可以用来传达情感，实现师生之间的情感交互。但是目前，网络教学中普遍存在认知与情感的失谐。网络教学把"以学生为中心"和"学生自主"视为宗旨，将培养高智商人才作为自己的教育目标，关注如何向学生传授知识与技能，但却忽视了如何进行情感的交流。网络学习的情感培育很重要，但没有得到重视。有些老师很少甚至从不上网查看学生的学习情况，从不针对学生的网络学习情况给予反馈，从不给予在线答疑解惑。这样，学生学习就会产生孤独感。还有一些老师对网络教学的理解存在误区，导致师生之间的交互大幅减少。这种交流和交互的减少不但影响了学生的学业成就，而且引起了第三个方面的失谐，即师生关系的失谐。

师生之间存在目标上的差异、理念上的不同、交互上的不足、交流上的不畅、师生比例上的失调、师生地位的落差等情况，影响了师生之间的和谐度。前几点已有所述，下面谈谈师生比问题。大学英语属于基础课，教师的主要任务是教学，因此绝大部分老师每周都要承担10节以上的教学课时（见表4-1），这也就意味着每个教师要同时面对几个班级，要认识和了解的学生数量须以百计，不利于发展更加亲密和谐的师生关系。在师生地位方面，明显存在课堂生态主体地位不平衡现象，原因主要有以下两点：①传统型教学的课堂依然存在，课堂主体单一，教师主宰课堂，学生处于被动服从的地位。②中国传统教育的长期影响，导致学生习惯于沉默，习惯于听课，习惯于静静的思考，所以即使老师布置了一些课堂互动活动，也常常为如何调动学生的积极性而伤透脑筋。这种权威与服从的关系很难演变为一种更加平衡、和谐的师生关系。在这样的失谐环境中，教师和学生也较难实现共同成长。我们常说，学生是教师培养出来的，同时教师也是学生培养出来的，此所谓教学相长。在生态课堂中，教师的教学工作服务于学生的成长，同时，教师在教学过程中也获取养料，拓展自身职业发展的空间。教师得到更好发展后，又能为学生提供更好的教学服务，这种良性循环就构成了良好的课堂生态。但是在信息化进程中，从教学管理角度讲，对教师的职业素养培训关注不够，难以与广泛应用的现代信息技术保持同步发展，难以实现师生共生。

表 4-1　大学英语教师实际平均周课时（取样学校 225 所）

实际平均周课时	学校数	比例（%）
小于等于 8 课时	10	4.5
9—10 课时	34	15.1
11—12 课时	73	32.4
13—14 课时	39	17.3
15—16 课时	43	19.1
大于 16 课时	26	11.6
总　计	225	100

（引自王海啸，2009）

教师与教师之间、学生与学生之间也存在一定的失谐，这主要是由于不同教师个体和不同学生个体对大学英语教学的信息化持有不同的看法和解读，反映出不同的态度和不同的教与学行为，形成了积极支持并投入教学改革的一端和消极抵抗变革并且投入不足的一端，两端人员互相影响和牵制，阻碍了信息化课堂生态的演化。

（2）教师与信息技术的失谐

教师在课堂生态中的主要身份是知识的转化者和生产者，主要职责是将知识作为信息传输给学生，将自己的智能传送给学生。在这个传输过程中，信息技术起着媒介的作用，尽力减少信息流和智能流在传输过程中的流逝和衰减，帮助教师完成知识传授和能力培养的使命。这样，教师和信息技术就构成了良好的和谐的互动关系。但在目前的教学实践中，对一部分教师而言，这种健康和谐的关系并未建立起来，主要表现在 3 个方面：

1）现代信息技术的课堂应用与教师信息水平不高之间存在矛盾。基于信息化的大学英语教学改革是一场自上而下的改革，绝大部分高校的主管人员都非常重视，一般都会迅速组织资金购买计算机等网络多媒体教学设施。教育部调研数据显示（规划编制专家组，2012：17），到 2008 年，我国高等学校已经全部建成了校园网络，多媒体教室比例达到 44.4%，师生人均拥有个人计算机 0.628 台。目前，绝大多数高校已经建立了教学资源库，包含多媒体素材库、多媒体课件库、电子教案库、题库等多种类型的教学资源，53.4% 的高校建立了全校统一的教学资源管理平台。现代信息技术的广泛使用对教师的信息水平提出了挑战，尤其是一些年长的教师，往往主观上不太愿意通过学习来提高自身的信息水平，"上级要求"与"客观现实"形成了一组矛盾。关于信息技术与大学英语整合的现状，陈毅萍、毛燕辉（2011）在重庆地区选择了代表重庆高校整体状况的 5 所大学做了一个调查，结果发现，信息化改革进行了这么多年，依然有 11.92% 的教师不具备基本的信息技术或不看好信息技术与大学英语课程的整合，超过一半的教师（50.76%）不具备高层次 Information and Communication Technology（简称"ICT"）技能，有一半教师对 ICT 与大学英语课程的整合持消极态度（见表 4-2）。鲁晶晶、曹雪丽（2008）的调查发现，只有 30% 的教师能熟练操作电脑，11.6% 的教师经常使用网络信息辅助教学，有 14.4% 的教师没有使用教育信息技术。刘淑华、姜毅超（2009）的调查发现，35.9% 的教师在教学中没有使用多媒体，40.0% 的教师有时使用，24.1% 的教师经常使用。虽然近几年情况肯定会有所好转，但在信息化改革进行了几年之后还呈现这种状况本身就已说明，有相当一部分课堂生态主体没能及时提高能力和转变观念来适应课堂环境的新变化，他们的教学理念滞后、态度消极、信息水平不高，这与信息化的要求构成了矛盾。这组矛盾的存在严重影响了教师与课堂环境的互动。

表 4-2　ICT 与大学英语整合的现状

调查的项目	同意（%）	中立（%）	不同意（%）
教师具备基本的 ICT 技能，易于进行整合	63.51	24.57	11.92
教师具备高层次 ICT 技能，整合效果良好	17.74	31.5	50.76
教师对 ICT 与大学英语整合持消极态度	50.4		49.6

（引自陈毅萍等，2011）

2）生态课堂的教学理念与教师传统教学理念的矛盾。现代课堂生态重视以学生为中心，重视师生互动以及师生与课堂环境的互动，重视学生的课堂参与和探索发现。然而，在现实课堂中，有不少教师观念滞后，仍然坚持以教师为中心，以课堂讲授为主，没有充分利用网络和多媒体技术的优势，组织学生开展各种语言实践活动和探索活动，将讲授型课堂改变为基于信息化的建构型课堂和共建型课堂。针对大学英语教师的能力结构，温林妹等（2008）对 6 所不同类型高校的近 200 名大学英语教师和 700 多名学生进行了问卷调查，结果发现 35.23% 的教师不熟悉或不了解大学英语教学目标和性质，有53.01%的教师对现代英语教学理论和方法不了解。这些教师游离于信息化教学改革之外，缺乏与时俱进的意识和精神。

3) 对网络多媒体教学的错误解读，主要表现为对网络教学的过分依赖或对网络教学的不信任。任何事物都有两面性，网络教学也一样，既有优势，也有劣势。观察发现，有些老师只看到网络教学的优势，认为网络教学能够解决一切问题，学习完全是学生自己的事，因此将一切交给了网络，缺少和学生的网络互动；还有些老师过分依赖多媒体课件，英语课成了课件展示课，课堂教学中课件一页页地翻个不停，总以为这样教学信息量更大，能教给学生更多的知识，完全没有考虑到学生的消化吸收速度和接受能力；还有老师已经离开课件就上不了课了。这些都过分夸大了网络和多媒体的作用，忽视了老师作为课堂生态主体的重要引导作用。相反，也有一些老师，始终认为网络教学耗时大、收效微，对网络教学持不信任态度，因此产生抵触情绪，拒绝在课堂教学中使用现代信息技术。这些比较偏颇的做法，造成了教师与现代信息技术之间的失谐。

（3）学生与信息技术的失谐

学生在课堂生态中的主要身份是知识的消费者和分解者，他们接受来自教师和其他信源的信息，消化吸收，最终以社会做功的方式将能量和智能返还社会。在课堂生态系统中，信息技术起着媒介的作用，帮助信息和能量实现最大限度的传输，并以此与学生建立和谐的关系。在目前的大学英语课堂教学中，依然存在学生与信息技术不和谐的状况，主要表现在以下两个方面：

1) 现代信息技术的广泛使用与部分学生信息能力及素养不高之间存在矛盾。关于学生的自主学习现状，刘淑华、姜毅超（2009）对本校320名非英语专业本科生进行了调查，以了解他们在多媒体环境下英语自主学习的状况，结果发现25.3%的学生从不使用计算机学习英语，70.3%的学生有时使用，4.4%的学生经常使用。谷峰（2012）对本校学生进行了抽样调查，结果发现有93.4%的同学觉得，老师的监督很重要，90.8%的同学认为缺乏自控是自主学习的主要障碍。低起点大学生的英语自主学习能力更加有待提高。路红霞（2009）对青海大学低起点的129名学生进行了访谈，发现有73%的同学认为课后自学的时间没有规律、没有保障、没有监控，更不能顺利按计划完成学习目标。王先荣、曹长德（2010）的调查发现，大学英语学习者表现出的自主学习"意愿"不很强，动机水平不高，自我效能感和目标定向都处于相对较低水平，自主学习中的意志控制程度总体不高。以上调查的范围虽然具有局限性，难以代表全国的状况，但却能在一定程度上反映出学生自主学习能力不够的现状。笔者经过多年的课堂观察和教学实践，也发现一些学生缺乏与现代信息技术的呼应性变化。笔者所在学校为211工程建设高校，大学英语课程为全国大学英语教学改革示范点和国家精品课程，应该属于走在改革前列的高校，但是多年的观察发现，仍然有那么一部分学生因为功课太多、英语学习动机较弱、自控力差等原因，消极应对网络学习，使用各种手段在网络学习记录上创造虚假的形成性记录，严重干扰了教师对学生网络自主学习的形成性评价。对这些学生来说，现代信息技术就没有起到任何助学的作用，课堂生态主体与课堂生态环境之间缺少了良性互动，导致系统出现失衡情况。

2) 现代信息技术的广泛使用与学生学习观念和方法陈旧之间存在矛盾。陈坚林（2010：193）认为，教师、学生、管理者的观念在某种程度上已经成为计算机应用于外语教学的障碍。现代教育理念特别注重能力的培养，鼓励学生通过参与、体验和实践去探索发现知识，主动建构自己的知识体系，按照个人的意愿自由发展。在这方面，网络因其丰富的学习资源和快捷的传输能力而独具优势。但是在现实的外语教学中，总有那么一些学生消极地应对网络学习，原因并非其信息素养不够，而是因为他们坚信中学养成的学习习惯和摸索出的学习方法的有效性，所以拒绝与网络多媒体等现代信息技术形成互动。

（4）教学模式与信息技术的失谐

教学模式指符合特定的教学理论逻辑的、为特定教学目标服务的、相对稳定的教学活动结构。它是教学方法、程序和路径的综合体，一般都体现了一定的教学理念，能帮助教师根据一定程式设计课程，安排教学材料，指导课堂教学等。在课堂生态系统里，教学模式属于环境因子，对教与学活动产生重要影响。现代信息技术应用于大学英语教学以后，因为计算机网络等信息技术可以帮助学习者反复进行语言训练，尤其是听说训练，同时还能生动形象地提供大量真实的外语学习资料，包括音频和视频材料，所以基于计算机网络的建构式教学模式备受关注。但是，当前的大学英语课堂教学生态中仍然存在着教学模式与信息技术的失谐问题，主要有两点原因：

1) 在现代信息技术的语境下使用了传统的教学模式。有些学校认识到了计算机网络的教学优势，购置了先进的计算机，建立了漂亮的自主学习中心，创建了良好的网络学习环境，但是没有真正执行现代课堂生态所推崇的建构式教学模式，没有真正放手让学生在网络环境下自我计划、自我管控、自我探索、自我完成外语学习任务，而只是通过传统作业的形式让学生在自主学习中心通过计算机学习光盘版的教材，现代信息技术的生态功能没能充分发挥出来。这种做法只是新瓶装旧酒，没有实质的变化，在没有计算机、没有网络的前提下同样能够采用这种教学模式进行课堂教学。这种教学模式是虚假的信息化教学模式，自然不能与现代信息技术形成良好交互。

2）在真正的信息化教学模式下，信息技术的优势因为某些原因而没能充分发挥。首先，学生网络学习的能力和自主性如果不够，就会严重影响教学模式与信息技术的良性互动，影响学习效果。其次，教师的教学方法如果不妥，没有给予适当的指导，没有合适的网上监控，没有恰当的课堂检查，没有必要的师生感情交互，则很难保证计算机网络学习的效率。还有一点就是，任何信息化教学模式都有一定的局限性。比如教育部高等教育司主编的《大学英语课程教学要求》（2007：32）为全国高校设计了一个"基于计算机和课堂的英语教学模式"（见图4-3），主张学生在计算机上自主学习各语言技能，以听、说、读为主，同时接受老师的辅导，老师的面授课上的听、读、写、译4种技能，以培养后三种技能为主。

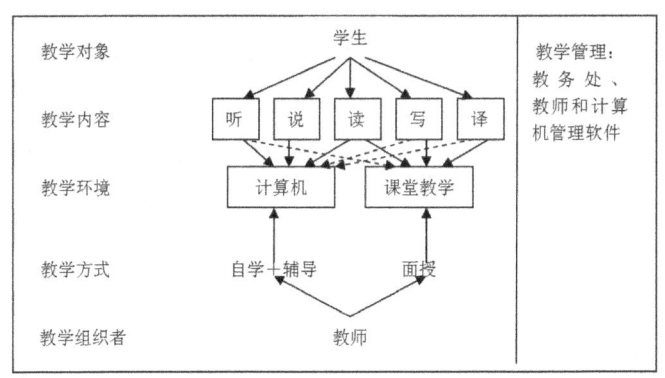

图 4-3　基于计算机和课堂的英语教学模式（教育部高等教育司，2007）

这是一个必须基于计算机才能完成的教学模式，也被绝大多数高校参照采用，但是这个教学模式并没有充分体现网络的作用，只考虑到了计算机自主学习与课堂教学的互补，没有考虑课堂教学与网络教学的衔接，结果将课堂教学与现代信息技术割裂开来，导致两者之间的交互中断。另外，该模式仍然带有很强的行为主义色彩，没有充分体现现代建构主义的学习观。

(5) 教材与信息技术的失谐

教材和信息技术同属课堂生态中的信息媒介,其任务是帮助教师完成知识的传输,二者在课堂生态系统中的职责相同,因此形成竞争的关系。为了避开恶性竞争,两者就要利用各自的优势进行错位发展,在竞争的前提下形成互补关系,方能形成良好的对立统一关系,共同打造课堂生态系统中的立体化教材环境。但实际情况是,有些出版社设计的网络学习平台,里面的内容就是网络版的教材,没有做很好的拓展和延伸。而且,有些光盘版和网络版教材还没有完成与现代信息技术的磨合,在设计上还存在不少缺陷。例如,路金金等(2011)针对《新视野大学英语视听说教程》提出了很多问题:①教材中听过的部分不能重复练习。②每一单元的内容太少,形式太单一。③在自主中心学习,口语练习机会太少。④自主学习平台软件里发音部分设计过严,刚进校的同学难以通关等。教材光盘化和教材网络化都是较低层次的信息技术应用。陈坚林(2010:183)认为,信息技术和教材的结合,远未达到预期的效果,计算机网络等现代信息技术的超强功能没能得到充分的开发和利用。信息技术对教材开发也存在很大的制约,最重要的体现是,教材网络化需要大量的资金成本和时间成本,出于利益的考虑,很多出版社刻意减慢了开发新教材的节奏,很多高校为了管理的方便,一般不会选择太多的教材,影响了教材的多样性和教师的自主性。这些都意味着教材和信息技术之间还存在失谐现象。

还有一种情况是,有些教师和学生一直把教材当成唯一的媒介,习惯于照本宣科,教材成了学生获取输入的唯一渠道。在这种以教材为中心的英语课堂里,教学内容封闭,教学行为僵化,现代信息技术形同虚设。以上情况导致教材和信息技术之间或同位恶性竞争,或貌合神离,或形同陌路,导致它们之间的关系失谐。

(6) 教室布局与信息技术的失谐

教室布局是指教室的物理环境,包括灯光设计、座位布局、黑板位置、墙壁颜色等等。这些因素和同属环境因素的信息技术之间同样具有相互作用和相互依赖的关系。举一个简单的例子,现在多媒体教室里基本都有投影机,当投影机将连通网络的电脑桌面内容投影到屏幕上时,首先需要幕布颜色的配合,然后需要教室灯光的配合,否则学生是看不清投影内容的。如果要播放网络上的一段视频,教室里还须配备音箱。可见,信息技术也需和教室布局保持和谐的交互,才能充分发挥其功能。

关于座位的安排、学生对座位的选择、学生选坐的位置等因素对学生课堂表现的影响，一度在20世纪60—80年代的西方形成了一股研究的热潮（参见3.1.2）。当代生态外语课堂教学观认为，外语学习是一个学习者的知识和经验与外界环境互动的过程，在这个互动过程中，现代信息技术要与其他环境因子一起，为师生课堂活动提供便利。当前，外语教学非常重视丰富多彩的课堂活动，尤其是在口语教学中，教师经常会先利用现代信息技术播放一段视频，然后班级分组讨论。这时候，传统的教室座位布局就与现代信息技术之间形成了不和谐的状况，难以提供舒适的小组讨论环境，支持学生围绕视频内容自由讨论。当学生在自主学习中心通过网络学习时，比如说口语，就要考虑座位的布局是否合理，学生彼此间的练习是否会相互产生干扰？由于当前国内的座椅都按传统的纵横排列法排列，很少有教室能够根据需要将座位呈环形、马蹄形、矩形等变化排列（见图4-4），固定化的座椅不利于课堂开展信息化条件下的各种口语练习活动，影响了现代信息技术的功能发挥。

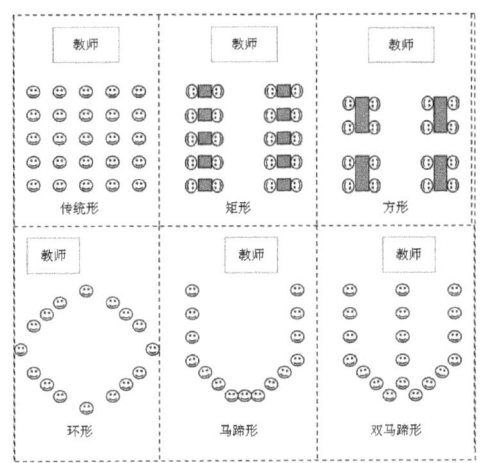

图4-4 教室座位设计模式

（7）教学内容与信息技术的失谐

在课堂生态系统里，教学内容就是系统要传输的主要信息，信息通过教材、网络多媒体等媒介，在教与学活动所赋予的能量的推动下，实现了在系统内各生态因子尤其是生态主体之间的流通，同时起到了连接系统内各生态因子的纽带作用。在这个过程中，教学内容就相当于要运送的货物，教师相当于发货人，学生相当于收货人,信息技术相当于拉货的卡车(教材就相当于拉货的板车),教学活动相当于货车的能源,网络相当于高速公路,这些因素共同作用,一起完成了货物运输的任务。在货物运输的过程中,货物最好不要减少,要是沿途能再增加点,收货人会更加高兴,要是连同货物一起,还能捎来货主的问候信,那送货人和收货人的感情会更加和谐。当前,信息化进程中的大学英语课堂生态依然存在教学内容与信息技术的失谐现象,主要体现为信息技术条件下教学内容的适切性不够。

传统的教材宛如拉货的板车,在信息承载方面具有一定的局限性,而现代信息技术宛如高铁一般,其功能更加强大,能以更快的速度和更生动形象直观的方式,传输更多信息。因此,在信息化课堂生态中,教师应该根据信息技术的特点,适当调整所要传输的信息的量和类,适当布置网络自主学习的任务。但在实际教学中,有一部分教师仍然把教材作为唯一的知识来源,紧抱书本不放,把书本上的知识当作所有教学内容。殊不知,合理的教学内容应该来自师生对课程内容、教材内容、网络多媒体教学内容以及具体教学实际的综合加工。师生一方面需要合理地使用教材进行传授式教学;另一方面,师生可以对教材内容进行选择、取舍、加工,合理地组织教学过程。在各种教学活动中,要有意识地培养学生的自主学习能力和可持续发展能力,培养学生自我发现和自我判断的能力,培养学生发展学习策略、创造新知识的能力。但现实不容乐观,在当前的课堂教学中,有些教师依然没有能够充分发挥现代信息技术在信息传输和学生能力培养上的优势和作用,教学内容过于单一。

(8)教学评估与信息技术的失谐

教学评估是大学英语课堂教学的一个重要环节,科学、合理、有效的评估能够为师生提供大量的反馈信息,帮助师生及时调整教与学的行为。基于信息化的大学英语课堂生态为多元评价创造了良好的条件,但在现实教学中,很多学校都未能利用现代信息技术的牵引构建多元评价体系,因此出现了现代信息技术的运用与单一的传统评价方式之间的失谐。

计算机网络等现代信息技术能够解决传统语境中一些解决不了的问题,尤其是学习的过程性记录问题。在传统的课堂教学中,教师对学生学习的过程性记录主要是对学生出勤情况和作业完成情况的登记,这些信息的登记涉及较大的工作量,所以有些责任心不强的老师干脆免除了自己的这份辛劳,不再登记了,导致大学英语教学过程中对学生的形成性评价未能得到足够重视，学生在学习过程中的表现不能得到全面准确的反映。如今，现代信息技术能够轻松自如地解决这些问题，对学生网络学习的过程性情况，网络软件可以全程自动记录下来，包括什么时候上网，什么时候下网，浏览了什么网页，停留了多长时间，答题的准确率等。教师只要调看这些数据，就能轻松得到很多有价值的反馈信息，就能及时调整教学设计和合理指导学生。学生也可以利用网络评估平台给教师、同学甚至自己进行评估，这样就形成了多元评价机制。可惜令人遗憾的是，很多学校虽然建立了学生评教机制，但利用信息技术开展学生自评和互评的学校尚不多见。仅就教师对学生的评估来说，由于有些教学系统设计还不够完善，以及教师固有习惯的惯性作用，各个学校真正开展形成性评价的情况也各不相同，部分学校和教师依然以终结性评价为主，这与现代信息技术的强大功能形成了反差，在大学英语课堂生态中构成了一组失谐的关系。

（9）教学管理与信息技术的失谐

教学管理指为了实现教学目标，按照教学规律和特点，对教学过程进行的全面管理。教学管理可以分为各种不同的层次，这里所说的教学管理主要指两个层次的管理：①对课堂教学中的教学进行管理，属于系统内部的管理；②对课堂教学的管理，属于系统外部对课堂生态系统的管理。在信息化大学英语课堂生态中，教学管理与信息技术的和谐互动应该表现为两个方面：①教学管理有助于信息技术在课堂生态系统中充分发挥其功能。②信息技术有助于提高教学管理工作的效率，两者属于互相促进的关系。相反，如果两者不能相互促进，甚至互相影响彼此功能的实现，则谓之失谐。

在大学英语教学信息化进程中，这种失谐现象确实存在，而且对改革形成了较大的阻力。首先，现行的教学管理还不能很好地推动信息技术在课堂教学中的广泛应用。以工作量计算为例，笔者通过访谈获悉，很多高校至今没有出台如何承认网络教学工作量的相关管理办法，这么多年来，很多教师花在网络教学管理上的时间和精力没能得到合理承认，严重打击了老师参加信息化教学改革的积极性。对于学生来说，很多学校和老师没有及时制定关于学生网络学习的规章制度，包括上网学习的时间要求、纪律要求、奖惩措施，网络学习在评估中的比率等等。还有一些学校有了制度，但执行力不够，最终导致有些同学的网络学习仅仅流于形式，没有取得预期的效果。其次，信息技术在教学管理方面的应用水平还有待提高。吴友富（陈坚林，2000：序言二）认为，英语教学管理是将现代管理的计划、组织、指挥、协调、控制五大要素科学地运用于英语教学，融会贯通于英语教学的各个环节中。但是目前，信息技术还没有全面涉入管理的各个环节，而是集中应用于大学英语学习系统之中。虽然在管理系统之中也有应用，但很多功能还不健全，影响了教师使用的积极性。举一个例子，目前几个主流大学英语教学系统，都有对每个学生网络学习的详细记录，给教师提供了很大便利。但是在期末进行形成性评估时，老师需要的不是一个详细的记录数据，而是一个宏观的、总的数据，如 10 个单元测试成绩的平均分是多少？目前绝大多数系统都没有这些功能，还需老师花费大量的时间进行数据统计，这严重影响了老师参与网络教学的积极性。

4.1.3　系统内部营养结构的失衡

从营养结构的视角看，在传统的课堂生态中，教师是课堂生态系统里的生产者，其主要职责是将来自外部世界的能量和信息进行转换、消化和吸收，并结合自身的经历和智力生产和创造知识，再通过作为信息载体的教材和讲授式课堂教学活动，把这些知识传授给学生。学生是课堂生态系统中的消费者和分解者，他们消化知识、吸收知识并将知识转化为新的智能服务于社会。在能量和信息的流通过程中，课堂生态环境一直发挥着重要作用（见图 3-2）。随着现代信息技术在外语教学中的广泛应用，教师和教材并不是学生获取知识的唯一渠道，在现代课堂生态中，计算机网络多媒体等技术环境不但构建了一条信息快速运输通道，而且本身还自带了大量的信息，成为学生学习的又一个重要知识来源。由于现代课堂重视生态系统中的多元交互，在教师与学生、教师与教师、学生与学生的交互中，教师也可能成为知识的消费者，学生也可以成为知识的生产者。从这个意义上讲，现代生态课堂中的师生都身兼三职：生产者、消费者和分解者（参见 3.2.1）。

在大学英语教学信息化进程中，系统内部营养结构的失衡首先表现为部分师生的生态角色异位，具体地说，就是有些教师作为课堂主讲者的传统生态角色没有弱化，作为消费者和分解者的生态角色没有得到加强，教师的自身成长长期被忽视，从长远角度讲，这对学生和教师两种生态主体都会产生消极影响。以在职培训与进修为例，王海啸（2009）通过对全国 200 多所高校进行调查分析后指出："虽然我国的大学英语教师近年来在总体上获得了更多进修提高机会，但必须指出的是，大学英语教师现有的进修提高机会仍不能满足他们的实际需求。按目前的比例，每名教师必须要等 10 到 100 年才能获得一次进修机会。"这种状况对实现国家或学校制定的教学改革目标是极为不利的。对学生来说，他们作为知识生产者的生态角色没有得到加强，换句话说，他们的自主学习能力、自我建构能力和持续发展能力没有得到很好发展，而这恰恰是现代生态课堂建设所应重点关注的。在信息化大学英语课堂生态里，信息的流通不再仅仅依靠唯一的一条单向高速公路（从教师到学生），而是可以依赖更多条平行的双向高速公路。在这方面，目前的大学英语课堂生态主体还需进一步更新观念、转变角色，适应新的课堂生态环境的要求。

信息化进程中，系统内部营养结构的失衡其次表现为输入与输出的失调：

1）输入与输出的方式失调。上段中提到的现实教学中的"单条单向高速公路"和生态课堂要求的"多条双向高速公路"就是方式上的失调之一，方式上的失调之二是教学媒体的泛化。（李森等，2011：20—23）在课堂教学中，一些教师在使用多媒体等技术时，没有从服务于内容需要的角度出发，一些本不需要使用现代教学媒体的教学内容也使用了媒体，大量快速直观的音像剥夺了学生思考的时间和想象的空间，不利于知识的建构和能力的培养。实际上，教学媒体的选择与使用并不能随性为之，更不是多多益善。

2）输入与输出的内容失调。在当前的大学英语课堂中，尤其是在一些普通高校的英语课堂上，教学内容异化为考试内容。教师仍然坚持以考试为指挥棒，一切以考试尤其是以大学英语四级考试为中心，课堂教学常常演化为模拟试卷的讲解和考试技巧的介绍。对学生来说，每天输入的就是死记硬背的单词和语法等，没有大量的语言实践活动，导致英语实际应用能力很不乐观。从语言技能上看，内容上的失调还体现在对输入性技能的投入明显高于对输出性技能的培养。从知识和情感来看，当前课堂中知识的输入远比情感的输入更受关注，但后者却深深地影响着师生关系、学生的学习动机和态度、课堂教学气氛等重要因素。

4.2 功能上的失调

凡是系统皆有功能，系统就是由一些元素通过相互作用、相互关联、相互制约而组成的具有一定功能的整体。本研究结合课堂生态的性能和生态课堂的特征，从系统对内部结构、内部关系、系统整体以及外部环境（社会）所产生的作用，归纳出四大功能，即优化结构的功能、调谐关系的功能、促进演化的功能和生态育人的功能（参见 3.2.2）。信息化语境下的大学英语课堂生态在功能上出现失调，即表现为这四大功能的衰减。

4.2.1 结构优化功能的衰减

系统不同于集合，集合只是一些分散的人或物聚集到一起，系统却是一些元素聚合到一起之后，各个元素之间产生相互作用、相互关联、相互制约的关系。正是这些元素间的相互作用力，牵引着各个元素不断进行自我调适，最终使各个元素达到一定的质和量，与其他系统组分和谐共处，使整个系统进入一种相对稳定、相对平衡的状态。在自然界中，各种生态系统都具有这种自组织能力，最终牵引着系统达到自然平衡的状态，但整个过程会非常缓慢。在社会生态系统中，因为生态主体具有很强的能动性，一般会使系统较快地调整到平衡态，反之，则证明系统的结构优化功能明显减弱。

信息化进程中的大学英语课堂生态出现了结构优化功能的减弱，这可以通过对系统结构的观察予以论证。信息化改革之前的大学英语课堂生态处于相对平衡的状态，对这种平衡态产生巨大扰动作用的，就是现代信息技术在外语教学中的大量使用。现代信息技术迅速演化为课堂环境因子中的主导因子，其产生的扰动作用大大超出了系统本身的自组织和自修复能力，其产生的作用力牵引着其他课堂生态主体和课堂环境因子进行自我调节自我改变，这种变化已经持续了好几年。系统内各组分的构成比重仍然处于失谐状态，从系统动荡过程的时间跨度以及系统现在的结构状态加以判断，系统的结构优化功能减弱了，难以自行修复系统内的平衡。

4.2.2 关系调谐功能的减弱

大学英语课堂生态系统的关系调谐功能减弱，可以在目前课堂生态内部出现的各组失谐关系或各组矛盾中得到印证。上文（参见 4.1.2）以现代信息技术为立足点，描述了 9 组系统内各生态因子之间的失谐状况。换一个立足点，这些失谐关系也可描述为：①传统观点与改革理念上的失谐。有不少教师、学生和管理工作者坚持原有的教学观、学习观和价值观，不愿接受新的教学理念，如任务型教学、交互式教学、研究性学习等，导致了各种矛盾的出现，包括教师对学生、学生对老师、教师对课堂环境、学生对课堂环境等的不满。笔者所在学校在改革初期就曾出现学生对教师进行评估的结果集体下滑的局面，分析原因发现，学生对教师的很多做法不予认同，对改革初期的混乱局面难以容忍。②改革的大力度与现实能力之间的失谐。这次大学英语信息化教学改革决心大、力度大、面积广，对课堂生态主体提出了很高的信息素养要求，而现实中的部分老师和学生因为各种原因，信息素养不够，导致理想与现实之间出现很多矛盾，如学生的自主性与要求之间有很大的差距，老师的信息素养和积极性与要求之间有很大的差距，网络教学系统的设计与理想状态之间存在差距，教材的编写方式、内容选择与呈现方式与理想之间存在差距，教学管理的繁琐与原先的期待之间出现落差等等。③输入与输出的失谐。对于教学系统来说，通过设备、软件的购置而输入系统的人力、物力和财力似乎与改革的成效不成比例。对于学生来说，通过课堂和网络系统的英语语言输入和学生实际能力的提高不成正比，过程中间存在大量能力的损耗，如学习各种教学系统和教学规章的时间投入、往返机房开机关机的时间损耗等等。

需要说明的是，这些复杂的失谐关系并不是同时出现的，也不是同时发生在一个学校或一个课堂生态里。这些问题可能对某些学校来说已经是昨天的问题，但是对另外一些学校来说，可能是正在发生的问题。不管怎样，这些失谐的关系都在一定程度上客观存在于某个学校的课堂生态里。时至今日，这些关系仍然没有通过系统自身的纠偏功能予以修复，证明系统调谐关系的能力在失衡状态下严重减弱。

4.2.3 演化促进功能的减弱

系统的结构优化功能、关系协调功能和演化促进功能是相辅相成的，只有结构上得到优化，各种关系才会协调，系统才能完成逐渐的演化。从这个角度讲，结构优化和关系协调是系统演化的前提。从营养结构来说，系统的优化依赖于系统的三大营养功能：从营养结构看，生态系统具有物质循环、能量流动和信息交换三大功能。课堂生态系统作为一个微观生态系统，也同样具有以上三大营养功能。系统内交换的信息就是知识，系统内流动的能量就是师生通过教学活动所输入的能量，系统内循环的物质可以理解为信息交换过程中带来的智能流以及外部环境输入系统的物质，如教学装备等。

在现代信息技术的强力介入以后，大学英语课堂生态系统被迅速地带离到一个远离平衡区，如果系统通过自身的作用在这个区域重新建立平衡，就形成了耗散结构，系统也完成了一次演化。但是正如前文所分析的那样，经过多年的运行，大学英语课堂生态系统依然存在结构上和关系上的失谐，系统不具备达成平衡的前提条件，难以完成系统的演化。从系统的营养功能来分析，系统内各种关系的失谐影响了师生之间的交互，交互的减少导致输入系统的能量减少，系统内部难以产生足够的驱动力，带动由外部环境输入的大量物质流（如计算机网络等教学设施）在系统内同步流转，所以系统依然处于非平衡态。要想加快系统的演化，就必须解决好系统的动力问题。

4.2.4 生态育人功能发挥不够

作为一个生态系统，其最根本的功能应该是提升系统的生产力。对于课堂教学生态来说，其根本功能就是培育人才；对于大学英语课堂生态来说，其根本功能就是培育英语人才，包括英语师资的自身发展。基于信息化的大学英语教学改革，旨在建立一个信息化的生态英语课堂，最终培养出具有较强实际语言应用能力尤其是听说能力的英语人才，解决过去社会对大学英语只能培养"哑巴英语"、"高分低能"人才的诟病。近几年来的大学英语教学改革在解决"哑巴英语"方面确实起到了很大的作用，但是课堂生态的育人功能还没有得到充分的发挥，证明系统还未演化到一个新的平衡状态。

前文提到，这里的生态育人包含3层意思：①生态主体的共同成长；②师生的可持续发展；③育人方式的生态性和科学性（参见3.2.2）。其中前两点可以概括为课堂教学的产出效能。针对大学英语教学改革的成效问题，王守仁、王海啸（2011）对全国530所高校的大学英语教学现状进行了较为全面的调查，结果显示，大学英语课堂面授平均周课时为3.8节，学生自主学习的平均周课时为3.9节，两种方式的学习合起来计算，学生每周投入英语学习的时间约为8课时，几乎占了5个学习日的一整天时间，但该调查并未涉及学生最终的学习效果。不过，有研究者对学习成效做了局部调查，如谢欣欣（2010）对本校近300名同学做了一个关于大学英语学习效果自我评估的问卷调查，结果发现有86.5%的同学认为自己的水平"和以前差不多"或"退步了"（见表4-3）。虽然这份调查不一定能代表全国的总体情况，但至少说明在一定区域或程度上存在教学效果与预期不符的情况。笔者的课堂观察也发现，通过一段时间的网络自主学习和课堂口语练习活动，大部分学生能够在老师的正确引导下，认识"正确"与"流利"的辩证关系，也能逐渐克服怕犯语法错误的紧张心态，敢于开口说英语了。态度改变了，胆量大了，但是学生口语能力增长不快，很多学生只能对熟悉的话题做简单的发言。

表 4-3 对大学英语学习效果的学生自评

进步了		和以前差不多		倒退了	
人数	百分比（%）	人数	百分比（%）	人数	百分比（%）
40	13.5	127	42.7	130	43.8

（引自谢欣欣，2010）

以上分析说明，外语课堂生态的育人功能还没有得到充分体现，教学效果离社会的期待和学生自己的目标还有差距。这需要我们认真研究，找出课堂生态中的限制因子，采取适当的应对策略；找出生态和科学的育人方法，达到生态育人的目的。

4.3 本章小结

墨菲定律告诉我们，事情如果有变坏的可能，不管这种可能性有多小，它总会发生，并造成最大的破坏。为了降低生态风险，本章之初做出了一个论断，即信息化语境下的大学英语课堂生态处于失衡状态，然后用描述性研究和文献研究的方法考察了大学英语课堂生态的结构和功能，确实发现了很多系统失衡的典型表征，包括系统内部关系的失谐和系统功能的减弱。这里补充说明两点：①课堂生态系统是一个复杂的社会生态系统，目前还难以用系统科学的计算方法验证其是否失衡，只能在观察的基础上提出理论假设，再在进一步的课堂观察和文献研究中予以验证。②本章所描述的失衡现象并非集中出现在某一个英语课堂中，而是某一种现象在某个时间出现在某个大学英语课堂生态之中。失衡确实存在，即便是疑似失衡，根据墨菲定律，也需要引起我们的关注。本章对失衡现象的描述有助于进一步对该问题进行分析和研究。

第 5 章　大学英语课堂生态失衡的信息技术归因

现代信息技术应用于大学英语教学以后，出现了课堂生态系统的失衡，具体体现为系统组分的构成比重失调、系统组分间关系的失谐、系统内部营养结构的失衡和系统功能的失调。系统失衡的推力既有来自系统内部各元素之间的相互作用，同时也有来自外部环境变化对系统产生的影响。本研究认为，大学英语课堂生态失衡的最初推力源自系统外部环境的影响，即国家教育主管部门的大学英语教学改革政策。大学英语课堂生态的失衡是一次主动选择的失衡，是教育部为了破解大学英语教学长期"费时低效"的局面而布下的一招狠棋，希望借助现代信息技术这柄利器，打破运行已久并开始显现惰性的大学英语教学生态平衡，将大学英语课堂生态迅速带离到一个远离平衡区，然后借助现代信息技术的牵引力，帮助系统形成耗散结构，重构充满活力的新平衡。那么，现代信息技术是否能够先将一潭"清水"搅浑，然后再帮它变得更加清澈呢？本章将以现代信息技术为原点，探寻大学英语课堂生态失衡的内部机理。

5.1　信息技术的应用与系统整体的失衡

本节将运用耗散结构论、协同论、突变论、信息论等横断科学的主要观点阐释信息技术的应用造成课堂生态整体失衡的机理。

5.1.1　信息技术未能助推耗散结构的形成

我国有句古话，叫"不破不立，不塞不流，不止不行"，说的是破和立、塞和流、止和行的对立统一关系，旨在告诉我们，有时不打破旧的、不好的东西，就难以建立新的、好的东西，另外还有一个词叫"大破大立"，犹如中医里的辩证施药，有时不下猛药难以治顽疾。

2004年以前的相当长一段时间里,我国的大学英语教学主要使用1986年版的教学大纲(1998年推出了修订本)以及根据这个大纲编写的几套教材,其中使用最多的是上海外语教育出版社出版的《大学英语》(董亚芬审订)和高等教育出版社出版的《大学核心英语》(杨惠中、张彦斌主编),以1987年开始组织的大学英语四级考试为指挥棒组织教学活动,教师为四级考试而教,学生为四级考试而学,形成了教学常态。至2004年,课堂教学生态系统经过十几年的运行,在相同的教学理念和教学模式下,使用不变的教材,课堂生态内部结构和功能早已相对稳定,系统整体也早已达到了一种相对平衡的稳定状态。由于这个稳定状态运行了较长时间,已经出现了惰性,生产力开始下滑,而且产品也难以满足外部变化的环境的要求。2004年之前的那几年,社会对毕业生的英语能力尤其是听说能力很不满意,进行了"聋哑英语"、"高分低能"的尖锐批评,大学英语教学质量问题引起了上至国务院总理下至普通教师、市民等老百姓的广泛关注。2004年初,教育部经过几年的酝酿和筹备,终于启动了一场基于信息化的大学英语教学改革。这是一场自上而下的改革,推动的力度很大,目的就是想借助飞速发展的现代信息技术,大破大立,打破大学英语教学生态中的"死"平衡,在远离平衡区重新建立新的"活"的平衡,即系统科学里所说的"耗散结构"(参见2.2.2)。

什么是耗散结构?耗散结构就是在一定的非平衡条件下,系统通过自组织"进化"过程在远离平衡区域从无序状态自发地演化成有序状态时所产生的有序结构。按照耗散结构理论,一个宏观有序状态的自发产生和维持,至少需要3个条件:①系统必须是一个开放系统。②系统必须远离平衡态,进入非线性区域。③系统内部必须存在涨落和非线性反馈。那么,现代信息技术在大学英语课堂教学中的大量使用,是否能够帮助课堂生态系统满足上述3个条件呢?

1)是否是开放系统?所谓开放系统,是指系统与外部环境具有交互作用,相互影响。实际上,客观世界中的所有系统基本都是开放系统,课堂生态系统同样也受到外部环境的影响,包括国家的外语教育政策和措施,社会对外语教学的期待和评价,信息技术的高速发展,语言学和教育学理论的发展等等。现代信息技术在外语课堂教学中的应用,其实就是一个外部环境进入系统内部,转化为系统内的生态因子,并与其他因子相互作用的过程。

2)现代信息技术的使用是否能够打破课堂生态的原有平衡?答案是肯定的。当计算机、网络、多媒体等现代信息技术突然大量进入英语课堂教学后，传统的信息媒介（即教材）被改造得更加丰富多样和立体化，传统的学习环境得以优化和拓宽，学生的学习方式发生了天翻地覆的变化，这一切都冲击着传统的教学观念、传统的教学模式、传统的评估方式等等。观察发现，传统的英语课堂生态被迅速打破，并被带离到一个师生都比较陌生的状态，系统内部各种关系和生态因子的各自功能出现失调（见第 4 章），这个状态可以认定为非线性区域里的一种状态。在这种极不平衡的状态下，如果现代信息技术能够继续保持主导生态因子的强势作用，必然引起系统内部各生态因子的涨落，这种涨落通过非线性反馈作用而放大，就会彻底破坏原有结构的稳定性，使传统课堂生态结构解体，为系统形成新的有序结构即耗散结构创造条件。一旦耗散结构形成，就意味着新型的师生关系、新的师生角色定位、新的教学模式、新的学习方式等达到一种新的平衡，系统生产力得以显著提高。

但是遗憾的是，现代信息技术的牵引力遭遇到课堂生态中各种传统力量的狙击。具体地说，有管理者的求稳心态，一切"稳"字当头，害怕改革初期出现的混乱局面，所以尽力控制改革的速度和力度；有教师的传统观念，不愿改变教学模式，不愿花费时间和精力提高信息素养，不愿放弃自己在课堂上的权威，所以消极抵抗改革；有学生的学习习惯，难以适应自我计划、自我管理、自我监控的自主性学习，难以改变自己的听课习惯，所以对锐意改革的教师的教学行为不理解、不支持；等等。这些传统力量汇集起来，在很大程度上抵消了现代信息技术的牵引力，使被带到远离平衡区的大学英语课堂生态系统又被传统力量慢慢拉回到线性区域与非线性区域的结合处，系统涨落幅度较大，系统处于失衡状态。这个过程宛如两股力量的拔河比赛，系统一开始被新生力量迅速拉过了中线，但传统力量的抵抗作用又将系统往回拉，系统处于动荡过程中，最终哪方能够最终取胜尚是未知数，这可能取决于未来的第三股主动干预力量。这点将在下一章进行探讨。

5.1.2　信息技术未能加强协同作用促发突变

中国有句古话，叫"众人拾柴火焰高"，说的是团体的力量和团结的力量，旨在告诉我们做事的时候，一个人的力量总是渺小的，要是团结他人，举众人之力，事情就能完成得更好。类似的表达还有"攥起的拳头最有力"和"三个臭皮匠，能抵一个诸葛亮"等，都能表达团体合力的重要性。系统科学中把系统内自动形成的、朝着一个目标移动的合力称为协同作用（参见 2.2.2）。

协同论认为，系统内的各种元素之间相互作用，使系统在相空间里无序或有序地运动着，但不稳定的自由度会把稳定的自由度拖着走，一直拖到目的点，即稳定状态的那个点。在这个过程中，如果外部条件改善，系统内协同作用增强，系统的序参数就会增大，朝着目的点运动。在接近临界点时，如果各元素的相干作用产生的协同作用占主导地位，序参数就会急剧增大，导致系统不稳定而发生突变，最后产生新结构，逐渐达成新的稳定态。

现代信息技术应用于大学英语教学，在造成课堂生态环境急剧变化的同时，也与系统中的其他因子产生了相干作用。这种相干作用相当复杂，有同向的作用力，也有反向的作用力，同向的作用力合成协同作用，反向的作用力形成抵消作用，这些复杂的作用力使系统有时在朝无序的方向发展，有时在朝有序的方向运行，无序和有序经常互相转化。如果给予系统足够的时间，鉴于系统的自组织能力，系统在相空间里自由运行的同时，最终会被现代信息技术这个不稳定元素拖到一个目的点，即新的稳定点。但是改革 8 年来，并未形成这种稳定的状态。根据协同论的观点分析，原因在于现代信息技术没有和系统内的其他因子形成足够大的协同作用，带动系统朝非平衡区运动，并在接近临界点的区域形成最大的合力，序参数迅猛增大，使系统跨过临界点进入一个非线性区域，完成系统的突变，形成新的耗散结构。至于现代信息技术为何不能加强协同作用，原因不外乎两点：①现代信息技术的牵引力还不够大，也就是说大学英语教学改革中信息化的水平不够高、不够快，带来的冲击力不够大。②其他因子的同向作用力小，而反向作用力大，最终导致合成的协同作用不够大。其他因子的反作用力大，说明系统的其他因子并没有朝着信息化的目标同向发展。要想促使系统发生突变，并在新的非平衡区产生新的结构，形成新的动态平衡，就需要保持并加大现代信息技术的牵引力，或者借助外部力量改变其他生态因子，使它们同现代信息技术同向而行、协同发展。

5.1.3 信息技术的应用反致系统信息流通不畅

我国有种民居叫四合院，是一种四方形的封闭式院落，里面一家一户，虽然邻里之间偶尔拌拌嘴，但总体都能和谐共处。现在社会发展了，人们都乔迁新居独门独户了，条件似乎改善了，可邻里却疏远了。为什么？条件的改善反而致使生态主体间的信息流通不畅了，彼此接触少了，缺乏共享信息了。

现代信息技术在大学英语课堂教学中的应用，改善了系统环境。教师教学的条件好了，有多媒体，有网络，有电子邮箱了；学生的学习条件好了，有电脑，有网络资源，知识的传输载体也更好，图文并茂了。然而，任何事物都具有两面性，这些现代信息技术带来的便利条件有时也会导致课堂生态主体之间的交互减少，情感交流减少，信息交换减少，导致系统内信息流通不畅。

信息论认为，系统各要素之间、各局部之间、局部与整体之间、系统与环境之间的相互联系和相互作用，都要通过信息的交换、加工和利用来实现。正是由于信息在系统中的正常流动，特别是反馈信息的存在，才能使系统按预定目标实现控制，达到协调关系和优化效果的作用。对于大学英语课堂生态来说，现代信息技术的使用拓宽了知识传输的通道，但帮助系统正常运转的信息，在更大意义上来说，不是指被传输的知识类信息，而是指各生态因子之间所共享的维持系统运行的其他信息，如课堂教学的指令，师生沟通的时间、地点和方式，学生是否听懂了授课内容，教师的情感态度如何，学生的情感态度怎样，等等。如果继续把现代信息技术比作在高速公路上运货的卡车，那么卡车的运行更多的是受发货人的态度、发车时间和地点、交货时间和地点、收货人的态度等信息的影响，而不是受卡车到底是运载一根木头还是运载一块砖的影响。现代信息技术的使用导致师生面对面交往的机会减少，直接交流的机会减少，情感交流减少，共享知识减少，教师从学生那儿得到的反馈信息减少，导致系统信息流通不畅，教师无法根据反馈信息及时调整教学，师生关系的融洽度也可能受到影响，最终致使课堂生态系统出现失衡状况。

5.1.4　信息技术的应用导致系统输入与输出的失衡

生态系统的平衡，首先体现在系统中的生产、消费和分解过程处于平衡状态，系统能量和物质的输入与输出处于相近或相等状态。教育生态系统中的生产和消费过程包括：各种教育资源的配置，系统内部的生产过程（即教育教学过程），教育成果（主要指学生）在社会生态系统中的分配和使用。当现代信息技术广泛应用于大学英语课堂教学时，原来处于稳定平衡的课堂生态受到强烈扰动，系统内部各组分的构成比重和各种关系出现失谐，同时也出现了输入与输出的失衡。

1) 教育资源配置方面，存在输入与输出的失衡。这场基于信息化的大学英语教学改革，由于得到了各级主管部门的高度重视，在硬件设施建设上突飞猛进，甚至在争创全国教改示范点的过程中，有些学校还出现了盲目攀比现象，比机位的多少，比场地的大小，比环境的优劣。据笔者所知，有些学校为大学英语教改划拨专项经费超过1 000万元。总之，全国大部分高校都投入了相当大的财力批量购买了计算机、服务器等，建立了中型或大型的自主学习中心。然而，观察和访谈发现，不少学校由于管理措施、软件建设和其他教改环节没有跟上，导致这些自主学习中心的使用率不高，存在严重的教育资源实用性浪费现象。这是教育设施的输入与输出失衡。教师培训方面，也存在输入与输出方面的失衡问题。现代信息技术的大量使用对教师的信息素养、教学理念、教学设计能力和课堂管理能力都提出了很高的要求，面对这种挑战，广大教师迫切需要相关培训，需要进修学习，但是很多学校在教师职业成长方面的投入过低，造成师资培养方面输入与输出的不平衡，用俗话说，既要羊儿跑，又要羊儿不吃草，这是一组明显的矛盾。王海啸（2009）通过对全国200多所高校进行调查分析后发现，"如果按照目前的进修比例，每名教师必须要等10到100年才能获得一次进修机会"。在职称方面，大学英语教师中的教授比例仅为3.3%，讲师及以下职称的教师却占了74.1%。可见，在教师发展方面，输入与输出的矛盾十分严重，非常不利于系统平衡的重构。

2）教育教学过程方面，存在输入与输出的失衡。现代信息技术广泛应用于大学英语教学的一大优势就是，计算机网络教学可以给学生提供大量的真实语料的输入，同时借助教学软件，实现人机口语输出练习。但是由于自主学习中心的环境因素，加之很多中国学生具有内向型学习习惯，学生真正进行英语输出练习的语言实践很少。在课堂口语面授过程中，由于班级人数的原因以及课时的相对减少，学生输出性语言训练相对于输入来说要少很多。在综合英语或精读课上，对写作的训练往往被认为是浪费时间，通常以作业的形式布置给学生。由于每位英语教师要面对数以百计的学生，因此作文的批改量有限，学生的写作能力也没能加强。有一个好的趋势是，现在有一些作文批改软件开始进入英语教学，能在一定程度上缓解作文批改的压力，但是，这方面的软件还只能做一些初级的作文评估，难以完全代替教师的批阅。总之，现代信息技术的使用可望缓解输入性技能培养和输出性技能培养之间的失衡，但从目前来说，这种失衡依然存在。

3）从服务社会的角度来看，课堂教学还存在输入与输出的失衡，即大学英语课堂教学培养的学生英语能力与他们作为系统输出的教学成果而服务社会的能力不一致。也就是说，在历时两年的大学英语教学中，通过各种教学活动输入给学生的英语能力肯定有所加强，但是现代信息技术在大学英语教学中的使用，还没有解决大学 4 年英语学习不断线的问题，没能为后两年的英语自主学习提供支持，导致学生在毕业的时候，英语水平大打折扣，服务社会的能力减弱，社会又将责任归咎到英语教学身上。

以上 3 个方面的输入与输出失衡，共同作用，影响着大学英语课堂生态的总体平衡，导致系统出现各种不平衡状况。

5.2 信息技术的应用与系统局部的失衡

本节将运用生态学相关概念和理论，如限制因子理论、生态位理论、最适密度原则、花盆效应、活水效应、整体效应等（参见 2.1.3），阐释现代信息技术的应用导致大学英语课堂生态局部失衡的机理。

5.2.1 限制因子理论对失衡的诠释

生态学认为，当一个或相关几个生态因子接近或超过某种生物的耐受性极限而影响甚至阻止生物生存、生长、繁殖、扩散和分布时，这些因子就成为限制因子。每种生物对每个不同的生态因子都具有不同的耐受性极限，包括耐受上限和耐受下限。接近耐受上限或下限的较窄区域被称为耐受区，两个耐受区之间有一个最适区，两个耐受区的两端存在两个不能耐受区。最适区是最适合生物生存和生长的地方，而耐受区则会在一定程度上限制生物的生存和生长，在不能耐受区，生物的生长就会停止。因此，当生物进入耐受区其至不能耐受区，则该生物与该生态因子之间的关系就会出现失谐状况，导致系统内部局部失衡。

教育生态学不论是研究个体生态，或是群体生态，不论是教育生态里的小系统，或是大系统，限制因子都是客观存在的。（吴鼎福、诸文蔚，2000：158）就大学英语课堂生态来说，内部存在很多生态因子，包括课前生成的环境、课中生成的环境和课后生成的环境，而且每个生态因子都可能成为限制因子。课堂中的环境因子都对课堂生态主体产生影响，但因子间的相互作用整体上趋向稳定。然而，如果某一个或几个生态因子在量上突然发生大的改变，或者变得太多，或者变得太少，即接近耐受上限或耐受下限，课堂生态主体与该因子之间的关系就会失谐，系统局部就会失衡。

在信息化教学改革进程中，大学英语课堂生态中应用的现代信息技术大量增加，其影响也显著增大。拿上网学习时间为例，有些学校规定每周必须上网自主学习两小时,主要完成预习和复习的任务,学生觉得可以接受,基本都遵照执行。但是也有学校在改革之初下猛药,要求学生每周上网自主学习4小时甚至6小时,由此引起了学生的抗议或抵抗,原因有以下两点:①他们觉得功课太紧,抽不出那么多时间。②他们觉得网上学习的内容并不需要那么长时间,其他自由的学习内容就不应该规定时长。在这种情况下,网络学习就演变为系统的限制因子,严重影响了学生学习的积极性和师生关系。多媒体课件的使用也是这样,要适度。当今课堂,从不使用多媒体课件的老师是很难被学生认可的,而过多使用课件的老师同样会遭到学生的反对,因为学生需要消化吸收的时间,太多的信息他们难以接受。在网络资源上,有些学校非常重视网络自主学习,花了大量经费买了一个又一个教学资源库,为学生服务。而对学生来说,面对汪洋大海般的信息资源时,他们反而无所适从,不知该学什么。所以资源也不是越多越好,选择的自由度也不是越大越好。现代信息技术并不是万能的钥匙,更不是越多越好,而是需要教师酌情合理适量地使用,要在学生发展最适区里使用,不要超过他们的耐受限度,否则就会导致生态关系的失谐和课堂生态局部失衡。教师也是如此,如果让一个参与网络教学的老师每周上网查看学生的学习记录,了解学生的学习情况,应该还是能做到的,但是如果让一位教师坚持每天上网查看这些记录,老师的执行力就会下降。为何?超出了他们的耐受限度,信息技术就变成了限制因子。

5.2.2 生态位理论对失衡的诠释

生态位是生态学上的重要术语,指的是种群或物种个体在生态系统中生存的时空位置和所具有的一定功能。教育生态学并没有将生态位的主体局限于种群或物种,而是认为教育生态系统中的各个组分都有各自的生态位,即各自的位置和功能。生态学认为,当两个或更多的物种共同分享一定的生态位空间时,就会出现生态位重叠,它们就不得不分享资源并产生竞争。某个物种在激烈的竞争中抢占的资源达不到自己的生境最小阈值时,就会完全被排挤掉或被迫发生生态位分离,这就是竞争排斥原理。

传统的大学英语课堂生态经过多年的稳定运行,基本处于一种相对平衡的状态,各系统因子也都具有相对稳定的地位和功能。教师作为课堂生态中的主体,主要担负着传道、授业、解惑的职责,是生态系统里的知识转化者和生产者,是信息的输出端,是课堂规则的制定者,享有权威的地位和学生的尊敬。学生是课堂生态中的学习主体，是信息的输入端，是知识的被动接受者，是课堂规则的执行人，是知识的消费者和分解者。教师和学生在生态系统中主要通过教和学的过程实行面对面的交互活动，以及信息和情感的交换。教师能够从学生那儿得到关于学习的反馈信息，并在教学中做出调整，学生能从老师那儿得到学业指导和感受情感态度。教材是信息的载体，是知识的媒介，是教师教学内容的中心，是学生知识的主要来源。师生教学活动常以教材为中心，师生各执一本在手，完成教与学的活动。教学方法以语法翻译法课堂讲授为主，教学手段有黑板、粉笔、幻灯片和收录机等，座位布局基本都是传统的横排方式。在传统课堂生态系统里，系统组分各司其职，相互作用，但互不侵权，维持着系统的动态平衡。

大学英语信息化教学改革以后，现代信息技术强势进入课堂教学这个开放系统，成为课堂生态系统内的主导生态因子，在课堂生态中占据了重要的生态位。异质的侵入自然挤占了其他生态因子的生态位，出现了生态位重叠，导致生态因子之间的竞争与排斥，引起了系统内各组分之间的关系失谐，最后导致系统出现失衡状况。

现代信息技术的应用，导致了哪些生态位重叠呢？

1）和教材的生态位重叠。计算机、网络、多媒体等现代信息技术的应用不仅提供了更加快捷的信息传输通道，而且本身也是功能强大的信息载体，在信息承载和传输速度上都大大优于纸质教材，因此传统纸质教材的位置和功能被严重挤占。

2）和教师生态位的重叠。教师一直都是学生学习知识的源泉，网络教学被采用以后，学生知识的来源得以大幅拓宽，教师的功能遭到削弱，地位的重要性有所下降。以前弄不懂的东西得找老师，现在弄不懂的东西通常只需上网搜索即可。信息技术与教材、教师的生态位重叠又导致了教师教学方式和学生学习方式的变化，同时也降低了教的重要性，抬高了学的重要性，传统的教学方法和理念、师生的传统角色等都因为竞争排斥的原因被迫发生生态位分离，也就是功能发生改变。以前教师是权威的讲授者，而现在只是助学者；以前以教师为中心，现在以学生为中心；以前以"教"为中心，现在以"学"为中心，各生态因子的角色功能都在发生改变。虽然这些改变是一种向好的趋势，但毕竟出现了系统的不平衡特征。

3）信息技术还挤占了师生信息和情感交流的通道。一方面，有些信息技术的使用，如电子邮件等，能够增加师生之间的联系，然而赛博空间的联系不同于真实世界的联系，更不能代替之。另一方面，信息技术的使用大大减少了师生之间面对面的交往。换句话说,学生与计算机网络的交互挤占了学生与老师的直接交互,这也是一种生态位重叠。

现代网络技术和多媒体技术给教学提供了丰富的教学资源,容易造成师生生态位的特化。不管是教师需要教学素材也好,还是学生需要完成一篇作文也好,他们往往会直接到网络上搜索,这种生态位特化现象大大减弱了他们自己思考、想象的能力和在资源缺乏时自己解决问题的能力。以上生态位上的重叠都会引发生态因子位置和功能的改变,而这些改变的过程就是系统不稳定的过程,是系统失去平衡的表征。

5.2.3 最适密度原则对失衡的诠释

在自然界里,任何物种的个体都难以单一地生存于地球上,一般都会在某一时期与同种及其他种类的许多个体联系成一个相互依赖、相互制约的群体才能生存。但是,种群密度太低或太高都会对种群的增长起着限制作用,只有在一定的条件下,当种群密度(数量)处于适度大小时,种群的增长最快。这条规律被称作最适密度原则,又称阿里氏原则。

人类社会中也有这种现象。喜欢看电影的人都有一种感觉,就是情愿花点钱到电影院里和别人一起看,而不愿一个人呆在家里免费欣赏,如果问为什么?他们会说家里没气氛,电影院人多,有气氛。但是如果电影院太大,而且人山人海,他们就不乐意去了。这说明凡事都要"适度"为好。作为一名老师,如果比较一下分别面对1名学生、20名学生和100名学生上课的感觉,老师一般会选择20个学生上课,学生可能也有同样的感觉,这说明班级的大小也有一个"适度"的问题。

现代信息技术应用于大学英语课堂之后,引起了教学模式的改变,越来越多的老师开始由传统的、以教师为中心的讲授型课堂转变为以学生为中心、以知识建构为目的的建构型课堂或共建型课堂,课堂内的师生交互活动和生生交互活动大大增加。然而,教学模式改变了,但班级还维持了原来讲授型课堂的规模,人多了,不利于开展课堂口语练习活动,影响了学生的积极性和课堂教学的效果。笔者的学校在改革之初,迫于师资紧缺的压力,口语课和综合英语课学生数都为40人左右,结果导致口语课的师生意见重重,后将综合英语课人数调高到50人左右,口语课人数调到30人左右,结果效果好多了。现在,随着网络教学的深入,我们口语班级人数降到了25人左右,效果更佳。这就说明,班级的大小很重要,学生学习也有一个最适密度问题。如果密度过大或过小,都会影响学生的学习动机和效果。到底多大班级最好?这得取决于所学课程的性质以及学习课程的学生的情况,一般输入性技能课型班级可以大些,输出型技能课型班级最好小点。此外,伴随着这次信息化大学英语教学改革,全国高校普遍采用分级分类的教学方法,即把学生按照英语水平的高低分成几个不同起点的级别分别组织教学,把具有不同兴趣的同学分到不同类别的课程班学习,但是在这个分级分类过程中也有一个密度问题,怎样根据课型特征和学生特点找到最佳的密度值,按照合适的比例进行分级分类教学,是一个很重要的问题。反之,如果不合理考虑密度问题,过高估计现代信息技术的效用,班级变大,课堂教学就会出现状况,课堂生态就会出现一定程度的失衡。

5.2.4 花盆效应对失衡的诠释

喜欢养花弄草的人可能都有过这样一种经历:如果在野外发现了一种特别钟意的花草,我们就特别想将它移植到自己家里的花盆里,每天侍弄、观赏。这些花草虽然离开了大自然,但是由于养护人的精心照料,一般都会长势良好。但是好景不长,一般过不了太久,这些花草就会凋谢枯萎。究其原因,是因为在精心养护的过程中,这些花草在花盆这个小生境里快乐生长的时候,它们自身对环境因子的适应阈值逐渐下降,生态幅变窄,生态位下降,也就是功能减弱。这种现象就叫花盆效应,也叫局部生境效应。在日常生活中,我们常常听人说,某某人在环境优美的加拿大或澳大利亚留学了1年,结果一回到国内就感冒发烧,这虽然带有些许调侃之意,但在一定意义上也是一种花盆效应。

在教育领域也有这种效应。我们的中小学生从背上书包的那天起,就有爸爸、妈妈、爷爷、奶奶接送,到了学校,老师为学生制订好了所有的学习计划,学生只用跟着老师的步骤亦步亦趋就行了,回到家里,完成老师布置的作业,有爸爸、妈妈检查。他们平时有点什么差错,也会有老师和父母马上指出来。这种培养环境就相当于一个花盆,和真实的社会环境完全不同,学生在这种环境下快乐成长的同时,自身对环境因子的适应阈值逐渐下降,生态幅变窄,生态位下降。也就是说,他们的适应能力越来越弱,自我计划、自我监控、自我管理的能力越来越弱。当这样的学生来到大学,在学习大学英语课程的时候,由于大量采用现代信息技术,提倡网络自主学习,他们被赋予了很大的学习自主权。但是很多在"花盆"中成长的学生在面对这种自由时,一下变得不知所措,他们缺乏自我规划的能力和习惯,缺乏自我控制的能力和习惯，缺乏自我评估的能力等等，很难适应新的环境和情况。有些学生还坚持过去的习惯不愿改变，对教师角色的改变、教学方法的改变、教学环境的改变都持不理解、不接受的态度，形成了课堂生态中各种失谐的关系。

对于老师来说，过去上课前都要认真备课，包括上课的思路、典型的句型、经典的例句等，都要熟记于心，才敢走进教室。现在有了多媒体课件，一切都图文并茂地存储在U盘里，需要展示的时候，插进电脑打开就行了，所以有些老师也不像以前那样认真地"背课"了，上课时就跟着课件走。这种老师也是"花盆"中的教师，一旦遇到偶发事件停电之类，就会不知所措，失去了一个老师应有的应变能力。事实上，这种故事确实时有耳闻。这也是现代信息技术课堂上带来的负面效应之一，当然，出现这种情况的根本原因还在于老师对多媒体的认识上。

5.2.5 活水效应对失衡的诠释

一个开放的生态系统会与系统外部环境不断进行物质和能量交换，从而带动系统内部因子的优化以及整个系统的良性运转，宛如一潭池水，如果不断有活水注入，就会生机盎然。这种因为生态因子的不断优化或物质能量的不断输入而使生态系统保持动态平衡的现象，称为活水效应。相反，如果这潭池水没有活水的不断注入，那就成了一潭死水，由于缺乏与外界的物质和能量交换，系统缺乏运行的动力，很快就会崩溃。

信息化改革之前的大学英语课堂生态，很少有"活水"注入，系统接近于一种死的平衡，虽然比较稳定，但生态系统的生产力开始下滑。2004年的大学英语信息化改革，宛如给这个沉寂的系统注入了一股"活水"，如果这股"活水"能够带动其他生态因子一起优化，则系统会进入一个新的动态平衡状态。但是由于系统的惯性和惰性，各生态因子的联动效应不够。如果其他因子需要优化，也必须有来自外部的新"活水"的注入，比如教师，他必须从与外部的联系中了解和理解新的教学理念，学习新的信息技术知识，适应新的教学生态环境等。对学生来说，他们也必须从外部的环境中获取新的知识来更新自己的观念，改变自己的学习习惯和方式。但是遗憾的是，大学英语课堂生态系统中注入的"活水"不够，没有出现很大的活水效应，相反，由于传统力量的抵触，还出现了几组矛盾：系统的新要求与传统的教学观念之间的矛盾，系统的新要求与传统的学习理念之间的矛盾，系统的新要求与落伍的师生信息素养之间的矛盾等等，致使系统进入一种失衡的状态。重新反思一下没有出现活水效应的原因,可以发现,真正的活水应该是系统与外部环境连续不断的物质和能量交换,而不是一次性的投入。在这个意义上讲,现代信息技术的使用并不是给系统注入活水,而是朝水池中扔了一个大石头,虽激起了很大的波浪,造成了系统的动荡,但如果其他系统因子不随之改变,系统会很快归于平静,起不到预期的活水效应。

5.2.6 整体效应对失衡的诠释

生态系统中的整体效应和空气动力学里的蝴蝶效应有些相似。蝴蝶效应的一个常见解释是:"一只南美洲亚马逊河流域热带雨林中的蝴蝶,偶尔扇动几下翅膀,可以在两周以后引起美国德克萨斯州的一场龙卷风。"其原因就是蝴蝶扇动翅膀的运动,导致其身边的空气系统发生变化,并产生微弱的气流,而微弱气流的产生又会引起四周空气或其他系统产生相应的变化,由此引起一个连锁反应,最终导致其他系统的极大变化。整体效应与之有些类似,指的是生态系统各组分在质和量上的变化以及相互作用的过程中对本系统或更高层级系统所产生的放大效应。整体效应也有连锁性和放大性两个特点,但其放大性体现在组分构成系统的时候,也就是子系统构成更高层次的系统时。

本研究认为,促成这场基于信息化的大学英语教学改革的原动力就是来自教育系统的整体效应。我们都知道,这是场自上而下的改革,是国家教育主管部门先下定决心推行的。是什么促使他们下了这个决心?从整体效应的角度看,最初的动力很有可能只是来自社会上一个普通人士对高校英语教育的抱怨。有了一个抱怨,然后有了第二个抱怨,汇集起来,成了一群人的声音,效应放大,再传到一个更高层级的管理人群中,整体效应继续放大,最后成了一个上至总理下至老百姓共同关心的问题,整体效应再次放大,最终促成改革。这次改革的力度很大,选择现代信息技术为突破口,大力推广使用,意图对外语教学大破大立,希望能在一个远离平衡区建立新的耗散结构。但是改革推行以后遇到一些传统力量的抵抗,这些传统的声音汇集起来,产生放大效应,传到上一层管理者耳中,然后继续放大,最后传到更高的决策者耳中。如果最后的决策者考虑现实情况,决定稳字当头,稍向传统力量妥协,系统就被拉回到线性区域。由于现代信息技术对系统造成的巨大扰动,系统虽已回到线性区域,但却仍然处于较大的震荡之中,处于非平衡态。

整体效应还体现为连锁反应。现代信息技术在课堂中的使用,也带来了连锁反应，引起了系统内部各种关系的失谐，具体体现为各种相互关联的矛盾。现代信息技术的使用支持和提倡交互式课堂教学，这与传统的讲授式课堂教学相矛盾；讲授式课堂教学主要以教师和教材为信息来源，这与现代信息技术的媒介功能相矛盾；信息技术的信息传递和媒介功能支持和提倡学生的网络自主学习，这与学生的传统听课习惯相矛盾；学生的传统听课习惯与一些锐意改革教师的教学理念和教学行为又构成了矛盾；锐意改革的教师原有的信息水平与网络教学新要求之间又存在矛盾；网络教育新要求与传统教材、传统的评估方式形成矛盾；新的形成性评价的需求与早期的网络教学软件功能不全又形成了矛盾；网络教学软件的不足与学生的网络学习自主性不高形成矛盾；学习自主性不高与教学管理规章制度不完善之间又构成一组矛盾；规章制度的合理性与师生教改情绪之间也存在矛盾，等等。这些相互关联的矛盾相互作用，使矛盾变得更加突出，致使系统处于一种失衡状态。追根溯源，这一切都是现代信息技术的应用所带来的整体效应。

5.3 本章小结

以计算机、网络为核心的现代信息技术与大学英语课堂教学整合后，给传统的大学英语课堂生态带来了强烈的扰动，造成课堂生态系统中各组分的构成比重失调、交互关系失谐以及系统自组织功能减弱。以耗散结构论的观点探究其原因，发现现代信息技术的使用未能促使系统最终在远离平衡区形成耗散结构；以协同论和突变论的观点看，现代信息技术的使用未能牵引系统各组分同向运动，形成足够的协同作用，帮助系统实现突变后重新构建平衡；从信息论的观点分析，现代信息技术的使用反而致使系统某些环节的信息流通不畅，导致系统失谐；从系统运行过程看，现代信息技术的使用造成了一些输入与输出上的失衡，致使系统处于非平衡态。运用教育生态学的一些原理，如限制因子理论、生态位理论、最适密度原则、花盆效应、活水效应、整体效应等，从不同角度阐释了现代信息技术的应用造成大学英语课堂生态局部失衡的机理。这些分析都是在第2章所述的原理基础上对第3章所描述的失衡现象做出的理论探讨，为构建大学英语生态课堂提供了重要的解题思路。

第 6 章　信息化语境下大学英语课堂生态的重构

在一个相对平衡的生态系统中，物种能够达到最高和最适量，物种之间彼此适应、相互制约，各自在系统中进行正常的生长发育。正因如此，生物多样性丰富、结构复杂、生物量最大、环境的生产潜力得以充分发挥，这些正是衡量生态平衡的指标。课堂生态是一个人工生态系统，与自然生态略有差异，但是当它处于平衡态时，也同样具有类似的特征：课堂生态因子之间相互作用、相互制约，且能充分发挥效能；课堂学生数达到最大最适量，并能保持多样性、个性化发展；教师也同时得到专业发展，并反哺教学，形成师生共生的良性循环。然而当前，信息化语境下的大学英语课堂生态，由于种种原因，还处于非平衡态，系统结构还不够合理，系统功能未能得以充分发挥，育人功能没有得到充分释放。如何重构大学英语课堂生态的平衡？这是当前摆在外语教育工作者面前亟待解决的问题。

本章将首先阐明重构大学英语课堂生态的前提条件，然后运用生态学、系统科学和教育学的相关理论，从重构原则、重构路径和实践策略 3 个层面，探讨如何通过信息技术与外语教学的有机整合，重构大学英语课堂生态，构建大学英语生态课堂。

6.1　重构前提

重构大学英语课堂生态，必须坚持以信息化为语境并正确认识现代信息技术的生态位。

前文已经客观描述了现代信息技术的广泛应用给传统的大学英语课堂生态造成的扰动和失衡（参见第 4 章），并从生态的视角系统地剖析了课堂生态失衡的发生机理（参见第 5 章）。那么，如何重构大学英语课堂生态？理论上说，要重构课堂生态的平衡，有 3 条路可走：①在外语教学中完全摒弃现代信息技术，让课堂生态重回原初的平衡态；②利用系统的自组织能力和反馈调节，逐渐实现系统的自然平衡；③通过积极主动的外力介入（即主动调节），帮助系统重构信息化语境下的课堂生态平衡。然而，理性分析下的出路只有一条，那就是积极主动地介入课堂生态平衡的重构。

第一条路是典型的因噎废食，是一种消极的、倒退的做法，没有考虑到信息技术应用的必要性、重要性和不可逆性。信息技术在外语教学中的应用，既是科技迅猛发展所带来的良好机遇和必然结果，也是我国教育现代化、教育信息化的客观要求。而且，事物的发展存在时间的单向性，随着时间的流逝，事物的变迁，即便不使用现代信息技术，真正回到从前的状况也是不可能的，更何况信息技术在大学英语课堂中的使用已经给系统其他因子如教师、学生等观念、期待、动机、情感带来了影响，给系统造成了极大的扰动，所以，现代信息技术的应用是一个不可逆的过程，明智的做法就是正视它的存在和影响，以动态、发展的眼光，积极主动、科学合理地运用信息技术，坚定不移地推进外语教学信息化。

第二条路对自然生态来说是一个较好的选择，但对教育生态来说，时间成本较大，尤其是一个受到剧烈扰动的生态系统，如果完全依靠自我调节恢复到初始的稳定状态，那将是一个漫长的演变过程，甚至难以实现，因为生态系统的自动调节能力具有一定的限度，即生态阈值。如果外来的冲击超越了系统的生态阈值，自动调节能力则会降低甚至消失，生态平衡难以恢复。对于课堂生态等人工生态系统而言，积极合理的干预和调节才是明智的选择。因此，解决课堂生态失衡问题必须以继续应用现代信息技术为基本前提，借助信息技术的牵引力，在远离系统平衡态的区域建立有序结构，即耗散结构，或者采取一定的方法和策略，帮助系统在临近平衡区域构建新的平衡，完成系统的阶段性演化。

坚持在信息化语境下重构大学英语课堂生态，必须正确认识现代信息技术在外语教学中的重要地位和引领作用。随着现代信息技术自身的迅猛发展及其在教育领域应用的逐渐深入，信息技术所扮演的角色已悄然改变。在发达国家，信息技术教育应用大体经历了3个发展阶段，即始于20世纪60年代初期的计算机辅助教学阶段（CAI）、始于20世纪80年代中期的计算机辅助学习阶段（CAL）和始于20世纪90年代中期的信息技术与课程整合阶段（IITC）。（何克抗，2005）信息技术环境下学与教的方式也相应发生了演变，以教师为中心的教学逐渐向以学生为中心的教学过渡，信息技术的角色也从作为演示和个别辅导的工具转变为信息加工、协作和交流、认知和探索的工具，混合式学习成为重要的教学模式，情境的创设成为支持有效学习的手段，生态教学观逐渐成为信息化教育新理念。（王晓莉，2009）如今，早期的计算机辅助教学已完全被信息技术教育所取代，信息技术也从辅助教学的角色逐渐演变为主导和引领教学的角色。陈坚林（2005，2006）认为，计算机等现代信息技术已经不仅仅是教与学的辅助工具，而是已经从辅助走向主导，成为外语课程中必不可少的有机组成部分，计算机辅助教学模式也将演变成信息技术主导教学模式。胡加圣（2010）认为，从工具论的视角看，信息技术承担了教师的教学工具和学生的认知工具角色；从生存论的视角看，师生信息技术素养关涉到信息时代的教师何以为师的职业生涯状态及学生何以为学的自我存在方式；从媒介论的视角看，信息技术既是教材呈现的主要方式之一，也是学生不得不掌握的专业知识的一部分；从教育哲学的高度来看，信息技术是构成现代外语教学的主要媒介、工具和方法论。在外语课堂生态中，信息技术已深深渗透到教师、学生、环境等生态主体和环境因子之中，影响和制约着各生态因子之间的交互以及系统的运行状态。在重构课堂生态的过程中，我们一定要准确理解现代信息技术的生态位，减少课堂生态因子之间的生态位重叠，缓解因生态位重叠所带来的激烈的竞争排斥关系。

6.2 重构原则

所谓原则，就是说话、行事所依据的准则。好的原则能够正确地反映事物的客观规律，一般都具有高度概括性和不言自明性，能引导和规范人们的思想和行为，对人们观察问题和处理问题具有指导意义。本研究认为，重构大学英语课堂生态，需要在思想和行动上遵循生态性原则、系统性原则、人本性原则和有效性原则。

6.2.1 生态性原则

生态性原则主要指以生态的视角为研究路向，以生态学研究方法为主要手段，以生态学理论为主要依据，以生态化为价值取向，观察、分析和解决课堂生态失衡问题。

就大学英语课堂生态的重构而言，坚持生态性原则应注意以下几点：

1）要坚持以生态的视角来认识课堂及课堂教学的本质，观察、发现和分析课堂教学中所出现的问题。从传统教育学的视角来看，课堂就是进行各种教学活动的场所，课堂教学就是教师在课堂上传授知识的过程，课堂教学问题就是影响教学效果的方方面面的问题。然而，从生态的视角看，课堂从本质上是一个微观生态系统，课堂教学就是生态系统通过各生态因子之间的交互而实现能量流动和信息传递的过程。课堂教学问题实质上是课堂生态系统结构和功能上的问题，包括结构上的失衡和功能上的失调等。要重构信息化语境下的大学英语课堂生态，就必须从生态的视角认证课堂的身份，认识课堂的生态性，主动发现课堂生态系统中所出现的各种问题，分析课堂生态系统之所以出现失调和失衡的原因，因病施治，对症下药。

2）以生态学研究方法为主要手段。生态学作为研究生物与环境之间相互关系的一门学科，经过100多年的发展，已经形成了本学科的研究方法，主要包括原地观测、受控实验和综合分析。现代生态学在突破传统的自然科学界限并向人文社科领域拓展之后，在方法上也更加注重层次性、整体性、系统性和协同性。运用生态学研究方法探究教育问题，是教育生态学的研究范畴。作为跨越教育学和生态学两个领域的一门独立学科，教育生态学借鉴了这两门学科的研究方法，并在吸收系统科学研究成果的基础上有所发展，主要路径是通过类比的方式将生态学研究方法移植到对教育问题和教育生态的研究中，坚持跨学科研究，融会贯通系统论、协同论、耗散结构论等系统科学的研究方法和生态学的方法技巧，坚持从整体、分层、系统、协同等多维度研究教育生态（参见2.1.4）。吴鼎福、诸文蔚（2000：6）认为，研究教育的微观生态，有时也运用现代科学技术手段，采用精确的定量分析和实验，对教育系统的细小部分进行详细的研究；研究教育生态系统，要把握系统的全部基本要素及其动态情况，抽样调查法、统计学方法、类比法、观察实验等方法都可以采用。研究大学英语课堂生态，可以运用课堂观察、教学实验和综合分析的方法，融会贯通生态学、系统科学和教育学的相关理论，研究大学英语课堂生态系统中各组分的结构和功能，研究它们之间的相互关系、它们与系统整体的关系以及系统整体与外围环境之间的关系，发现和分析课堂生态系统结构和功能上的失调与失衡（参见第4章），探究失调和失衡的原因（参见第5章），找出应对策略，重构和谐共生的外语课堂生态。

3）生态学理论在大学英语课堂生态研究中的具体运用。近年来，由于现代信息技术的大量介入，传统的大学英语课堂生态出现了一些结构上的失衡，包括系统组分构成比重的失衡、系统组分之间交互关系的失谐以及系统内部营养结构的失衡。

在功能上，大学英语课堂生态也出现了失调状况，包括结构优化功能衰减、关系调谐功能减弱、演化促进功能退化和生态育人功能降低等问题。要解决好这些问题，重构大学英语课堂生态，必须坚持灵活地运用生态学的相关理论，如限制因子理论、生态位理论、生态链法则、最适密度原则和花盆效应等等（参见2.1.3），本着适度调控、整体优化、平衡和谐、良性循环、互动共进、差异多样等原则，构建信息化语境下的大学英语课堂生态。

4）以生态化为课堂教学的价值取向，也就是以构建生态课堂为目标。李森等（2011：68）认为，生态化的课堂教学所追求的目标境界是：课堂教学不仅要关注学生的认知过程，关注知识传授，还要关注学生的情感、态度以及价值观，更要关注学生的成长过程和学生的全面发展，为学生的发展提供一个和谐自由的环境，实现教育的生命价值。除了对学生全面、个性、自由发展的高度关注外，生态化的课堂还关注教师的专业发展，与学生的全面发展形成良性互动。就大学英语课堂生态而言，实现生态化就是要对异化的课堂进行生态化改造，重构课堂生态平衡，创建大学英语生态课堂。如前所述（见3.2.1），生态课堂是一种理想化的、教学成效最佳的课堂，是课堂的一种应然状态。刘贵华等（2011）认为，生态课堂指为了实现师生持续发展，在生态理念指导下建立的整体关联和动态平衡的课堂形态。生态课堂观认为，生态课堂是一个联系的课堂、发展的课堂、和谐的课堂、共生的课堂。（管月飞，2007：10）生态课堂的内涵包括课堂中和谐平衡的环境生态、文化生态、行为生态、心理生态、关系生态等，更具体地说，生态课堂追求和谐共生的生态课堂环境，民主平等的生态师生关系，互动对话的生态课堂交往，动态发展的多元评价机制。本质上说，生态课堂是一种内外关系和谐的、利于师生共同成长的课堂生态。构建生态课堂，可以立足于对现有课堂的生态进行考察、分析，帮助低层次的、欠和谐的、失衡的课堂生态系统演化为高层次的、和谐的、平衡的课堂生态系统。

6.2.2　系统性原则

系统性原则主要是指坚持从系统的视角、运用系统论观点和方法研究问题。

20世纪70年代以来，生态系统成了生态学研究的重点和方向。随着教育生态学的发展，教育生态系统及其失衡与平衡问题也随之逐渐成为教育生态学研究的中心课题。基于对教育生态系统复杂性的认识，人们提出将复杂科学的原理和方法引入到教育系统的研究中，包括系统论、信息论、协同论、耗散结构论等等。大学英语课堂生态虽然只是一个微观教育生态,但仍具有系统的复杂性,包括复杂的结构关系、交互关系和动态平衡性。大学英语信息化教学改革的过程也是一个复杂的过程,很多因素难以控制,虽然在改革之前已经充分考虑到各种因素及其影响,然而,改革过程中依然会不可避免地存在一些事先没有考虑到的因素或者出现一些新的意料之外的情况,比如主管部门政策的改变、调整或重新解释,主管领导的离任或调岗,关于改革成效的反馈信息不理想等等,因此需要在复杂理论的指导下运用系统分析的方法进行研究。鉴于此,重构信息化语境下的大学英语课堂生态,必须坚持系统性原则。

坚持系统性原则,就是运用系统科学相关理论和方法研究课堂生态,解释课堂生态失衡的机理,探寻和谐共生的课堂生态的构建策略。系统科学相关理论主要包括系统论、信息论、控制论等"老三论"和耗散结构论、协同论、突变论等"新三论",系统研究方法主要是指"分析+综合"的研究范式,把分析和综合辩证地结合起来,既对系统的组分、结构、功能、关联等予以分析,又对它们进行综合的系统考察。系统研究要坚持动态的观点,把系统放到动态的运动中去把握,从中找出系统的动态规律,在动态中协调整体与部分的关系,使部分的功能和目标服从于系统总体的最佳目标,以达到整体最优。系统研究要坚持全局的观点,从全局看局部,研究局部与局部之间的关系、局部与全局之间的关系、系统与环境之间的关系,而不是机械地、孤立地对课堂生态复杂性进行分析研究。系统研究要坚持联动的观点,系统内部诸要素之间相互作用、相互影响,任何一个组分的变化都会对别的组分带来联动效应,从而影响到各要素之间的相互关系甚至系统整体的平衡。

坚持系统性原则,尤其应该体现在对以下问题的探讨中:如何优化或重构大学英语课堂生态结构?如何调谐课堂生态中各生态因子之间的关系?如何利用反馈信息调节课堂生态系统的平衡?如何运用最优控制理论实现课堂生态的最优化?如何运用自适应控制理论来预测和预防课堂生态系统的失衡?如何利用外界条件的改善,比如现代信息技术的应用,促使系统失衡而发生突变,从而建立新的稳定结构或耗散结构?等等。

6.2.3 人本性原则

人本性原则就是坚持以人为本。我们在重构大学英语课堂生态的过程中,必须坚持以人为本,具体地说,就是以学生为中心,建立和谐的师生关系,实现师生共生的价值追求。

以人为本是人本主义教育思想的核心内容。人本主义教育思想古已有之，中国古代传统的儒家"人本"教育思想承认人的高贵，肯定人的价值，认可人的潜力，重视人的个性。他们认为，教育的功能就在于帮助人们发现自己的高贵，认识自己的价值，发挥自己的潜能，发展自己的个性，实现自己的价值。（刘长江，2008a）20世纪五六十年代，美国兴起人本主义教育思潮，崇尚心智潜能的自由运用和个性和谐发展的教育理念，肯定人的价值和尊严，认为教育的目标就是促使人的潜能得以实现。根据人本主义思想，每个人都有各自的价值，都有不同的潜能，都有差异化的个性。教育的过程，就是帮助每个人发现人的价值、发挥人的潜能、发展人的个性、获得自我实现的过程。我国当代教育人本论的核心思想也是"以人为本"，以人性为本位，尊重、关心、理解、信任每一位学生，帮助学生发展个性、实现自我。不同历史时期的人本主义教育思想虽有所不同，但却具有一些共同的特征：①重视"全人"教育，以个体的全面发展为教育目的；②重视建设和谐的师生关系；③教学过程重视学生的主体作用。（赵同森，2006：4—5）

坚持以人为本，以学生为中心，首先要以培养"完整的人"为目标。罗杰斯认为，"完整的人"实际上是指躯体、心智、情感、精神等力量融会于一体的人，是一个知情合一的人，是一个能批判性自主学习、具有创新意识、主动适应周围环境和满足社会变革需要的有用人才。（吴立岗、夏惠贤，2001：141）要建立平衡和谐的大学英语课堂生态，就必须在课程的设计、教材的编写、教学方法和方式的选择、学习环境的构建、师生的相处、教学评价的实施等方面贯彻"全人"教育目标，既培养学生的交际能力（包括语法能力、社交能力和策略能力），还锻造学生的体魄和心智，培养学生积极、健康的情感和人格。

坚持以人为本，以学生为中心，就要确立学生在学习中的主体地位。教学过程中，应认识到学生在外语习得中的主体作用，承认和尊重他们在学习中的主体地位。建构主义学习观认为，学习不是教师把知识简单地传递给学生的过程，而是由学生自己建构知识的过程。学生不是简单被动地接收信息，而是主动地建构知识的意义，这种建构是无法由他人来代替的。（刘长江，2008a）因此，在构建生态外语课堂的过程中，教师应转变观念，创造条件，努力增强学生的主体意识，激发他们的主体积极性，让英语学习者有机会主动地选择自己的学习方式、学习环境、学习时间、学习地点、学习内容和学习速度。要相信学习者的能动性和创造性，帮助他们变被动学习为主动学习，变依赖性学习为自主性学习，变知识性学习为能力拓展，使他们最终学会学习，将已有的主体性发挥到更高的水平。我们常说，外语最终是学会的，而不是教会的，正如我们只能在游泳的过程中学会游泳一样。因此，教师应将学生置于语言学习活动的中心位置，课堂活动尽量围绕学生而开展，使学生成为班级的主人，课堂的主人，一切学习活动的主人。

坚持以人为本，以学生为中心，需要倡导个性化教学。生态平衡的一个重要特征是物种多样化、个性化发展，要重构生态课堂，也必须允许学生个性化、差异化发展。要充分利用现代信息技术的优势，大力开展大学英语个性化教学，促进学生自主学习和研究性学习。个性化教学内涵丰富：培养独特的、独立的、身心和谐统一的个体，是目的意义上的个性化教学；教师个性化教的过程和学生个性化学的过程是过程意义上的个性化教学；针对不同的个体采取个别化、差异化的教学方法、模式和手段，是手段意义上的个性化教学。（刘长江，2008a）本研究认为，个性化教学就是要充分考虑师生尤其是学生的个体差异和个性特征，以学习者为主体，以个性化、差异化的教学方法和手段，促进学习者个性化建构知识、发展能力和锻造品格，帮助他们最终获得自我实现。要合理整合现代信息技术与课堂教学，坚决改变传统的"以教师为中心"的各种做法；教师要摆脱传统课堂中权威者、全知者的角色定位，更好地利用现代信息技术，履行组织者、管理者、助学者的角色；教师要改变"一言堂"的知识灌输，要让学生积极参与到教学活动之中；教师要改变过去批量化、方阵式教育，改变过去求同去异、截长补短的做法，以便学生发挥各自的特长。

坚持以人为本，以学生为中心，还需努力建设和谐师生关系。人本主义教育思想的重要代表人物罗杰斯认为，建立和谐、融洽的师生关系，学生对学习就会产生安全感，并认识自身价值，增强学习的信心，其创造潜能得以发挥，独立个性得以形成。（吴立岗、夏惠贤，2001：142）和谐的师生关系还有助于提升师生之间的信息传递和情感交流，不和谐的师生关系则会导致课堂生态系统的情绪失衡。在平衡和谐的课堂生态中，教师情绪饱满，乐观向上，而且能通过各种方法和手段调控自己和学生的情绪；学生则对学习充满信心，充满兴趣，学习主动性强，积极性高，课堂秩序好，并乐意配合教师完成各项课堂任务。因此，新的课堂生态平衡的构建必须以是否有利于构建和谐师生关系为重要考量之一。至于如何构建和谐的师生关系，将在后文详细叙述。

坚持以人为本，还须在以学生为中心的前提下，同时关注教师的发展。生命课堂观认为，课堂生活是师生人生中的一段重要构成部分，师生在课堂的教与学的过程中，既学习与生成知识，又获得和提高技能，最根本的还使师生生命价值得到体现，使课堂生活成为师生共同学习与探究知识、智慧展示与能力发展、情意交融与人性养育的殿堂，成为师生生命价值、人生意义得到充分体现与提升的快乐场所。（夏晋祥，2005）师生共生也是生态课堂的价值追求。教师在学生进步的同时能够获得愉悦的心境和专业的发展，教师专业能力的提升又能够进一步提高课堂教学质量，促进学生的健康成长，循此进入良性循环，实现师生共生。因此，在重构大学英语课堂生态的过程中，我们不仅要考虑到学生的成长，还应关注教师自身专业的发展，以便形成师生共生的局面：教师和学生在生态课堂中成为一种合作的关系，师生之间在教学活动中互相支持、互相依存，师生间、生生间可以实现交往与合作，达到教学相长、共同发展的目标。

6.2.4 有效性原则

有效性原则就是坚持有效教学（effective teaching），坚持以好的教学成效作为一切教学活动的目标指向和评价标准。在重构大学英语课堂生态的过程中，必须以追求好的教学成效为出发点，整合现代信息技术与外语教学，创建生态课堂，实现有效教学。

自有教学活动以来，人们就一直追求教学的有效性。孔子倡导启发式教学和因材施教，认为学生要"温故而知新"，"学而时习之"。苏格拉底倡导"产婆术"，即教师通过讽刺（连续巧问使学生陷入矛盾并承认无知）、助产（启发学生思考）、归纳和定义（帮助学生掌握明确的定义和概念）等步骤传授知识，这些都是对教学方法及其效果的关注。孔子非常注重培养弟子"告一隅而知三隅"、"闻一而知十"的能力。夸美纽斯创立班级教学制，都体现了对教学效率的追求，都是朴素的有效教学思想。作为概念化的教学理念，有效教学则源于20世纪上半叶西方的教学科学化运动，比较早的、系统的相关研究出现在20世纪六七十年代，我国则于20世纪80年代初期开始关注对有效教学的研究。当代中西方关于有效教学的研究主要聚焦于有效教学的概念、特征、分析范式、研究方法和评价标准。

有效教学的概念并不难理解，但定义很多，学界尚未形成统一的看法。陈晓端教授等（2005）通过对西方有效教学研究进行系统考察后发现，西方学者对有效教学的解释可以归纳为3种：①目标取向的定义。比如，有些学者认为，有效教学就是指学生在教师的指导下成功达成预定学习目标的教学。②技能取向的定义。比如，有学者认为，有效教学就是通过一系列可获得、可改进、可发展的教学技能来完成的教学。③成就取向的定义。比如，有学者认为，有效教学就是能够帮助学生提高学习成绩的教学。范蔚等（2010）将有效教学的定义归为3个不同的视角：①教育经济学的视角。比如，有学者认为，有效教学就是有效果、有效率、有效益的教学。②普通教育学的角度。比如，从教师的角度来讲，有效教学就意味着教师能够有效讲授、有效提问和有效激励；从学生的角度来讲，有效教学就是能够促进学生进步和发展的教学。③结构分析的角度，将有效教学分为表层（教学形态）、中层（教学思维）和深层（教学理念），认为有效教学是一个从理念到思维再到形态的动态转化过程。皮连生等（2011）认为，从科学取向的教学论来看，有效教学的理论必须明确回答3个问题：①带领学生去哪里？②怎样带领学生去那里？③怎样确信学生已经到达那里？这三个问题旨在确定教学目标、关注达到目标的过程和方法、评价追求目标的过程与方法是否有效以及目标是否达成。

本研究认为，简单一点理解，有效教学在目标上就是促进学生知识、能力、性格的健康发展，在过程上就是教师有效地教和学生有效地学，在结果上就是实现预期的教学目标和教学效益。大学英语信息化教学改革的出发点，正是要充分利用现代信息技术，提高大学英语教学成效，提升大学生英语实际应用能力、自主学习能力和跨文化交际能力，同时改变社会上对大学英语教学"费时低效"的指责。因此，基于信息化的大学英语教学改革从一开始就以有效教学为目标指向。在科学整合现代信息技术与外语教学、重构大学英语课堂生态的过程中，必须继续坚持有效性原则，始终以是否有利于教师有效地教和学生有效地学、是否达到预期教学效果为评判标准，调整课堂生态的结构，发挥生态课堂的功能，实现生态课堂的目标。这也正是有效教学最新的发展趋势——生态化取向。姚梅林等（2003）认为，学习理论从行为取向到认知取向再到情境取向的变革，使有效教学呈现出相应的发展趋势：从为行为结果而教学的教师中心取向，到为认知建构而教学的学生中心取向，再发展到为情境性认知而教学的生态化取向。生态化取向的有效教学强调，有效教学应该统筹考虑学习者、教育者、教学内容与环境等各个要素,将学生的学习与发展置于开放性的、与外界不断互动的生态化的系统中来考虑。重构大学英语课堂生态的平衡,就是要以有效果、有效率、有效益为价值取向,调整改变教师、学生、环境等课堂生态系统内部结构各要素,协调发展课堂生态因子之间的交互,提高课堂生产力。

6.3 重构路径

路径即道路,指的是通向目的地的路线。本专著中所提到的重构路径指的是重构大学英语课堂生态平衡的思路和方法,具体地说,就是通过发挥信息技术作为主导因子的引领作用、控制课堂生态中的限制因子、调整课堂生态因子的生态位、引导系统各组分同步协变、规避课堂环境构建中的花盆效应、重塑互动对话的生态课堂交往、恢复信息化课堂的生态功能、保持课堂生态的活水效应等方法,优化课堂生态结构和功能,促进课堂生态的修复。

6.3.1 发挥信息技术作为主导因子的引领作用

信息技术对教育发展具有革命性影响,是推动教育模式演变的一个重要力量,必须予以高度重视。在大学英语信息化教学改革进程中,准确理解信息技术在课堂教学中的生态位,有助于充分发挥信息技术的引领作用,带动课堂生态中其他因子进行结构和功能调整,从而修复改革初期因信息技术的广泛应用而给课堂生态造成的失衡。

基于信息化的大学英语教学改革已推进了近 10 年,广大教育工作者对信息技术在外语教学中作为主导因子的重要地位也有了逐渐清晰的认识。许多学者(陈坚林,2005,2006;王晓莉,2009;胡加圣,2010)认为,计算机网络等信息技术在外语教学中的生态位理应随着改革的不断深入而发生改变,初期的辅助教学功能应该转变为引导教学改革的重要力量,并在很大程度上决定着教师教的方式以及学生学的方式,师生的信息素养也在很大程度上决定着其是否能够成为一名合格的教师或学生。信息技术已经不再是外语教学中若有若无的展示工具,而是教学中不可或缺的教学工具、认知工具和教学主客体的存在方式。信息技术的主导地位一旦确立,课堂生态中其他生态因子必然会随之而动,作为课堂生态主体的教师和学生就会为了追求教学成效和自身发展而主动转变教学观念,自觉提高信息素养,积极改变教学方式,主动调整课堂交互,作为课堂生态客体的课堂环境和气氛也会因应而变,课堂规章制度也会相应调整，原先失衡的课堂生态就会逐渐被修复。

1）要充分发挥信息技术的引领作用，必须在政策层面敢于大力推进大学英语教学信息化进程。10年前，教育部高等教育司清晰地认识到教育信息化的必然趋势以及大学英语教学改革的内外需求，制定了一系列相关政策，出台了一系列相关文件，采取了一系列相关举措，大力推进基于信息化的大学英语教学改革，打破了已经丧失生产活力的外语教学"死"平衡，给外语教学方方面面带来了很大改观；同时，也给课堂生态系统造成了巨大的扰动和失衡。在此情况下，如果继续大力推进信息化教学改革，采取相应举措，有望使课堂各要素因协同作用而形成合力，帮助课堂生态在远离平衡区域实现突变，并逐渐形成耗散结构，实现教学系统新的动态平衡。然而，由于一些主管领导对教改反馈信息尤其是系统失衡的过度解析，很多高校推进大学英语信息化教学改革的决心和力度大大减弱，信息技术难以发挥其引领作用，系统重回线性区域的失衡状态。需要指出的是，平衡是相对的，失衡是绝对的，失衡有程度之分，最低程度的失衡是孤立系统接近静态的平衡和开放系统在线性区域随着时间推移而获得的近平衡。中等程度的失衡是开放系统在外力作用下围绕线性区域出现的一定幅度的波动。较大程度的失衡是协同作用导致系统在接近临界点的区域形成最大的合力而发生突变的结果。本研究认为，在充分认识到信息技术对教育发展具有革命性影响的前提下，应该允许教学系统在一定阶段出现较大程度或者中等程度的失衡，然后通过信息技术的引领作用和外部力量的主动干预，实现系统新的平衡。

2）要充分发挥信息技术的引领作用，必须实现信息化教学的常态化和深层化。基于信息化的大学英语教学改革已经经历了近10个年头，然而有些高校仍然存在信息化教学的表演化和表层化倾向。表演化是基于动机的一种说法，其目的不是为了教学的有效性和生态化，而是源于形式主义，其原因是没有真正认识到信息技术的重要作用。表层化是基于技术应用的程度和层次而言的，其原因是工作推进的力度不够或方法欠妥。当前，外语教学信息化已经进入到一个发展和应用相对缓慢和集中反思的高原期。在新的改革时期，要实现外语教学信息化的可持续发展，就必须尽力推动信息化外语教学的常态化和深层化。常态化指信息技术教学应用的时空广泛性，深层化指信息技术与外语教学的有机整合。通过常态化和深层化地应用现代信息技术，促进信息化教学从粗放型发展模式向内涵式发展模式转换，使信息技术在外语教学理论、教育学理论以及教育技术理论背景下,通过与外语课程的整合过程,逐步渗透内化为外语教育技术,在课堂生态结构和功能调整过程中充分发挥引领作用,促进课堂生态的重构,提高外语教学的效果、效率和效益。

6.3.2 控制课堂生态中的限制因子

生态学中的耐受性定律认为,任何一个生态因子在数量上或质量上的不足或过多,即当其接近或达到某种生物的耐受限度时,都会影响甚至阻止该种生物的生存、生长、繁殖、扩散和分布,成为生态系统中的限制因子。在课堂生态中,各生态因子之间相互作用,既受系统内其他因子的影响,又反过来影响着其他因子,最终影响到课堂生态主体的成长。这种影响接近或达到课堂生态主体的耐受限度时,则演变成为限制因子,破坏着课堂生态的平衡与和谐。要重构外语课堂生态平衡,就必须控制课堂生态中的限制因子。

要控制课堂生态中的限制因子,必须辨识诸多生态因子中谁是真正的限制因子。如何甄别?必须进行有意识的观察,观察之前要增强如下意识:①每个生态因子都可能演变成为限制因子。②限制因子有别于一般的影响因子,其影响已经接近或达到课堂生态主体的耐受限度。③该因子阻碍了课堂生态主体的成长。以现代信息技术为例,虽然我们提倡外语教育信息化,但是如果应用不当,也会对课堂生态产生负面影响。陈坚林(2010:194—195)认为,信息技术在外语教学中的应用存在3种失调现象:①低值使用技术(underuse of technology);②过度使用技术(overuse of technology);③滥用技术(abuse of technology)。试想,在教育信息化的大背景下,如果一个教师从来不使用多媒体教学,是否不利于师生的成长?如果一个学生从来不参与大学英语网络自主学习,他是否还能正常的进步?反过来,如果一个老师过度依赖或过度使用多媒体教学,效果又会如何?如果一所学校大量削减课堂面授,让学生大部分时间都在网上自主学习,结果又会如何?毫无疑问,这些做法都会干扰教学系统的平衡,对教学产生比较严重的负面效果,在这些情况下,信息技术就演变成了限制因子。其他生态因子也是如此,关键是度和量的问题。比如,上网学习时间要适量,网络资源要适量,课堂活动要适量,多媒体课件的使用要适度,师生的信息素养不能太低,班级人数不能太多等等。一般来说,走向极端的度和量都会将这个生态因子演变为限制因子,导致系统中的某种失调或失衡。

要控制课堂生态中的限制因子,关键在于控制该生态因子面临的可能性空间。

课堂生态系统中的任何一个生态因子都存在着多种发展的可能性，这种发展变化中各种可能性的集合就称为可能性空间。控制论认为，一切控制过程，实际上都是由3个基本环节构成的：①了解事物面临的可能性空间是什么？②在可能性空间中选择某些状态定为调控目标。③控制一些条件，使事物向既定的目标运行或转化。以外语考试过程中作弊现象严重这个问题为例，如果作为教师的我们想控制学生的作弊行为，则首先应该思考学生作弊的可能性空间。从作弊方式来看，可能通过书、笔记、手机、微型电子设备等工具作弊，还可能通过偷看同学答卷或偷偷与同学交流的方式进行。从作弊的时机来看，可能利用上厕所的时候作弊，也可能在临交卷的时候作弊，等等。这些可能性就构成了学生作弊的可能性空间。然后我们就以不让学生作弊得逞为目标，控制一些条件，如禁止考试过程中与其他同学交流，禁止携带书、笔记、手机、电子设备等进入考场，限制或监视学生上洗手间，在教室安装手机屏蔽仪。通过这些措施，我们使有作弊倾向的学生在考试过程中无法作弊。再以网络自主学习为例，有些学生会在网络自主学习上造假，这种虚假学习的学习方式会对学生的成长产生极大的负面影响，有可能成为课堂生态中的限制因子。为了控制这种现象，我们首先就要分析学生网络自主学习造假的可能性空间，是上网时间上有可能造假，还是上网主体上有可能造假，抑或是上网答题的答案可以作假？等等。然后，针对这些可能性，控制一些条件，如完善教学平台的设计，增强上网学习者的身份认证，设定在线记录学习时间的前提条件，改进提供答案的时间和方式等等。

要控制课堂生态中的限制因子，还在于根据反馈信息进行调节。控制论认为，控制和调节都是由一个方向相反的校正活动来补偿，如同驾驶汽车，如果发现行驶方向太偏左，就必须向右进行校正，反之亦然。在课堂生态中，需要调控的限制因子是受控主体，实施调控行为的生态主体是施控主体，施控主体在分析受控主体运行的可能性空间的基础上，通过限定一定的条件控制受控主体，并从受控主体获得反馈信息，如果是正反馈，则需进一步调控；如果是负反馈，则调控起到了使系统运行接近目标的作用。在信息化外语课堂教学过程中，教师和学生都要养成不断观察和分析的习惯，预测或发现限制因子，然后通过分析和条件控制进行调控，同时获取调控后的反馈信息，判断调控行为是否有效。比如，当现在信息技术介入外语课堂后，我们可以通过分析预测到教师信息素养不高可能产生的负面影响，于是通过教育培训等手段进行调控，获得反馈信息，然后再调控，直至达到预期目标。

6.3.3 调整课堂生态因子的生态位

生态位理论认为，生态系统中的种群或物种个体都具有自己的生态位，即一定的时空位置和功能，并以此保持系统的正常运行。教育生态学视界中的生态位主体并不局限于种群和物种，而是包括系统的所有组分。因此，课堂教学生态中的所有要素，包括教师、学生、教材、教学方法、信息技术、课堂布局、规章制度等等，都具有各自的生态位。信息技术强势介入外语课堂教学后，逐渐演变成为课堂的主导因子，带来了系统内部生态位重叠、生态位分离、生态位特化等问题，影响了系统各组分之间的和谐关系，造成了系统的失衡。要重构大学英语课堂生态，就必须调整课堂生态因子的生态位。

信息化语境下教师的生态位需要调整。传统课堂中的教师一直是知识的转化者和生产者，是学生学习知识的主要源泉，而信息化课堂中的网络资源、多媒体课件以及学生本身都可能成为知识的转化者和生产者，与教师的传统生态位出现一定的重叠，甚至出现竞争排斥现象。比如，有些学生因为在网络自主学习中已经认真学习了相关内容，面授课时就不愿认真听讲，甚至缺勤。学生在学习上遇到问题，也不一定需要向老师提问，还可以问问百度或在网络论坛上问问同学。这种生态位的重叠要求教师必须改变"传道、授业、解惑"的传统角色，积极主动地探索新的课堂身份。此外，现代信息技术还给教师带来了生态位特化的问题。过去的教师如果要讲解一个单词的用法，必须认真查阅字典，寻找合适的例句，记到脑海中，以便上课时使用。虽然备课很辛苦，但对专业发展很有好处。随着信息技术的广泛使用，现在的教师如果缺少课件，上网搜索下载即可，要教学生发音，放放音频文件即可，资源丰富造成了生态位特化，影响了教师的专业发展，这些都需要引起我们的足够关注并加以适当调整。

信息化语境下学生的生态位也需要调整。随着外语教学信息化的推进，学生的地位和功能也发生了显著变化，他们再也不只是知识的被动接受者了，而是知识的主动建构者和生命价值的实现者，他们还可能是知识的分解者和生产者。随着以教师为中心的课堂逐步演变为以学生为中心的课堂，学生的角色和地位也必须进行相应调整，学生必须提高主动学习的意识，积极主动地参与各种课堂活动和网络自主学习，并积极主动地和老师建立平等和谐的师生关系。另外，生态学的竞争排斥原理揭示，当两个或更多的物种共同分享一定的生态位空间时，会出现竞争排斥现象，一个物种会被另一个物种挤占空间甚至完全排挤掉,被迫发生生态位分离。根据这一原理,我们的外语教学既要保持适度的竞争,以激发学生的斗志,同时也要通过差异化个性化培养来规避学生间激烈的竞争。基于信息化的分级教学和个性化教学有助于学生找准各自的生态位,在一定程度上避免同学间因竞争而导致的生态位重叠。此外,选课制也有助于学生根据自己的学习风格选择不同教学风格的教师,根据各自的兴趣倾向选择不同的课程。

由于现代信息技术的广泛深入影响,信息化语境下的其他课堂生态因子也都出现了一定的生态位变化,需要根据教学目标做进一步调整。比如,纸质教材与网络多媒体学习资源之间的生态位重叠,传统课堂教学与网络教学的生态位重叠,以教师为中心的教学法与以学生为中心的教学法的生态位重叠,等等,这些不再一一详述。

6.3.4 引导系统各组分同步协变

信息化语境下的大学英语课堂生态出现了失衡现象,其重要表征之一就是课堂生态系统各组分构成比重的失调,出现这种结构上的失调主要是因为系统内部各组分没有与信息技术这个主导环境因子同步协变。要重构信息化语境下的大学英语课堂生态,就必须主动干预,想方设法引导系统各组分随着信息技术的介入而发生改变。

大学英语课堂是一个微观生态系统,系统中的生物成分就是教师和学生,包括群体和个体,系统中的非生物成分就是课堂生态环境,包括课前生成的环境(课堂自然环境、信息媒体环境、师生固有水平等)、课中生成的环境(师生关系、师生课堂态度等)以及课后生成的环境(课堂文化、课堂规章制度等)。当信息技术介入课堂并成为主导环境因子后,由于系统内部各组分之间相互作用、相互影响的原因,信息技术能够在一定程度上引领其他生态因子发生同步协变。然而,由于课堂管理机制不健全、课堂生态主体的观念落后等原因,系统组分同步协变的节奏远远达不到现代教育技术迅猛发展的要求,具体体现为部分师生教学理念更新缓慢、信息素养提高不够、角色调整不到位、新的教学习惯未能养成、学习自主性不高、课堂气氛沉闷等问题。要提高系统组分同步协变的速度和质量,就必须具体问题具体分析,制定相关政策,采取相应举措,解决相关问题。

具体问题具体分析对引导系统各组分同步协变具有重要意义,因为同一个问题背后也可能隐藏着不同的导因,因此需要求助于不同的解决方案。以教学理念更新缓慢问题为例,有些教师因为缺乏对现代先进教育理念的了解,如果创造机会对他们进行该领域专业知识的培训，则问题可望迎刃而解。可还有一些教师，虽然了解现代先进教育理念，但由于个人喜好、个人习惯、职业倦怠等方面的原因，主观上抵制与信息技术发展相适应的教学理念和教学方法，对于这些教师，就不是专业培训所能解决的问题，而是要引导他们或者通过制定奖惩机制约束他们。其他问题如信息素养不够、角色调整不到位等，也要具体问题具体分析，找出背后的导因，采取相应的解决方案。

师生培训是解决课堂生态主体相关知识缺乏或能力不强的重要手段。要促进师生与信息技术教育应用同步协变，可以开展形式多样的相关培训。对于教师，可以进行现代教育理念的培训，帮助他们了解和掌握建构主义教育思想、人本主义教育思想、生态化教学、个性化教学、研究性学习、混合式学习等教育理念；可以开展现代教育技术的培训，帮助他们了解教育信息化的必要性和重要性、现代信息技术与外语教学整合的理论与实践、计算机网络的具体应用、网络教学平台的使用、课件的制作等，提高他们的信息素养。对于学生，可以在新生入学教育期间开展学前培训，让他们清晰地了解我们在做什么，为什么这么做，也就是让他们了解大学英语信息化教学改革的意图、目标、内容、现状、问题等，帮助他们自愿地、自觉地参与到信息化教学中来，同时，选择合适时间对他们进行相关学习软件和网络教学平台的培训，提高他们信息化学习的能力。

建立适宜的奖惩机制和规章制度也有利于促进系统组分的同步协变。比如，对于积极研究和开展网络教学的教师，可以通过制度的形式给予工作量的认可，并作为各种评比的重要参考；对于没有按照要求研究和开展网络教学的教师，可以按照一定的规定和程序进行谈话沟通，甚至扣除教学工作量或点名批评。对于学生，可以通过改变评估方式来引导和制约他们的网络学习，将学生信息化学习的时间和成效记入到该生的形成性评估或终结性评估中。以笔者学校为例，学生的视听说成绩由4部分组成，包括课堂学习情况、网络学习情况、期末口语考试成绩和期末听力考试成绩，其中网络学习成绩占25%，这项规定在一定程度上促进了学生网络学习的积极性。又如，笔者学校在2004年教改初期，学生网络学习的自主性很差，经常利用上课时间看电影、打游戏，为了改变这种局面，我校不但安排了机房值班老师，而且还明确规定，违反网络自主学习纪律的学生一律视为缺勤，达到3次即取消考试资格。虽然随着学生学习自主性的提高，这项规定如今已不再提起，但在当时，确实起到了很好的制约效果。

优化课堂教学环境有助于促进系统组分的同步协变。学校在支持信息化教学的软硬件建设方面，要坚持均衡发展和可持续发展的战略思维，统筹考虑外语教学信息化的客观需求与学校的财力、物力、人力状况协调发展。在过去几年的改革进程中，笔者接触了很多高校，了解了它们的一些情况，也发现了一些问题。比如，有些学校硬件和软件建设不同步，计算机买了很多，但网络教学软件却安装得很少，不利于学生网络自主学习；有些学校购买了大量的计算机，但在多年以后没有政策和财力支持计算机的更新换代，影响了网络教学；还有一些学校，依然有一些教师只能在没有安装多媒体设备的教室里上课，教学条件跟不上师生教学的需要。课堂软环境的建设也很重要，包括合理利用多媒体课件和网络资源，营造信息化课堂教学氛围，还包括课堂教学规章制度的建立等。需要特别指出的是，在课堂生态中，相对于某个教师或学生而言，其他教师和学生也都构成生态环境，他们总体形成的教风和学风都会影响那个特定教师或学生对信息化外语教学的态度。

通过对信息化语境下课堂生态系统各组分进行主动干预调控，在具体问题具体分析的前提下，对不能与信息技术同步协变的师生进行相关培训，建立适宜的奖惩机制和课堂教学规章制度，优化信息化课堂环境，有助于系统各组分在课堂教学信息化的进程中同步协变，改变系统各组分构成比重失调的状况，促使课堂生态重新回到相对平衡的状态。

6.3.5　规避课堂环境构建中的花盆效应

在课堂生态系统中，环境是与教师、学生相互作用、相互影响的重要因子。教育生态学视域中的课堂环境因子不仅包括课堂内的物理环境和人文环境，还包括对其他生态主体产生影响的教师和学生以及他们的附属特征，比如他们的教学理念、情感态度等。在构建课堂生态环境时，要以有利于师生共生为目标追求，尽力避免课堂环境对人才培养和教师发展产生负面效应。然而，在外语教学信息化的过程中，在信息技术给外语教学带来巨大便利的同时，课堂生态已然出现花盆效应，不利于师生的可持续发展。比如，一些教师因为电子课件的便利而出现了依赖性，没有课件就已经不会上课了；一些学生因为网络的便利而产生依赖性，没有网络就不会写作了；等等。要规避信息化环境所带来的花盆效应，就必须正确认识信息技术的作用，在教与学的过程中合理地使用信息技术，既要充分利用计算机网络等现代信息技给教学带来的便利，同时也要关注自身的可持续发展，尽量避免出现信息技术强迫症或信息技术依赖症。在构建课堂教学环境时，也并非设备越贵越好，环境越舒适越好，条件越优越越好，而是要以服务于师生可持续发展为目标，合适就好，适当、适量、适时地建设理想的生态课堂环境。

其次，传统的课堂教学环境所滋养的花盆效应还依然存在。在传统课堂中，教师按照制订好的教学计划按部就班地讲解，学生安安静静地坐在教室里认真听讲，这种教与学的方式经过长期的磨合早已达到平衡。在教师包办一切的课堂环境中，学生已经养成了被动学习的习惯，在很大程度上丧失了自主学习的能力和元认知策略。这种花盆效应在面对外语教学信息化改革时，依然发挥着作用，阻碍了学生适应信息化教学环境的进程。要减弱传统课堂产生的花盆效应，调和学习主体与学习环境之间的交互关系，就必须大力培养学生自主学习的能力，帮助他们养成自主学习的良好习惯和发展自我计划、自我监控、自我管理、自我评估、自我调整学习行为的元认知策略，培养学生对不同环境的适应能力，扩大学生对环境因子的适应阈值。一名教学经验丰富的好教师一定会在"收"和"放"之间拿捏好分寸，对学生该牵手时要牵手，该放手时要放手；要对学生充满信心，并尊重学生的自主权，不断创造机会锻造他们的环境适应力和竞争力。

6.3.6　重塑互动对话的生态课堂交往

信息化语境下的大学英语课堂生态出现了失衡现象，另一个重要表征就是课堂生态系统各组分之间交互关系的失谐，主要包括生态主体之间的失谐，生态主体与信息技术之间的失谐以及信息技术与其他生态因子之间的失谐。要重构信息化语境下的大学英语课堂生态，就必须协调系统各组分之间的交互关系，消解矛盾，实现互动对话。

在课堂教学过程中，教师、学生和课堂环境之间需要不断的交往与互动。生态课堂教学观认为，外语学习的过程其实就是学习者的知识和经验与外界环境交往互动的过程。课堂教学交互错综复杂，单从课堂生态主体之间的交互来看，一般存在着教师个体与学生个体之间的交互、教师个体与学生群体之间的交互、学生个体与学生个体之间的交互、学生个体与学生群体之间的交互、学生群体与学生群体之间的交互等。从总体上看，课堂教学交互就是教师个体、教师群体、学生个体、学生群体、课堂的物理环境、课堂的心理环境、课堂教学媒介等组分之间相互交织的复杂网络系统，系统内的交互越复杂，系统就越稳定，越趋向平衡。然而，在信息技术强力介入外语课堂教学之后，课堂内的很多教学交互出现障碍，导致系统出现了失衡现象。以师生交互为例，在外语教学信息化的进程中，师生之间由于目标上的差异、理念上的不同、师生比例上的失调、师生地位的巨大落差、网络教学产生的空间距离等原因，彼此之间存在交互不足和交流不畅的问题。另外，现代信息技术的广泛应用还与师生信息素养不高、教学理念落后相矛盾，与传统的教材、教学模式、教学环境、教学内容、教学评估相矛盾，阻滞了课堂生态因子之间的交往互动与对话。

要重塑互动对话的生态课堂交往，有必要首先分析课堂教学交互的属性（见图6-1）。

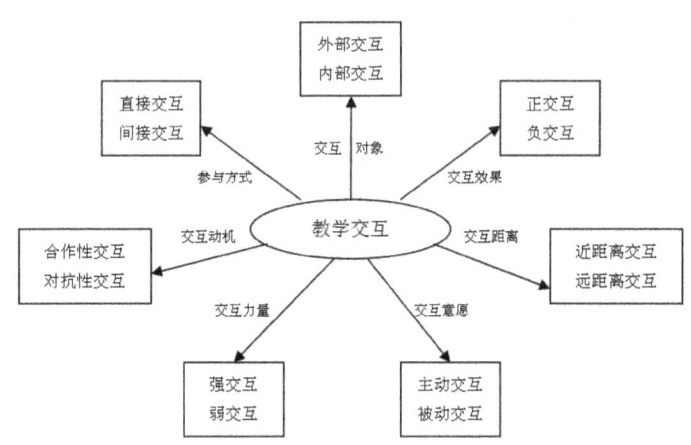

图 6-1 **教学交互属性分类**（仿曾祥跃，2011）

以学生为中心，可以从交互对象、参与方式、交互动机、交互力量、交互意愿、交互距离、交互效果等方面对教学交互进行属性分析和分类。（曾祥跃，2011：136—145）从交互对象看，依据学生是否与自己交互，教学交互可以分为内部交互和外部交互。内部交互指学生与自己的交互，是一个内外知识交互和内化的过程，学生的学习效果最终取决于自身的内部交互；外部交互指学生与教师、学习资源、学习环境等之间的交互。从参与方式看，教学交互可以分为直接交互和间接交互。直接交互指学生直接参与的交互，如学生与教师、学生与学生之间的交互；间接交互则指学生没有直接参与的活动，如教师与教师之间、教师与资源之间的交互。从交互动机看，教学交互可以分为合作性交互和对抗性交互。从交互力量看，可以分为交往频繁密切的强交互和疏于交往的弱交互。从交互意愿看，教学交互可以分为学生积极主动自愿参与的主动交互和学生情非所愿的被动交互。从交互距离看，教学交互可以分为近距离交互和远距离交互，这里的距离既包括物理意义上的距离，还包括心理意义上的距离。从交互效果看，可以分为正交互和负交互。正交互指学生在与教师、学生、环境交互的过程中产生了正向的、有利于学生身心成长的交互效果，反之则为负交互。重塑互动对话的生态课堂交往，必须采用多样化的交互方式，利用计算机网络等现代信息技术的优势，搭建良好的互动平台，激发学生的主动交互，加强学生与教师、学生、学习媒介和学习资源的直接交互，以外部交互促进内部交互，提高教学交互的正向作用。要在重视直接交互的同时，意识到教师与教师、教师与资源之间的间接交互对学生学习的促进作用。

重塑互动对话的生态课堂交往，必须激发课堂交往的动力，增强课堂互动的活力。首先，平衡和谐的课堂生态结构是良性课堂交往的重要基础，因此，要充分发挥现代信息技术的引领作用，想方设法促进课堂生态系统其他组分的同步协变，实现各组分构成比重的再平衡；要正确理解和合理调整课堂生态系统内的营养结构，促进系统内的能量流动和信息流通。课堂生态中的基本营养结构是：教师是生态系统里的生产者，将来自外部世界和自我经历的信息（知识）消化转换，以学生能够吸收的方式通过课堂环境传授给学生，学生消化分解这些信息（知识），再通过课堂环境给教师一定的反馈（见图3-2）。在生态课堂中，课堂教学交互更加复杂，作为课堂生态主体的教师和学生，相对于不同的对象，既可能是知识的生产者，也可能是知识的消费者，还可能是知识的分解者，他们在复杂的课堂交互网络中，身兼三重角色。其次，友好的物理教学环境也是激发学生课堂交互的重要动力。图文并茂、生动直观的多媒体课件能够激发学生的学习热情和参与课堂活动的兴趣，有利于加强学生与教师、学生与教材、学生与学习资源之间的直接交互。学习友好型网络教学平台能够为学生的自主学习和课堂交往提供便利，一款精心设计、功能强大的网络教学平台能够缩短学生与教师、学生与学习资源之间的心理交互距离，有利于激发学生课堂交往的主动性。舒适的课堂物理环境、合适的座位编排等都能增强课堂教学交往的动力。再次，良好的课堂人文环境也是促进学生课堂交往的重要因素。平等和谐的师生关系是课堂教学交互的重要动力源，"亲其师，信其道"，和谐亲近的师生关系有益于激发学生高昂的学习干劲和参与课堂活动的动力,创造教师乐教、学生乐学、师生乐于交往对话的平等和谐、充满生机的教学情境和氛围。良好的教风学风也是课堂教学交互的动力源泉,教师的良好教风和学生的良好学风具有群体示范性,能够像一块巨大的磁铁一样吸引着学生良性发展。群体动力学认为,群体具有凝聚力特征,会对其成员产生吸引力。人类有合群的倾向,当一个人的行动与其他多数人的行动相异时,他会感受到一种来自于群体的无形的压力,迫使自己采取与多数人相同的行动,这种群体的吸引力称为群体动力(group dynamics)。(吴鼎福、诸文蔚,2000:189)课堂观察发现,如果一个班级有一批学生乐于参与课堂活动和师生互动,则易形成充满活力的班级学习风气,这会对某些原本比较安静的学生起到群体示范作用,促使他们改变原有的学习风格。

6.3.7 恢复信息化课堂的生态功能

任何系统都是结构和功能的统一体,稳定的结构有助于系统功能的发挥,系统功能的正常发挥也有助于系统结构的稳定。但是与结构相比,系统的功能具有更大的可变性,受环境的影响更大。系统的功能是由结构和环境共同决定的,系统内部或外部环境发生变化时,系统结构就会受到扰动,系统功能也会发生弱化甚至异变。信息技术进入外语课堂并发展成为主导环境因子,给系统结构造成了巨大扰动,系统内部各要素都在一定程度上发生着变化,课堂生态系统优化结构的功能、调谐关系的功能、促进演化的功能和生态育人的功能都遭到了削弱。要重构信息化语境下的大学英语课堂生态,就必须调整系统结构,优化系统环境,逐渐恢复已经弱化的系统功能。

利用失衡系统的自组织能力,可以逐渐实现外语课堂生态的再平衡,恢复信息化外语课堂的生态功能。系统科学认为,系统在无外界环境和其他外界系统的干预或控制下也具有通过自身的力量自发地增加系统活动组织性和结构有序度的能力,不过,完成自组织过程需满足一个前提条件:系统必须是一个远离平衡的开放系统。为了保持系统远离平衡态,必须由外部环境持续向系统输入能量或低熵物质,使系统及其元素处于一个动态过程,经过一系列循环的变化,逐渐走向平衡。大学英语课堂在现代信息技术的冲击下,亦然成为一个远离平衡的系统,如果学校对外语教学信息化的软硬件投入能够持续,信息技术这个主导环境因子最终会拉动系统其他组分在相空间里朝着分岔点移动,形成系统合力,进入相对平衡的状态。比如,如果一个教师的信息素养不够,不愿采取适应信息化教学的方法和手段,但若每次他走进教室,看到的都是多媒体教室,面对的都是渴望信息化教学的学生,当他走出教室时,发现自己的教学效果不好,而且其他同事都在采用信息化教学,那么,这些反馈信息迟早会对他产生影响,改善该教师信息素养不高与信息化生态课堂的要求之间的矛盾,促使他改变教学方式和手段,帮助他改善与学生的关系。自组织和自我调节过程是系统演化的重要机制,但是,这个自组织过程并不是一个渐进的、平稳的过程,而是一个内在酝酿的、突然的、飞跃的过程,时间成本高,一般要经历很长的时期。要解决教学生态中的失衡问题,还需要辅以主动的控制和调节。

建立课堂生态恢复机制是实现外语课堂生态再平衡和恢复外语课堂生态功能的重要手段。课堂生态恢复机制以维持或重构理想状态的系统结构和功能为目标,以课堂生态主体为调控者,根据系统中某个或某些影响因子的特点和作用方式,主动调控这些影响因子。调控过程一般遵循"认知—调控—获取反馈—再调控"的范式(见图 6-2),先了解影响因子的特点和作用方式,然后针对影响因子采取相关举措,观察和获取系统对于调控的反馈信息,针对性地采取进一步的调控措施。

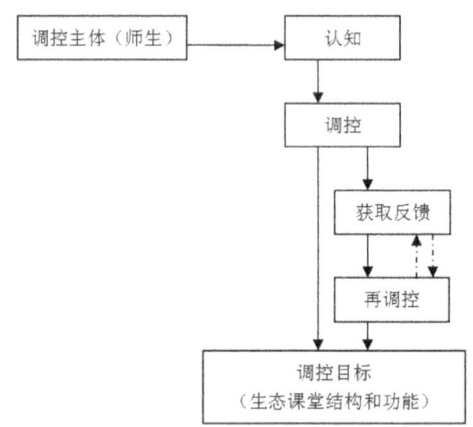

图 6-2　课堂生态恢复机制

调控措施一般包括预防措施和补救措施,预防措施是在系统失衡之前通过预测而主动采取的规避措施;补救措施是在系统失衡之后采取的修正措施。调控是否能够达到预期目标,取决于调控主体的能力,包括对影响因子的认知和分析能力、制定适宜的调控方案的能力、选择恰当的调控时机的能力、观察和获取反馈信息的能力等等,这些调控能力的提升需要不断的学习才能获得。

实现现代信息技术与外语课堂教学的有机整合，是恢复信息化课堂生态功能的根本举措。在整合信息技术与外语教学的过程中，应以构建师生共建式生态课堂为目标，以实现系统输入与输出的平衡、生态因子之间的和谐、教学目标与教学成效的一致、师生共同成长为追求，创设生态化课堂环境，培育平等对话的良好师生关系，采用混合式教学模式，合理调整师生角色定位，建立多维课堂教学交互，构建多元教学评价体系。当现代信息技术与外语课堂生态达到高度契合和水乳交融时，课堂生态就有了新的不同质的结构，这种优化后的结构在与环境交互的过程中能够更好地发挥优化结构的功能、调谐关系的功能、促进演化的功能和生态育人的功能。信息技术与课堂教学的有机整合，有利于解决系统内部的失调问题，包括教师教学理念、教学角色与英语教学实践的失调，学生学习习惯、信息素养与英语学习目标的失调，多媒体、立体式教材使用方法与英语教学效果的失调，新的英语教学模式与传统英语教学系统的失调，传统评估方式与英语教学目标的失调等。

6.3.8 保持课堂生态的活水效应

"问渠哪得清如许，为有源头活水来"，活水是动力之源，能帮助系统保持持久的动态平衡。生态学上将生态因子的不断优化或物质能量的不断输入而使生态系统保持动态平衡的现象称为活水效应。信息化语境下的外语课堂要达到并维持动态平衡，就必须依靠源源不断的"活水"。这里的"活水"既可以是系统内部各生态因子的优化，也可以是来自系统外部的物质和能量输入。

1）保持课堂生态的活水效应，需要不断优化课堂生态因子，包括教师、学生和课堂环境。在外语教学信息化的语境下，教师要积极主动地学习新的教学理论，提高自身的信息素养，调整新的课堂角色，尝试新的教学方法，使用新的教学手段，采用新的评估方式。学生方面也要与时俱进，了解现代教育理念，提高自身的信息素养，调整学习风格，发展自主学习能力。关键的是，师生都要树立终身学习的理念，只有这样，才能从根本上解决不断自我优化的动力问题。课堂环境的优化包括师生关系的改进、课堂气氛的好转、学风班风的改进、信息技术的应用、学生的座位编排、多媒体教室的建设等等。优化的课堂生态结构能够为课堂注入新的演化动能，促使系统保持动态平衡。

2）保持课堂生态的活水效应，需要外部物质和能量的不断输入。课堂生态系统是一个开放系统，不断与外界环境进行着交互，主要是物质和能量的交换。人们常说，

"要想给学生一碗水,教师需要有一桶水",这句话说明了教师需要终身学习,通过与外部世界的交互了解新的教学理念,学习新的知识,适应新的教学环境,发展新的教学能力。学生也应通过与内外环境的交互实现物质和能量的流通以及信息的转换。具体地说,就是接受新的知识,培育新的动力,转变学习观念,提高信息素养,改进学习方法,养成良好习惯,掌握学习策略,增强自学能力。外部物质和能量的输入还包括教育部门对课堂教学的支持,如添置一套系统设备、拨付一笔经费等,都能为系统注入新鲜"活水",维持系统的平衡运行。

3)保持课堂生态的活水效应,还需努力创造条件,使课堂生态中物质、能量和信息通畅地流通和交换。生态链法则揭示,物质、能量和信息在生态系统中的流通会产生富集和降衰现象,富集指聚集放大效应,降衰指逐级递减现象。就课堂生态中的信息流通(知识传递)来说,教师从课本上吸收知识,然后传递给学生,这个过程一般会出现降衰现象。通俗地说,课本上十成的知识,到了老师那儿,可能变成了九成,再到学生那儿,就可能变成了八成。如果信息流通受到某些因素的阻碍,则降衰现象会更加严重。吴鼎福、诸文蔚(2000:206)认为,教育生态系统如果呈现封闭和半封闭状态,能量流、物质流渠道就比较单一,呈单向流动,信息流会堵塞,这样教育生态系统就会缺乏活力、缺少生机,处于贫营养状态,发展缓慢。因此,要给课堂生态注入活力,就需要扩大学生和老师的信息源,并在信息流通过程中充分发挥现代信息技术能够提供真实语境的优势,减少信息流通中的降衰,促使信息在学习者身上出现富集现象。就学生来说,教材、教学课件、教学录像、网络课程、教师、同学等都应成为他们的信息源,学生通过大量的读和听的方式,从这些信息源摄入充足的信息,内化为自己的知识。

6.4 实践策略

重构信息化语境下的大学英语课堂生态,可以遵循生态性、系统性、人本性和有效性原则,通过发挥主导因子的引领作用、控制限制因子的影响、构建生态化课堂环境等思路,恢复课堂生态的结构和功能。在课堂教学实践中,可以通过创新大学英语教学观念、创建多维互动教学环境、提高师生信息技术素养、采用因境而异的教学方法、发展平等和谐的师生关系、构建多元多向评价体系等措施,构建生态课堂。这里需要指出的是,课堂生态的平衡还与课程建设紧密相关,因此本节还将探讨如何建立分级分类培养体系和如何设置分层分类课程体系。

6.4.1　创新大学英语教学观念

计算机网络等现代信息技术大大推进了大学英语教学改革，使很多先进的教育理念得以实施。但是，由于各高校推进改革的力度不同、教育技术的使用程度不同、师资的专业背景不同、学生的教学期待不同等原因，很多高校在大学英语教学信息化改革过程中，依然在不同程度上存在着"五重五轻"现象，导致了现代信息技术与落后教学观念之间的失衡。要改变这种失衡状况，需要尽快转变大学英语教学观念。

信息化语境下大学英语教学存在的"五重五轻"现象列举如下（刘长江、吴鼎民，2008a）：

（1）重"教"，轻"学"

我国很多学科长期以来都在一定程度上存在着重"教"轻"学"现象，即强调教师"教"的作用，忽视学生"学"的重要性。随着最近20年来二语习得研究的进一步发展，很多英语教师都认识到学生在学习中的主体作用和教师的主导作用。但是，在实际的教学中，由于多种原因，一些教师的行动和理念依然分离，仍然有相当多的英语课堂教学没有摆脱传统的"以教师为中心"的知识灌输型教学，课堂上几乎都是教师在讲解，学生都在静静地听课和做笔记。老师对自己"怎么教"关注较多，而对学生"怎么学"思考得不够，没有给学生足够的空间发挥他们的学习自主性和主观能动性。这种"授人以鱼"的"填鸭式"教学，忽视了学生的自主学习潜能和自主探究的内在渴望。

（2）重"知识"，轻"能力"

时至今日，还有不少英语教师认为，大学英语教学的最终目的仍然像中学那样，就是教给学生一定的英语语言知识，培养他们的英语语言技能。老师在课堂上，常常会不厌其烦地、认真负责地、反反复复地讲解某些词或词语的用法，分析某种语法现象和句型，细致讲解文章的内容，并以此作为外语教学的全部。实际上，这种仅以传授英语语言知识为宗旨的课堂教学，忽视了学生的语言综合应用能力以及自主学习能力的发展，影响了学生的可持续发展。

（3）重"控制"，轻"开放"

有人曾将中国的教育和西方的教育做了对比，并得出结论，影响中国学生创新能力发展的重要原因之一，就在于中国教育自始至终强调纪律性，也就是强调教师对学生的控制和严格管理，结果培养出了一个个认真听话但缺乏批判思维和创新思维的"人才"。这种说法也不无道理。正是因为长久以来的严格控制，剥夺了很多学生积极参与开放式学习的机会，减弱了学生的学习内驱力，影响了学生个性化发展和开放式思维习惯的建树。

（4）重"统一"，轻"个性"

统一内容、同一步调的"满堂灌式"教学只能关注学生的共性问题，难以达到"分类指导、因材施教"的个性化教学要求。当然，在有限的课堂时间里讲解一些共性的知识，固然会更具效率，然而当今以信息科学为支持的大学英语课堂，最终要求教师凭借网络和多媒体的东风，促进学生个性化、多元化、差异化发展。忽视学生个性化发展的教学难以培养出创新型拔尖人才。

（5）重"接受"，轻"探究"

在英语学习过程中，传统的学习文化在很多同学身上根深蒂固，他们认为学习就是学习者对确定性的外部知识的寻求和把握，因此，很多学生习惯于被动地服从"权威"，消极地接受和理解教师用定论的方式传授给他们的人类先前积累的知识、经验和方法。在整个学习过程中，他们缺乏主动的参与意识和探究精神，没有意识到探究的能力比知识的获取更加重要。

上述大学英语教学中存在的"五重五轻"现象，在当前的信息化教学改革中，已演变成为严重影响大学英语课堂生态平衡的不和谐因子，阻碍了信息化语境下大学英语课堂生态的重构。要从根本上改变这一局面，就必须以转变教学观念为先导，带动教学方式和学习方式的彻底革命。

（1）变"以教师为中心"为"以学生为中心"

杜威、皮亚杰等提出来的建构主义心理学认为，知识是个体在与环境交互作用的过程中逐渐建构的结果。（李运萍，2007）因此知识不能由教师传授，而只能由学习者进行建构。就英语学习来说，英语不是教会的，而是学生学会的。罗杰斯的"以学生为中心"的教学理论认为，学生是学习活动的主体，他们具有内在的潜能，也能够自动发展自己的潜能，因此学什么，怎么学，以什么进度学等问题都应由学习者自己讨论决定，教师只能起帮助者和参与者的作用。（吴立岗、夏惠贤，2001：221—225）

（2）变"知识传授"为"能力培养"

学习是一种过程，而不是结果，"学会如何学习"的意义比"学会什么"更为重要，因此,"授之以渔"比"授之以鱼"重要得多。能力培养应以学生自主学习能力、探索创新能力的提高为重要目标,培养学生的元认知策略和学习策略,教会他们学会学习,真正体现"教是为了不教"的教学理念。教师不能停留在讲授多少个语言点或多少个语法结构上,而是要帮助学生在学会学习的过程中获得知识,发展能力,尤其是可持续学习能力和创新能力。

(3) 变"控制性学习"为"开放性学习"

开放课堂学习模式实质上就是要求学习者自己调节学习过程,让学习者为自己的学习行为负责的学习。开放性学习实质上是课堂权利向学生的开放,由此带动学习思想观念的开放,学习时间、空间的开放,学习方式的开放,学习体会和感受的开放,学习决策过程的开放和学习环境的开放。开放性学习方式既有助于发展学生个性和提高学生学习自主性,还有助于提高学习者的学习兴趣,发挥学习者多方面的潜能,增加学习者与教师、同学、资源等之间的交互。

(4) 变"统一性学习"为"个性化学习"

未来社会将是个性飞扬的世界,大学英语教学也必须适应个性化发展的实际需要。个性化学习强调学生个性化学习方法的形成和自主学习能力的发展。个性化教学应通过个性化培养体系、个性化课程设置和个性化教学手段等,激活、诱导学生学习的积极性,促进学生形成良好的学习态度和学习心态,提高学生自主学习的能力,让学生潜在的个性特长得到充分的发展。(邓志伟,2002)尤其是开放课堂学习模式,为学生独立性的发展提供了便利。在开放学习的网络课堂上,同一时间内,学生们不再需要按照同样的步伐学习相同的内容,而是能够按照个人的意愿制订自己的学习计划,选择个性化的学习内容,确定个性化的学习进度等。

(5) 变"接受性学习"为"探究性学习"

接受学习虽然有别于被动学习和机械学习,但它只着眼过去,是掌握现成知识的一种学习方式,缺乏探索和发现精神,不利于创新能力的培养。(施良方、崔允漷,1999:119—131)相反,研究性学习强调的却是探索学习和发现学习。探究是人类的天性,通过探究,个体建构自己对于自然及人工环境的理解,乃至对自身的理解。探究包括模拟驱动的探究性学习(将某个事件或人物作为榜样进行效仿)、兴趣驱动的探究性学习和问题驱动的探究性学习。(李其龙、张可创,2003:300—301)相对于接受性学习,探究性学习具有开放性、自主性、过程性、实践性等特点,有利于学习者创新能力的发展。

实现以上观念的转变，必将带动教师教学方法的变革，提高教学成效。但有一点需要说清楚，上述"五变"指教学观念的改变和教学重心的调整，但这并不是将"以教师为中心"和"以学生为中心"、"知识传授"和"能力培养"、"控制性学习"和"开放性学习"、"统一性学习"和"个性化学习"、"接受性学习"和"探究性学习"完全对立起来。我们不能完全否定前者，而是应以后者为主，前者作为适当补充。

6.4.2 建立分级分类培养体系

分级分类培养指按照学生在学习水平、学习需求、学习风格等方面的差异性而分班级、分层次、分类别组织教学的一种人才培养方式，这种培养方式会带动课程、教材、教师、教学方法等课堂生态因子的差异化配置，从而形成一种不同于传统的按原初班级组织教学的新型培养体系。一般来说，分在同一级别的学生具有英语水平、自学能力等方面的相似性，生态位基本相同。教育生态学认为，处于同一生态位的教育生态个体之间，由于所处的层次相同，面临的问题相近，在一些关键时刻，竞争尤为激烈，这种同一生态位下的竞争，有其积极意义，能起到鼓舞斗志、增强学习动机的作用和效果。

大学英语分级分类教学较早出现在20世纪90年代，当时迫于师资严重短缺、学生人数急剧上升等因素，同时考虑到分级分类教学对提升教育教学质量的积极作用，一些高校开始积极探讨分级教学。随着现代信息技术的迅猛发展，分级教学面临的一些操作层面的困难都能迎刃而解。以笔者所在学校为例，1998年开始进行分级教学，当时面临如何将几千学生按照英语水平重新分班、如何按照新的英语分级班排课表和组织教学、如何按照新的分级班登录学生成绩等问题，但随着我校网络分级管理系统的开发和利用，这些问题都得到了很好的解决。现代信息技术为分级分类教学的顺利实施提供了便利。

基于信息化的大学英语教学改革也对分级分类教学提出了要求。《课程要求》规定，"大学英语教学应贯彻分类指导、因材施教的原则，以适应个性化教学的实际需要"，"大学阶段的英语教学要求分为三个层次，即一般要求、较高要求和更高要求"，（教育部高等教育司，2007：4）这三个层次的要求是学生在大学阶段应当选择达到的标准，其中一般要求是本科毕业生应达到的基本要求，较高要求和更高要求是为有条件的学校或学生所推荐的标准。这些规定要求大学英语教学必须充分考虑学生的英语基础和个性需求，选择不同的培养目标，制定不同的培养方案，实行分级分类培养。然而，全国高校因具体情况不同，有些高校至今还没有充分利用现代信息技术的优势开展分级分类教学，使传统的教学模式和现代信息技术的要求之间存在失调，很多已经开始分级分类教学的学校也还存在进一步完善的空间。

目前，在全国范围内，比较流行的分级分类培养方案是在英语四级课程期间进行分级培养，在英语四级后续课程中实行分类培养。新生入学后先按英语水平定级，定级的依据可以是学生的高考英语成绩，也可以是本校组织的分级考试成绩。由于全国各省份高考试题不同，英语的总分值也不同，因此在给学生定级前需要根据生源省份对学生的成绩进行百分化处理，然后才基本具备可比性。如果运用传统的手工计算，则需要很大的工作量，但若借助数据库或excel表格的数据处理功能，或再设计一个"高考分数百分化处理软件"，则能大大减少工作量，同时提高准确性。实际上，很多学校考虑到高考分数的非可比性，一般会自行组织一场新生分级测试。在设计分级测试试卷的过程中，我们应根据本校的生源情况和分级教学方案，确定分级测试的试题类型和各种试题的比重，编写考试细目表（参见表6-1），然后再认真编写试题、精心组织考试、科学统计分析和合理分级分班。

表6-1 分级测试内容细目表

考核内容	行为目标	识记	理解	应用	分析	综合	评价	总计
听力	会话		10					10
	短文		10					10
阅读	篇章		2		6	6		14
	细节		4					4
	推理			2	4			6
	词汇		2					2
	判断					4		4
语法				19				19
词汇		5	20	6				31
总计		5	48	27	10	10		100

（引自刘长江，2000）

分级的范式主要有3种：①分A、B级或快、慢班，按两种不同的要求进行培养。②分为一、二、三级或二、三、四级，按3种不同的要求进行培养。③分为一、二、三、四级，按4种不同的要求进行培养。在这三种范式中，尤以第二种居多，因为这种培养方案基本对应《课程要求》中的一般要求、较高要求和更高要求。

在分级过程中，班级的大小、各级之间的学生比例、各级内部的班级安排等都应仔细考虑。生态学上的最适密度原则认为，种群密度太低或太高都会对种群的增长起着限制作用，只有在种群密度处于适度大小时，种群的增长最快。在英语课堂教学中，班级太大就会增加课堂活动组织与管理的难度，从而导致课堂交往减少或混乱，影响教学效果；班级太小也不利于发挥群力效应，不利于学生之间的相互学习。长期观察发现，英语教学班级的大小应该根据课型和学生类型的不同而改变，一般认为，口语课班级的最佳人数在15—20人，精读课或综合英语课班级的最佳人数在30—35人，听力课的班级人数可以达到50人以上。网络虚拟课堂基本不受人数限制，但从管理效率和师生交往的角度看，最好在人数上与传统课堂班级基本相当，或就以传统课堂班级编班管理。就学生水平高低来说，高起点班级由于英语水平、学习习惯、学习方法等方面的优势，班级人数一般可以比低起点班级人数稍多一些，网络自主学习的时间也可以多安排一些。

在实际分班过程中，我们还不得不考虑本校教师人数、学校教室数量等对班级大小的制约。以笔者所在学校为例，由于考虑到师资力量不够、教室数量也不太宽裕的原因，我校最近几年口语班人数基本控制在25—30人，综合英语班级人数基本控制在45人左右，听力为学生网络自主学习课程，不限人数。这样做的基本原则是，互动性强的课程人数略少，互动性弱的课程班级可以略大一些。

在分级的时候，我们还应科学设置各级之间的比例。以笔者所在的学校为例，多年来新生入学后都会根据分级测试的成绩分为一、二、三、四级起点班。在20世纪90年代末，我校根据往届学生参加国家英语四级考试的成绩分布情况，将一、二、三、四级的学生人数比例分别定为50%、25%、15%和10%。最近几年，随着学生入学水平的提高，我校将学生分为一、二、三级起点班，比例调整为10%、30%和60%，今后还会根据新生入学水平的变化情况进行各级人数的合理调整。

在分级培养过程中，每相邻的两个级别之间可以实行滚动机制。生态学上的边缘效应表明，在两个或多个不同的生物群落交界处，往往结构复杂，出现不同种类的生物共生,且种群密度变化较大,某些物种特别活跃,生产力也相对较高。边缘效应给外语分级教学的启示是,如果在两个相邻级别之间建立上下滚动机制,主要是以向上流动为主,则有利于一些学生的更快成长。比如,学校可以规定,在每学期之初,根据学生上个学期的期末成绩,选择一级起点班中成绩最优秀的小部分学生(比如5%)进入二级起点班学习,选择二级起点班中成绩最优秀的小部分学生(比如6%)进入三级起点班学习,这样有利于学生之间形成适度的竞争,增强学生的学习动机,促使学生积极主动地学习。同时,我们可以让一些补考不及格的同学重修原级别的课程。

分级教学中,起点不同,则终点不同(参见表6-2)。一般来说,入学时被分在一级起点班的同学,两年的大学英语学习目标就是达到《课程要求》的基本要求,课程教学的目的主要是提高学生的英语语言技能。二级起点班的同学会用一年半的时间完成大学英语四级的学习,最后一个学期可以根据自己的兴趣倾向和学习需求选修课程,最终争取达到《课程要求》中的较高要求。三级起点班的同学则用两个学期完成基本的英语四级学习,后两个学期以选修课程为主,最后争取达到《课程要求》中的更高要求。四级起点班则有3个学期的时间自主选修个性化课程。在学分管理上,分级教学包括必修、选修、免修、重修等修课方式,对于四级课程采取必修的方式,对于四级后续课程采取选修的方式,对于高起点的学生来说,低起点的未修课程可以采取赠送学分的方式予以鼓励,对于未能通过补考的学生采用重修的办法。选课可通过设计网络选课系统来完成。

表6-2 不同起点班级的不同教学目标

班级分类	第一学期	第二学期	第三学期	第四学期	学习目标
一级起点班	一级	二级	三级	四级	基本要求
二级起点班	二级	三级	四级	选修	较高要求
三级起点班	三级	四级	选修	选修	更高要求
四级起点班	四级	选修	选修	选修	

目前,分级教学主要是根据学生入学水平进行分级。对同一级别里的学生,我们还可以让他们根据自己的学习风格以及对不同教学风格的适应性,选择同级别内的不同班级学习,或根据喜欢的老师选择班级学习。选班的周期可以控制为每学期

一次，也可以定为几周一次，甚至每周一次。（刘长江、吴鼎民，2008b）从管理的便利性以及师生关系的良性发展来看，建议以每学期选课一次为佳。如果师生之间的适应性好，学生可以在第二学期甚至第三学期继续选择相同老师的课程；如果师生之间的适应性不佳，则可以在第二次选择中规避，这样有利于师生关系的良性发展和学生的健康成长。

四级后续课程主要采取分类培养的方式，学校提供多样的课程选择，学生根据自己的发展需要和兴趣倾向，选择不同的课程班级。为了避免学生在学分修满的情况下放弃选课，我们也可以采取必选的方式，比如，可以要求学生必须在所提供的6门课程里选择2门课程修读。

不难看出，在分级分类教学中，不同级别、不同类别的班级教学目标不同，培养方案也不一样。具体地说，就是选择的教材、学习的进度、教学的手段、教学的方法、评估的内容都应该有所不同。这种差异化培养体现了个性化教学的理念，较好地满足了学生个性化发展的不同需求。

最后需要指出的是，任何事物都有两面性，分级分类教学也不例外，既有其优点，也有其缺点，但就大学英语教学来说，优点毫无疑问远远多于缺点。反对分级分类教学的主要观点是，分级分类教学会在一定程度上挫伤低起点学生的自尊心和自信心，也影响低起点班级的学生课堂参与度，而且似乎有违"有教无类"的教学原则。但是由于大学英语的覆盖面广，修读的学生人数多，学生的差异性大，实行分级分类培养具有可操作性，更有利于提高教学效率。将学生进行分级分类教学，并不违反"有教无类"的原则，因为将学生分级分类，并不是为了放弃后进生，而是为了提高教学效果，更好地培养他们。至于对低起点学生自尊心的影响，恰恰需要我们老师对学生进行正确的引导和解释，消除分级分类教学可能带来的负面效应。

6.4.3 设置分层分类课程体系

分级分类培养体系需要分层分类课程体系的支撑。大学英语课程设置需要充分考虑教学对象的层级性、教学目标的多元性和教学需求的多样性，设计不同层级、不同类别的课程群，以满足学生差异化、个性化发展的需求。《课程要求》规定，各高等学校应根据实际情况设计出各自的大学英语课程体系，"将综合英语类、语言技能类、语言应用类、语言文化类和专业英语类等必修课程和选修课程有机结合，确保不同层次的学生在英语应用能力方面得到充分的训练和提高"；大学英语课程的设计应"大量使用先进的信息技术,开发和建设各种基于计算机和网络的课程"(教育部高等教育司,2007:16)。因此,大学英语课程应该校本化、差异化、层次化和信息化。

校本化指从学校的实际出发,充分考虑本校学生的具体情况,依托学校自身的资源优势和特色,进行相关的教育教学活动。大学英语课程设置必须考虑各个学校的具体情况,开设适合学生持续发展的课程。最近几年,关于大学英语教学究竟应该以教授基础英语为主,还是以学术英语(EAP)为主,还是以专门用途英语(ESP)为主,形成了不同的流派;关于基础英语中究竟应该以听说为主,还是以读写为主,争论也很激烈。蔡基刚(2012:65)认为,随着大学新生英语水平的迅速提高和我国国际交往的日益频繁,大学英语的定位应当是专门用途英语教学,包括通用学术英语、专门学术英语和行业英语。王守仁(2012)认为,大学英语课程应兼具工具性、专业性和人文性,其中以工具性最为重要。大学英语应该在建设好普通英语课程的同时加大后续课程的开设力度,开发、建设专门用途英语课程和通识教育类英语课程。杨治中(2013)认为,我国高校门类众多,培养目标不一,各校应该制定适合自己校情的教学大纲,重点培养学生的语言综合运用能力,尤其是阅读能力。虽然听说能力的培养也重要,但就中国实际国情和对外交往程度来看,培养阅读能力更具实效性。

本研究认为,由于全国高校众多,生源情况各不相同,中学英语水平也有地区性差异,所以学生的基础英语水平并不都如少数重点大学的学生那么高,大部分学生都还需要在大学英语阶段进行基础英语教学。另外,即使同一所大学,由于学生人数众多,学生的英语水平也必定参差不齐,因为即使生源较差的高校,即使录取的学生总分偏低,但这也不能说明学生的英语成绩就低。观察发现,即使三本或专科院校中,也不乏英语成绩很好的学生。所以课程设置既要考虑本校的总体情况,还应考虑本校学生的差异性。也就是说,课程设置既要校本化,还要差异化和层次化。按照《课程要求》的规定,大学英语课程设置还需达到一定程度的网络化。这里的网络化有两层含义:①大学英语课程群中包含网络教学的课程要达到一定的比例。②含有网络教学的课程中,网络教学与课堂面授要达到一定的比例,具体比例依据课程类型而变化。

笔者所在学校是教育部批准的全国大学英语教学改革示范点,大学英语课程于

2008年被评为国家精品课程，其分层分类课程体系虽然近几年来一直根据实际情况进行微调，但课程设置的总体框架比较清晰，现列表如下（表6-3，表6-4和表6-5），仅供参考。

表6-3　大学英语分层课程设置

班级分类	第一学期	第二学期	第三学期	第四学期
一级起点班	基础英语类	基础英语类	基础英语类	基础英语类
二级起点班	基础英语类	基础英语类	基础英语类	技能提高类 语言文化类
三级起点班	基础英语类	基础英语类	技能提高类 语言文化类	语言文化类 语言应用类
四级起点班	基础英语类	技能提高类	语言文化类 语言应用类	语言应用类 专业英语类

表6-4　大学英语分类课程设置

基础英语类	技能提高类	语言文化类	语言应用类	专业英语类
综合英语（1—4）	中级写作	英美概况	科技翻译	外贸英语口译
视听说（1—4）	中级口语	英美文学	科技阅读	外贸英语阅读
四级英语训练	高级写作	中国文化	应用文写作	商务英语
英语学习策略	高级口语	西方文化	口译技巧	国际关系
	高级阅读	跨文化交际	演讲与辩论	英语词汇学
	影视口语	电影欣赏		

表6-5　大学英语信息化课程设置（2013年）

大学英语课程	信息化资源	多媒体课件	课堂教学录像	网络自主学习最低要求 （h = hour）
综合英语（1—4）	√	√	√	课外 1h/周
视听说（1—4）	√	√		课内 1h/周 + 课外 1h/周
英语学习策略	暂无	√	√	课外 10h
科技翻译	√	√	√	课外 1h/2周
跨文化交际	√	√	√	无
中国文化	√	√	√	无

续表 6-5

大学英语课程	信息化资源	多媒体课件	课堂教学录像	网络自主学习最低要求（h = hour）
高级阅读	√	√	√	课外 1h/周
高级写作	√	√	暂无	利用批改网软件，时间自由
其它选修课	√	√	暂无	暂无

需要说明的是，表 6-3 中分层课程设置会随着新生入学时的分级情况（分为 3 个层级还是 4 个层级）而发生微变。表 6-4 中分类课程并不是每学期的必开课，具体还要依据当时的师资情况以及学生的选课情况决定最后的实际开课情况。分类课程还可以依据不同学校学生的实际需求和自己的师资力量进行增删。表 6-5 中的其他课程除了利用网络资源进行备课以及使用多媒体课件进行教学外，信息化程度还很低，这需要在未来的改革中不断完善，最好是将这些课程置于统一的网络课程教学平台加以管理。

6.4.4 构建多维互动教学环境

生态课堂教学观认为，外语学习的过程其实就是学习者与教师和教学环境不断交往互动的过程。交互为课堂生态提供了信息流转的动力，为师生关系提供了润滑与保健，为学生的外语习得提供了体验与实践。课堂交互应该是多维的，包括教师个体与学生个体、教师个体与学生群体、学生个体与学生个体、学生个体与学生群体、学生与环境、教师与环境等之间的交往互动。这种交往关系越复杂，课堂生态系统就越稳定，课堂教学效果就越好。正因为如此，构建多维互动教学环境就显得异常重要。

就课堂教学而言，教学环境既包括课堂外部环境，也包括课堂内部环境。课堂生态是一个开放系统，不断与课堂外部环境进行物质和能量交换。如何构建课堂外部环境以促进课堂内部的交往互动？这就需要外部提供支持课堂交互的社会环境和物质条件。例如，如果外语教育界近阶段都比较重视语法翻译法教学，那就不利于课堂内部的交互；相反，如果近期外语教育界普遍推崇交际法进行课堂教学，则有利于组织充满互动的课堂教学活动。又如，如果上级主管部门不同意给教室配备可移动的桌椅，则可能影响课堂内交互活动的组织；如果上级理解并支持将传统教室改造为可变换桌椅组合的教室，则有利于课堂内的交互。可见，课堂外部环境的具体情况对课堂交互具有一定的影响。我们在日常工作中，就应该积极争取条件创建有利于课堂多维交互的外部环境。

构建多维互动教学环境，应主要着眼于课堂内部环境的打造。课堂内部环境可分为课前生成的环境（教室的物理环境、师生背景、教学媒介等）、课中生成的环境（师生关系、生生关系、师生情感态度等）和课后生成的环境（班风学风、课堂规章制度等）。要打造有利于多维互动的课堂环境，首先要关注教室的物理环境和师生背景。现代外语课堂需要多媒体的支持，因此课堂需要配备网络和多媒体教学设施，使教师能够在课堂教学中适当使用多媒体课件，并通过访问互联网的方式，及时查看和处理学生网络自主学习的情况。在课堂教学过程中，教师应积极打造建构型或师生共建型课堂生态，使学生在舒适的课堂氛围中利用课堂交互活动自我建构知识。教师应习惯性关注教室的座位编排方式、学生落座的位置、教学的方式方法和情感态度、学生之间的竞争与协作等情况，对发现的问题予以及时解决。比如，如果发现学生都集中坐在教室的后部，就应动员学生坐到前排，改变他们对待学习的消极态度；如果发现座位编排不利于当天的课堂活动，就应该根据需要及时调整座位布局；如果发现教学方式沉闷，就应及时调整教学安排，增加课堂互动环节。课后生成的环境主要指班风学风以及课堂教学规章制度等，好的班风学风和课堂规定都会促进课堂生态因子之间的交往互动。在日常教学中，教师和学生应该共同努力，缩短师生之间的心理距离，建立良好的师生关系，开展平等和谐的课堂交往，共同营造一个有利于课堂交互和知识建构的班风学风，并制定一些有助于规范教与学行为的规章制度，打造有利于课堂内多维互动的教学环境。

6.4.5 提高师生信息技术素养

师生信息技术素养是决定基于信息化的大学英语教学改革能否取得成功的关键因素之一。如果作为课堂生态主体的老师和学生信息技术素养不高，就很难和作为环境因子的现代信息技术形成良性交互，课堂生态的生产力就比较低下，信息化教学效果就会差强人意。相反，如果师生信息技术素养高，则能充分利用现代信息技术的各种优势，提高教与学的效率。

当前，全国高校都在一定程度上存在师生信息技术素养不高的问题，主要体现在信息技术的应用能力不强以及面对信息技术的修养不够高。虽然大多数老师都能运用多媒体课件辅助教学，但是不少老师缺乏在互联网上检索、获取和分析自己所需信息的能力，缺乏自己制作或改造多媒体课件、自己利用计算机软件处理音频和视频文件的能力。正因为如此，有些老师就会害怕技术，甚至产生技术恐惧症（technology phobia），在教学上表现为不使用技术或低值使用技术的问题。学生也有技术能力不足的问题，比如：有些学生缺乏在学习界面自己摸索的能力，有些学生缺乏完成基于网络的研究性学习任务的能力等等。在信息修养方面，教师主要体现为完完整整不加修改地使用从互联网上下载的教学课件，没有考虑到各个教师在教学风格甚至教学内容上的差异以及版权问题；学生方面主要体现为利用多媒体网络技术在完成学习任务上的作假作弊行为。比如在《新时代交互英语视听说教程》网络版的学习过程中，有些学生会使用一种叫网络加速器的软件，在学习时间上弄虚作假，还有不少学生使用网络上搜索到的练习答案完成学习任务。在《新视野大学英语读写教程》的网络学习过程中，有些学生会利用登录系统后凭空"挂出"的上网时间代替自己真正的网络学习时间，这些都是信息道德和修养方面的问题，严重影响了网络教学的有效性。

　　提高师生信息技术素养，可以通过思想引导和业务培训这两个途径解决师生信息意识不强、信息道德不高、信息技术知识不足、信息能力不够4个方面的问题。对于教师，要解决好意识问题和技术问题。大学英语教学管理者和负责人可以利用会议讲话、个人谈话、优秀教师信息化教学展示、定期集体备课或座谈等方式，帮助广大教师明了教育信息化的大趋势、现代信息技术应用于外语教学的巨大优势和使用信息技术组织教学的便利性；还可以通过科学合理地制定信息化教学的激励政策，认可并奖励教师用于网络教学、网络管理和网络交互的工作量；还可以定期组织课件制作大赛等，以此增强广大教师使用信息技术的主动性、积极性和自信心。要针对性地举办一些信息技术培训班和网络教学平台使用培训班，增强老师的信息技术知识，提升他们的信息技术应用能力，帮助他们熟悉教学中需要掌握的各种教学软件的功能和操作流程，鼓励他们制作适合自己教学风格的课件，或对已有现成课件进行个性化改造。对于学生，要解决好意识问题和修养问题。主要办法就是依靠专门的培训（比如新生入学教育培训活动）和任课教师的引导，让学生了解为什么要进行信息化学习、怎样进行信息化学习以及学习哪些信息化资源等问题。教师可以制定相应的评价机制、监督机制和奖励机制来进一步引导和规范学生的信息化学习行为。

提高师生信息素养，必须坚持在教学实践中长期使用现代信息技术。只有当师生在使用信息技术教与学的过程中真真切切地感受到便利和成效，才会自觉增强信息意识，信息能力才会自然提升。一旦师生的信息技术素养得到了提高，信息化教与学的方式就会更加适切，师生网络互动就会更加频繁，信息化教学的成效就会显著提升。

下面具体谈谈教师在多媒体课件使用和网络教学指导方面需要注意的问题。

多媒体课件具有很好的教学辅助作用，已经在大学英语教学中广泛使用。多媒体课件能够通过图表、文字、声音、图像等形式生动形象地将教学内容展示在学生面前，有利于学生的理解和吸收，在一定程度上起到了呈现教学内容的教材作用和示范讲解的教师作用。从生态学的角度看，多媒体课件在一定幅度上挤占了教材和教师的传统生态位，形成了一定的生态位重叠，这就需要教师及时调整自己的生态位，以充分发挥多媒体课件的作用。

目前，多媒体课件使用方面，存在着一些问题倾向：①"拿来主义"。②使用不合理。③心理上的过度依赖。这些问题需要老师正确认识和努力克服。所谓"拿来主义"，就是机械地使用现成的、非自己制作的课件，包括出版社邀请专人制作后免费提供的课件，也包括教师自己在网络上搜索下载的别人的课件。这种课件往往在教学内容和教学风格上与具体教师并不完全匹配，需要教师本人自己加工修改，根据自己的需要在内容上做出甄别和取舍，在流程上根据自己的教学习惯和风格予以调整，将公共教学课件进行个性化处理，才能更好地发挥多媒体课件的辅教作用。课件使用不合理的问题，主要体现在使用时间的不合理和展示速度的不合理。多媒体课件并不能完全代替教师的教学行为，只能在课堂师生互动的过程中起着辅助教学的作用，这就需要教师从教学需要出发选择合适的展示时间，否则，再好的课件也可能沦为对教师教学和学生习得的干扰。课件的播放的确能节约教师过去用来板书的课堂时间，但不能用来节约学生思考和消化的时间。因此，在课件播放过程中，不能一扫而过，而是要根据具体情况决定播放速度，以便给学生阅读、理解和思考的时间。心理依赖问题，指部分教师因为习惯使用多媒体课件而忽略了备课进大脑的问题，以至于在没有课件的情况下，有些教师就不知道如何开展教学活动。这种对多媒体课件的过度依赖性既不利于教师的自我发展，也不利于课堂教学活动的有效组织，最终影响学生的外语习得。

在网络教学方面，目前还存在一些问题，如教学资源混杂、学生学习自主性不够、师生网上交互不足、师生情感疏离等，需引起外语教师的关注。针对以上问题，教师首先要用好网络教学平台的教师管理功能。不同出版社提供的网络教学系统在功能上和操作上各不相同，互有优劣，教师必须通过参加相关软件培训，消除对网络教学的陌生感和恐惧感，熟悉网络管理平台的各种功能，定期上网进行教学管理。教师应该利用网络教学系统的交互功能，通过给学生布置网络课业、回答学生网络提问、查看学生网上学习记录、批改学生网络作业等教学活动，及时了解学生的网络学习情况，同时增加与学生的网络互动，让学生意识到，他们不是独自在战斗，教师始终在他们左右。教师还应该在课堂教学时抽出一定的时间检查学生网络自主学习的情况，并在课堂教学中错位教学，避免不必要的重复教学。其次，教师还应借助学生的身份，充分熟悉系统的学习界面和系统内的网络资源，更好地了解学生在怎么学以及在学什么，以便对他们进行更好的网络学习指导。了解了系统内的学习资源，就可以针对性地、适当适量地上传一些教学资源，供学生学习。再次，教师还应制定适合本班学生情况的网络学习相关规定，并在对学生进行形成性和终结性评估时严格执行，因为有些学生缺乏自控能力，网络学习自主性还不够。只要教师定期上网认真管理，并与学生进行交互，师生关系和情感就不会疏离，学生自主学习的意识和能力就会逐渐加强，教学效果就会更好。

6.4.6 提供立体化教学资源

现代信息技术的发展为提供立体化教学资源准备了条件。传统课堂中的教学资源非常有限，学生所学知识主要来源于教师和教材，受时空的局限性很强。现代信息技术大大增加了知识存储、转换、传播的方法和途径。仅就知识的存储途径来说，现代课堂教学中学生需要学习的知识可以存储在纸质教材、DVD光盘、多媒体课件和网络教学系统中，当然还可以存储在教师和学生的大脑里，第二课堂还有英语广播和电视录像。在信息化语境下，教师应该顺应时代发展的要求，与时俱进，努力为学习者提供立体化教学资源。

就课堂教学来说，立体化教学资源主要指教材、光盘、多媒体课件和网络学习资源的组合。当前，这个组合还存在内容几乎重叠、使用相对孤立的问题，没有真正形成一个相互辉映、相互关照的有机整体，因此只能称之为学习资源集合，不能称之为学习资源系统。系统科学认为，只有在各个组分构成整体并有新质涌现的情况下，才成其为系统。本研究认为，教师应科学整合这四种教学资源，使之成为一个相互作用、相互影响、相互辉映、相互补充的"四位一体"的教学资源系统，使这四种教学资源在课堂教学中形成合力，共同推动大学英语课堂教学质量的提升。

要打造"四位一体"的教学资源体系，就应该充分考虑到不同教学媒介的优缺点，本着分工协作的精神，在一定的内容共核上寻求适合学生认知风格的差异化内容配置。纸质化教材具有携带方便、使用简单、无需配备计算机等其他设备或准备网络环境等其他附属条件等优点，而且还能迎合人们传统的学习习惯，因此具有难以替代的自身优势。正是因为这些优势，可以预见，纸质教材将在相当长的一段时间内，继续担当着立体化教学资源的主轴，其他教学资源需以纸质教材为基础进行延伸拓展。因为纸质教材的核心地位，教师在编写时一定要将现代教育理念、信息化教学环境、以学生为中心的教学方法等因素充分考虑进去，使教材成为先进教学理念和教学方法的集合体。陈坚林（2007）在分析以往教材的基础上提出了研发第五代教材的构想，认为教材的编写应考虑理念、结构和方法3个方面。在理念和方法上应采取兼容并举的态度，既要考虑最新的研究成果，也要考虑传统理念和方法的存在价值；在结构上需要打造由纸质平面课本、多媒体光盘和计算机网络学习平台共同组成的第五代教材体系，其观点具有很好的启发意义。

当体现着先进教学理念的纸质教材编写完成后，我们可以为之配备教学光盘。光盘比较小巧，携带也很方便，最重要的是，它能够通过现代信息技术将学习资源生动形象地动态化、立体化展示出来，这些优势应该在内容选择和呈现方式选择上予以充分考虑，使之在一定程度上代替老师的传统课堂讲授。因此，光盘里的内容应该包括教材上的内容，同时弥补教材缺少声音图像和详细讲解的缺点，成为纸质教材的有效延伸。多媒体教学课件也应以教材内容为蓝本，同时考虑课堂教学的需要以及课堂教学时间的有限性，适当增加一些相关知识，重点围绕教学重点和难点展开，使之成为辅助教师有效开展课堂教学的重要工具。在设计网络教学平台和提供网络教学资源时，我们一定要克服教材内容简单"搬家"的错误倾向，而且要利用网络教学平台的优势，提供更加丰富的拓展性教学资源，并利用网络的互动功能和在线记录学习情况的功能，实现教师和学生、学生和学生、学生和学习资源之间的网络交互，同时加强对学生网络学习的过程性评价。在具体的课堂教学过程中，教师需要通过精心设计的课堂活动，将纸质教材、光盘、课件、网络学习有机连接，打破不同教学媒介在使用上的孤岛现象。

总之，在提供立体化教学资源的时候，我们一定要避免当前存在的多种媒介上教学内容简单重叠以及使用起来相互孤立的问题，而且要充分利用不同媒介的各自优势，以不同的方式为学生提供基于共核内容的拓展资源。

6.4.7 采用因境而变的教学方法

不同的教学方法会导致完全不同的教学效果，因此，只有根据课堂教学的具体情境选取不同的教学方法，才能整体提高课堂教学的有效性。这里所说的课堂具体情境指课堂生态中各种环境因子在某一特定时刻通过交互作用形成的时空条件及人文环境，是一个不断变化的状态。课程的总目标、某一节课的具体目标、班级学生的总体情况、不同学生的差异、教室的教学条件、教室环境的课堂变化、学生的课堂反应、教室的学习氛围等等因素，都是一个有经验的教师预设课堂教学方法和及时调整并生成现场教学方法的重要依据。

教学方法包括理论（approach）、方法（method）和技巧（technique）3个层次，"理论"是一套关于语言教与学本质的假设，"方法"是一套在"理论"指导下向学生传授语言材料的整体计划，"技巧"是在课堂上实现"方法"的具体操作策略。（Richards & Rodgers, 1986:15）"理论"决定"方法"，但同一个"理论"也可以衍生出不同的"方法"；"方法"决定"技巧"，但实现同一"方法"也可以有不同的"技巧"。

本研究提出的采用因境而变的教学方法，首先体现在具体教学过程中微技巧的选择，其次体现在不同教学理念驱动下的教学法选择。课堂微技巧体现在教学的每一环、每一刻，一个有经验的好教师，其一个眼神、一个手势、一句表扬、一次提问、一个板书，无不体现了一定的教学理念。活到老，学到老，教师课堂微技巧的提高需要年复一年地积累经验。教学法的选择和运用取决于具体教师的专业知识和能力，一个了解教学法的老师一般具有更强的灵活运用教学法的能力。下面我们从"理论"探讨出发，介绍几个教学法。

"理论"主要回答两个方面的问题：①语言在本质上是什么？②语言是如何习得的？对第一个问题的回答主要有3个流派：①结构主义。该流派将语言看作是由结构上相互联系的单位组成的，用来表达一定意义的结构系统。学习语言就是要掌握该系统中各种成分，即音位、语法和词汇。②功能主义。该流派将语言看作是表达功能意义的载体,强调语言的语义和交际特点而不是语言的语法特征。③交互理论。该理论将语言看作是实现人际关系和进行个人之间社会交往的工具,语言教学内容的组织可以通过交流和互动的模式进行。对第二个问题的回答也有三种流派:①行为主义心理学。该流派强调刺激对语言习惯形成的重要作用,认为重复和操作是习得语言的必由之路。②心灵主义心理学。该流派强调先天因素对语言习得的影响,认为语言规则和能力的习得有一套既定的程序,教学的目的主要是提供合适的环境和条件让这种潜在的能力得到充分的发展。③人文主义心理学。该流派强调人际关系和个人情感因素对语言能力习得的影响,认为语言学习中最重要的是学习环境和气氛,学习者只有在放松和协调的状态下才能最有效地学习和掌握语言。(束定芳、庄智象,1996:192—194)在上述"理论"的指导下,历史上产生过很多教学法,到20世纪70—80年代达到鼎盛时期,传统的教学法与层出不穷的新教学法并存,包括语法翻译法、情景教学法、听说法、口语法、阅读法、写长法、词汇法、暗示法、沉默法、自然法、交际法、全身反应法、社团学习法等。

20世纪90年代以后,英语教育界逐渐意识到,世界上不存在所谓最好的外语教学法,因此对教学法的研究兴趣开始转移,传统意义上的系统的教学法很少出现,英语教育进入"后方法时代"。"后方法时代"的外语教学受人本主义教学观和建构主义教学观的影响很大,认为外语教学的目的不仅是要提高学生外语水平,还重视培养学生的素质与品格,注重发展学生的思维能力与创新精神,独立自主学习能力与合作学习能力,使他们成为全面的、完整的人。课堂是多种因素互动的场所,外语教学是一个能动的、发展的过程,影响这个过程的最重要因素是教师和学生。教师的任务是为学生创造真实的环境,提供条件与机会,让学生能根据自己的思维模式、运用他们理解的规则,通过自身的体验和反思,主动构建知识。(左焕琪,2007:13—20)生态外语课堂教学观是"后方法时代"的代表性观点之一,认为外语学习是一个学习者的知识和经验与外界环境不断交互的过程。今天,现代信息技术带来了学习环境天翻地覆的变化,外语教师应该根据教学对象、教学内容、教学环境等的不同,因时因境灵活运用各种教学法,包括适当适量地运用传统教学法如语法翻译法。

下面首先简要介绍一下当今外语课堂中比较常见的交际法,然后介绍两个适合各学科、同时又对外语教学产生较大影响的教学理念:个性化教学和研究性学习。

(1) 交际法

交际法的理论基础是功能主义，认为语言是结构成分组成的系统，人们学会语言是为了"做事情"或者说是为了完成某些交际功能，比如去和人打招呼，去参加会谈等，因此外语教学要重视对学生语言交际能力的培养。一般认为，交际能力（communicative competence）包括语言能力、语用能力、交流能力和交往能力，也就是既要学会语言，还要学会适切地使用语言，以便达到交流思想和实现交往的目的。交际法坚信，涉及交际的活动以及用语言完成有意义任务的活动可以提高学习效果，学习者有意义的活动有利于学习成效。交际教学法重视教学大纲，要求以意念、功能、交际活动为内容来编写教材，教材要讲究真实性和情景性，让学生在仿真实的情景中学习，参与交际活动，从而培养他们的交际能力。交际法的教学原则强调发挥教师的主导作用，以"学生为中心"进行教学，在交际中复习旧知识，引入新知识。教师协调和加强所有学生之间以及这些学生与各种活动和篇章之间的交际过程，在教和学的小组活动中充当一个独立的参与者。交际法可分为"温和派"和"激进派"，前者强调"学会用英语"（learning to use English），后者强调"用英语学英语"（using English to learn it）。交际法的"技巧"或实施步骤可以包括：提供和分析即将学习的交际情景，提供真实场景对话，通过复诵等方法进行口头练习，进行针对性问答练习，重点学习对话中某个交际用语，理解某个特定的交际活动，口头练习具体的交际活动，强化记忆，最后评估学习效果。（束定芳、庄智象，1996：203—309；戴炜华，2007：156—157）

(2) 个性化教学

个性化教学就是要充分考虑师生尤其是学生的个体差异和个性特征，以学习者为主体，以个性化、差异化的教学方法和手段，促进学习者个性化建构知识、发展能力和锻造品格，帮助他们最终获得自我实现。

近年来，"大学英语"课程作为高校开课时间最长、课时最多的一门重要基础课，正在如火如荼地进行各方面的改革，作为这轮改革向纵深推进的指南，《课程要求》体现了教育人本论的精神，大力主张在大学英语课程中进行个性化教学。《课程要求》规定（教育部高等教育司，2007：16—22），"无论是主要基于计算机的课程，还是主要基于课堂教学的课程，其设置都要充分体现个性化，考虑不同起点的学生，既要照顾起点较低的学生，又要为基础较好的学生创造发展的空间……要有利于学生个性化的学习,以满足他们各自不同专业的发展需要。"关于教学模式,《课程要求》规定,"新的教学模式应以现代信息技术、特别是网络技术为支撑,使英语的教与学可以在一定程度上不受时间和地点的限制,朝着个性化和自主学习的方向发展"。"教学模式改革的目的之一是促进学生个性化学习方法的形成和学生自主学习能力的发展。"由此可见,体现教育人本论思想的个性化教学已经成为大学英语教学改革的时代诉求。

个性化教学是民主、和谐的教学。民主、和谐是个性化教学的重要特征,也是生态课堂的追求。大学英语个性化教学在本质上是为英语学习者提供适合其自身特点的教学,让其充分、和谐、自由地发展,因此也具有民主、和谐的色彩。首先,要通过座谈、访谈和问卷调查等方式,积极主动地了解学生的合理需求,并予以尊重,在教学中尽量给予满足。其次,要相信学生的主观能动性和创造性,增加教学过程中的协商,减少教学活动中的权威式命令,创造机会让学生民主参与到一些教学决策和活动设计中,增强学生的主体意识和民主意识,创造和谐的学习氛围。再次,要减少模具化培养,允许甚至引导学生个性化地、民主自由地发展,引领学生将个人发展与社会发展、个人实现与社会实现相统一。最后,师生之间应该增加交流和沟通,并在相互理解的基础上建立民主、和谐的师生关系,互尊互爱。

个性化教学需要尊重学习者的个体差异。二语习得研究认为,外语学习者在学习潜能、学习动机、个性和认知风格等方面普遍存在差异。大学英语个性化教学必须充分考虑这些个体差异,并尽量在教学内容、教学方法等方面满足学习者的个性需求,才能培养出真正能适应社会变革需要的、具有独立性和创造性的知情合一而又个性张扬的"完整的人"。

1)要发挥学习者的学习潜能。二语习得研究认为,人具有天生的语言学习的能力,即语言潜能。语言潜能被认为是各种能力的综合,如辨认新语言语音模式的能力、识别句中单词的不同语法功能的能力、死记硬背能力和语言规则推断能力。大学英语个性化教学,必须考虑到学习者中客观存在的超常、中常和低常的潜能差异以及由此带来的水平高、中、低的差异,并采取相应的个性化教学措施。

2)要激发学习者的学习动机。动机指影响一个人做某件事的愿望的诸因素,它是以内驱力和诱因为必要条件而存在的。动机的分类较多,在外语学习过程中,根据不同的标准,学习动机可以分为外部学习动机和内部学习动机,近景性学习动机和远景性学习动机，主导性学习动机和辅助性学习动机等，这些动机在一定条件下可以相互转换。（李伯黍、燕国材，2001：214—231）埃利斯（2000：75—76）将外语学习动机细分为工具型动机（instrumental motivation）、综合型动机（integrative motivation）、结果型动机（resultative motivation）和内在型动机（intrinsic motivation）。工具型动机指学习外语的努力源于一些功利性原因，如想通过考试，想得到一份好工作等。综合型动机指学习外语的努力源于对目的语民族及其文化的兴趣和向往。结果型动机指学习外语的努力源于先前努力所取得的成功。内在型动机指学习者固有的兴趣和好奇心等。大学生学习外语的动机各有不同，例如，有人为了通过眼前的考试，属于工具型动机、近景性动机；有人为了出国定居，属于综合型动机、远景性动机；有人天生喜欢学习语言，属于内在型动机；有人因为从学习外语中取得了成功，得到了自信，获得了夸奖，这种属于结果型动机；等等。大学英语个性化教学需要通过课堂观察、座谈和问卷调查等方式，了解学生学习外语的不同动机以及动机的强弱，引导学生学习动机的合理转换和迁移，并适当调整教学内容和教学方法，增强学生的学习动机，改善学生的学习行为，使学生更加轻松地获取好的学习效果。

3）要尊重学习者的个性。个性指在一定的社会条件和教育影响下形成的一个人的比较固定的特性。它是一个人的总的心理面貌，包括个性心理特征和个性倾向性两个方面。不同的人在活动中做什么，怎样做都表现出各自不同的心理特征，这些特征受个性倾向性所制约。外语学习者之间的个性差异显而易见。在外语课堂上，有些同学胆小羞怯，而另一些同学却大胆活泼；有些同学谨小慎微，一贯保持缄默，而另一些同学却大大方方，始终敢想敢说；有些同学沉着稳健，而另一些同学却冲动冒险；有些同学喜欢"闭门造车"，自我学习，而另一些同学却广结"学缘"，积极主动。按照个体心理活动倾向于外部或者倾向于内部，人的性格分为外向型（外倾型）和内向型（内倾型）。外向型的人，心理活动倾向于外部，通常表现为感情流露于外，对外部事物非常关心，活泼开朗，善交际，不拘小节；内向型的人，心理活动倾向于内部，通常表现为做事谨慎，深思熟虑，沉静、孤僻，反应缓慢，适应环境的能力差。根据这些特征，我们可以粗略地将性格各异的学习者分为外向型学习者和内向型学习者。就外语学习而言，究竟是外向型学习者更容易成功，还是内向型学习者更容易成功，一直没有科学的定论。从教育人本论的视角看，大学英语个性化教学就应充分尊重学生的不同个性,并针对个性各异的学生开设不同的选修课。比如,内向型学习者可能更希望优先发展其读写能力,我们可以开设更多的阅读和写作课程供他们选修;而外向型学习者可能更倾向于优先发展听说能力,我们可以开设更多的听说课程供他们选修。个性化教学必须提供个性化的课程菜单,满足学生个性化的口味需求。

4)要适应学习者的认知风格。认知风格指人们对信息和经验进行加工时所表现出来的个别差异,是个人在感知、记忆和思维过程中经常采取的态度和方式。研究者们依据不同标准将学习者分成了不同类型的认知风格,如场依存型风格(field-dependent learner)和场独立型风格(field-independent learner);思考型风格(reflective learner)和冲动型风格(impulsive learner);听觉型风格(auditory learner)、视觉型风格(visual learner)和触觉型风格(tactile learner)等等。大学英语个性化教学,应该考虑和关注学习者的认知风格差异,适当减少统一化、标准化的课堂面授,积极开发网络课程,丰富网络学习资源,使具有不同认知风格的学生可以按照自己的学习方式和学习风格建构自己的知识体系和能力倾向。

(3) 研究性学习

研究性学习秉承的是整体主义的价值观,知识被看作是个体创造的关于世界的意义,学习者被看作是实践性的自由的存在,学习是学习者与世界际遇时意义自由展现的历程。研究性学习强调学生在学习过程中自我探索、自我发现和研究的作用,强调学生的独立性、自主性、学习积极性及个人经验和体验的作用等。研究性学习的目的是使学生在发现问题、研究问题和解决问题的过程中学会学习和创造。当前世界范围内较为流行的研究性学习模式包括:开放课堂学习模式、框架下的发现学习模式、以兴趣为导向的探究性学习模式、以问题解决为导向的学习模式、项目研究模式、角色扮演模、小组合作学习模式、习明纳研讨模式和服务学习模式。(李其龙、张可创,2003:总序和后记)。

大学英语教学应该在网络多媒体环境下积极开展研究性学习。基于信息技术的大学英语研究性学习就是指在网络多媒体环境里开展有关大学英语课程的研究性学习。具体地说,就是利用互联网和多媒体技术,为学生构建一个新型的动态开放的、交互性的大学英语学习环境,让学生在教师的指导下,从学习生活和社会生活中选择并确定任务或课题,用类似科学研究的方式,主动地获取知识、应用知识、解决问题。（刘长江，2008c）鉴于现代信息技术的优势以及外语教学的特点，大学英语研究性学习主要包括开放课堂学习模式、兴趣驱动的研究性学习模式、问题驱动的研究性学习模式和角色扮演模式等。

基于信息技术的大学英语研究性学习从实施的先后顺序一般可以分为以下4个阶段：

1）初始阶段，即选题阶段，也就是提出问题或选择任务阶段。学生按照老师的要求学习一定量的大学英语网络课程，然后根据所学的内容和自己的思考提出问题，或在老师的指导下确定研究目标和任务。在这个阶段，学生应发挥在研究性学习过程中的自主性，根据自己所学的课程内容积极主动地思考，提出自己感兴趣的有意义的问题。如果需要老师指导，那么老师也要根据学生所学的网络课程的内容，设计出多个相关的研究课题供学生选择，以保障学生探究问题的积极性。

2）准备阶段。当学生确定了研究方向或研究项目之后，师生都进入积极的准备阶段。在这个阶段，教师应该通过网络平台的交互功能，积极地引导并为学生设立各种问题情境，促进学生对自己确定的研究课题的感性认识，调动学生的思维，诱发学生的探究动机。（张娟、张晓如，2003）学生在老师的启发下，开始以独立的或协作的方式搜集互联网上的相关资料。

3）实施阶段。学生采用自主学习的方式或小组协作的方式，整理和分析搜集到的有关研究项目的所有资料，通过研究性学习来解决问题，完成任务或项目，然后归纳、总结出书面报告或撰写论文，形成研究性学习成果。

4）交流和评估阶段。学生将自己通过研究性学习所形成的成果通过网络上传到成果展示平台，接受老师和同学甚至陌生人的评价。在这个阶段，要鼓励学生自评和互评。教师在评估的时候，应参考学生研究性学习档案，关注学生的参与度和合作精神，考虑学生的个体差异和能力发展趋势，以肯定为主，保护学生的研究热情，并适当地指出不足之处，以促进学生的自我纠正。

在建设创新型国家的新形势下，倡导研究性学习、培养创新型人才已成为高等教育教学改革的重要历史使命。大学英语课程也应充分利用现代教育技术，尤其是网络和多媒体技术，广泛开展基于网络多媒体的研究性学习的探索和实践。

6.4.8 调整师生课堂角色

"角色"（role）一词原指古希腊戏剧演员在舞台上按照剧本扮演的某一特定人物，

现代意义上的角色多指具有某个社会身份的个体所具有的地位、产出的行为和发挥的作用的总概括，接近于生态学上的生态位概念。师生课堂角色指师生在课堂教学中所具有的权利、义务、地位及其行为模式、行为规范的总称，调整师生课堂角色在一定意义上就是找准师生的课堂生态位。研究课堂教学中的师生角色，目的是用来分析教师和学生的地位、权利、义务、行为以及作用，以便更好地发挥不同角色的功能。

在传统的课堂中，教师以传授知识为自己的首要任务，以讲授为主要教学方式，教师是课堂的中心，是绝对的权威，扮演着"全知者"的角色，是学生的领导者和知识的灌输者，学生处于绝对服从和被动接受的地位，是被领导者和接受知识的"容器"。随着信息技术的发展和课堂教学方式的变革，教师与信息化教学资源发生了一定的课堂生态位重叠，甚至在信息技术的作用下发生了一定的生态位分离；学生的学习方式也发生了很大变化，网络自主学习成为教学的重要组成部分；课堂上也更加注重师生交互、生生交互以及学生与知识的交互，这些情况都需要我们对教师和学生的课堂角色进行理性反思。

信息化的外语生态课堂要求教师主要扮演好以下角色（见图6-3）：

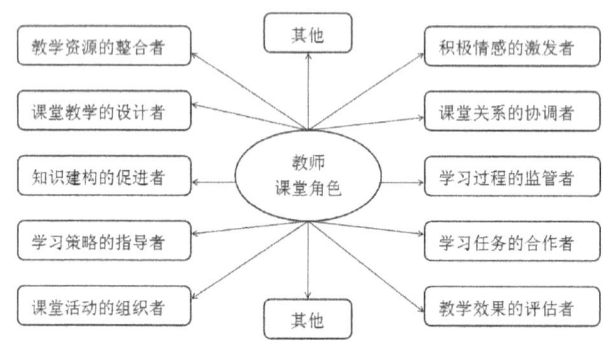

图6-3 教师课堂角色

（1）教学资源的整合者

生态课堂重视课堂生态因子间的网状交互，认为学生的学习资源来自于交互的过程，可见，信息化外语课堂的教学资源既包括传统的纸质教材、信息化网络学习资源、多媒体课件等，还包括教师本人的学识和学生的世界知识。鉴于教师在课堂教学中的主导作用，教师应该成为各种教学资源的整合者，只有有机整合的资源才对学生具有意义,才便于学生建构自己的知识。教学过程中,并非资源越多越好,关键要合理整合,杂乱无章的海量资源对学生来说"有"无异于"无"。

(2) 课堂教学的设计者

教学设计是以学习者的学习目标为出发点,依据一定的教育原理或理念,确定学习者的需求和教学中需要解决的问题,思考具体的教学内容、教学过程、教学组织形式和教学方法,解决学生学习过程中的问题,满足学生的具体学习需求。大学英语教师在进行课堂教学实践之前,就应该确定本课程的教学理念、教学目标、教学内容、教学方式、教学手段、教学评价等,尤其是思考如何有效使用多媒体课件、如何充分利用网络教学资源、如何检查学生的网络自主学习情况等,只有这样,才能提高课堂教学的有效性。

(3) 知识建构的促进者

建构主义认为,知识不是通过教师传授得到的,而是学习者在一定的社会文化情境中,借助他人(教师或学习伙伴)的帮助,利用必要的学习资源,通过课堂交互的过程,进行意义建构的方式获得的。在这个意义上,教师理应成为学生知识建构的促进者。教师要创造机会,设计活动,让学生利用现代信息技术的便利,通过学习过程中的活动参与亲身体验,发现学习的价值并获取知识,要为学生创建有利于其潜能发挥的学习氛围,以促进他们的语言习得和个性养成。

(4) 学习策略的指导者

学习策略(learning strategies)是指学习者根据自己的观念为提高学习效果而采取的行动或方法,包括元认知策略、记忆策略、认知策略、补偿策略、情感策略、社交策略等。积极的学习策略对外语学习能够产生正向影响,这也正是《大学英语课堂教学要求》明确规定学习策略为大学英语主要教学内容之一的原因。外语教师作为曾经比较优秀的外语学习者,现在又是外语习得的研究者,一般都掌握了比较好的学习策略,应该成为学生学习策略的指导者。当前,大学英语正在进行信息化教学改革,广大外语教师应该投入更多的精力研究计算机网络环境下的外语学习策略,指导学生多采用积极的学习策略,适量采用消极的回避策略。

(5) 课堂活动的组织者

生态视界的课堂强调教师和学生、学生与学生、学生与学习资源、学生与学习环境之间的交互,这些交互通常是通过课堂活动来实现的。有效的课堂活动能给课堂生态注入活力，使学生亲身参与发现、理解和建构知识的过程，同时还能活跃课堂气氛，提高学生的学习积极性，增进师生友谊。只有组织有序的课堂活动才能成为有效的课堂活动，这就需要教师发挥组织者的作用，利用网络、多媒体课件的优势，酌情采取师生问答、角色扮演、小组讨论、辩论、演讲等方式，设计和组织任务型、交际型课堂活动，促进学生的体验学习。

（6）积极情感的激发者

情感是人在活动中对人和客观事物好恶倾向的内在心理反映。情感因素是第二语言习得过程中的重要影响因素，包括性格、态度、动机、焦虑等。情感过滤假说（affective filter hypothesis）认为，情感变量与第二语言的习得和成绩的好坏有紧密联系：只要有良好的自我想象，第二语言就会习得更好，而最好的语言习得情境又会有助于降低焦虑（anxiety）水平。相反，情感障碍却会妨碍语言习得者充分利用可理解输入，当情感障碍比较大的时候，学习者虽然也可能理解语言输入，但输入进入不了语言习得机制。因此，教师应该成为学生积极情感（positive affect）的激发者，利用图文并茂的多媒体课件、丰富的网络资源、有效的课堂活动、平等和谐的师生关系等，降低学生的学习焦虑，消除学生的学习倦怠，增强学生的学习动机，改善学生的学习态度，提高他们的学习效果。

（7）课堂关系的协调者

课堂关系主要包括师生关系、生生关系、学生与学习环境的关系、学生与学习资源的关系、学生与学习媒介的关系等。在调节这些关系的过程中，教师应该承担重要的作用。教师除了应该在构建师生关系中起主导作用（后文将详述），还应在和谐其他交互关系中扮演协调者的角色。生态学上的竞争排斥原理认为，在一个稳定的环境内，两个以上受资源限制的、但具有相同资源利用方式的物种，不能长期共存在一起。该原理说明，学生之间有时会因为争取同一学习资源而产生紧张的关系，这就需要老师从中协调。在大学英语信息化教学改革的过程中，如果学生因为信息技术素养不高而出现对信息技术的消极情绪，也需要老师积极疏导。

（8）学习过程的监管者

为了使课堂教学顺利进行并收到预期效果，教师还应成为学生学习过程的监管者。作为教师，应该相信学生尤其是大学生的自觉性，但在现实课堂中，总会因为这样那样的原因，学生会有一些消极的学习行为，会产生一些消极的情绪，比如参与课堂活动的积极性不够、作业完成情况不理想、听课不认真等情况,这些都需要老师的监管。在现代信息技术进入课堂初期,有些学生的学习自主性不够,在利用网络多媒体学习时出现懈怠,或者利用网络进行消遣娱乐,这些都需要老师的监督管理和正确引导。

(9)学习任务的合作者

老师在组织、管理和指导学生学习的同时,还应将自己置于与学生平等的地位,与他们一起合作完成一些课堂教学任务,成为学生练习口语的对话者、小组讨论的思想贡献者、解决问题的出谋划策者。教师成为学生学习的共同实践者,就能够拉近师生的距离,改善课堂学习氛围,缓解学生的焦虑。同时,教师还能学会从学生的角度去发现、理解和解释他们学习中所遇到的困惑。

(10)教学效果的评估者

虽然生态课堂重视多元评价方式,但是老师仍然是课堂教学效果的主要观察者和评估者。教师应该通过准确适当的评估,获取第一手的反馈信息,评估课堂教学效果,诊断教与学的不足,调整不恰当的教学措施。教师应该对学生参与课堂交互的行为给予适当的评价,以表扬和鼓励为主,维护他们课堂参与的热情。对教学效果的评估还要充分考虑学习者的个体差异和历史基础,既要横向比较,更要纵向地、历时地评价学生的进步情况。

除了上述角色之外,教师在课堂中还有其他的一些角色,比如道德的垂范者、教学方法的灵活使用者、学生个体差异的发现者、学生潜能的开发者、自身主动学习者等等。需要指出的是,教师的各种角色虽然不是同时履行的,但确实存在时空交叉,有可能需要同时扮演其中多个角色,也有可能某个特定时候以某一个角色为主,这就需要老师以帮助学生持续健康发展为主要目标,根据教学实际需要和具体的课堂情况,不断地酌情调整和转换自身的角色。

生态学视角的学生课堂角色包括学习方案的制定者、自主学习者、知识的主动建构者、师生关系的主要建构者、课堂活动的主要参与者、学习过程的自我监控者、学习效果的自我评估者、对教师及其教学的评价者等等。由于这些角色和上述的教师课堂角色相呼应,理解起来比较容易,因此不再做详细解释。

6.4.9 发展平等和谐的师生关系

教师与学生的关系是课堂教学过程中最基本、最重要的关系。良好的师生关系是形成生态性课堂氛围、激发学生学习热情的直接动力,是师生共同满足教学需求、协同教学活动、实现教学目标的前提和保证;相反,对立的师生关系却会严重影响教与学的积极性,增加学生学习中的焦虑,阻碍学生对语言材料的吸收和内化。因此,在外语教学过程中,教师与学生应在民主、平等、和谐的基础之上建立相互尊重、相互理解、相互沟通、相互交流的交往对话关系。

教师在教与学的师生互动中起着主导作用,是构建平等和谐师生关系的中坚力量。要形成良好的师生关系,教师应注意以下几个方面(李伯黍、燕国材,2001:355—356):

1)树立正确的学生观。教师应认识到学生是"向师性"和"独立性"的对立统一体。学生一方面希望受到老师的教育,得到老师的关注,这决定其具有向师性;另一方面,学生又有一定的独立学习和活动能力,有一定程度的独立倾向和要求,这决定其具有独立性。大学生尤其如此,他们大都已经学习英语多年,都具有了一定的语言基础,掌握了一定的学习方法,养成了自己的学习习惯,具有一定的自学能力;同时,他们又对大学英语教师具有较高的角色期待,希望在老师的指导下获得愉快的英语学习体验,大幅度提升英语水平。教师只有正确认识学生的"向师性"和"独立性",才会对学生采取正确的教育方式和态度,并产生相应的情感,才会有助于建立良好的师生关系。

2)运用正确的教育方式。教师采用的教育方式不同,对学生产生的心理影响也会不同。研究表明,在专制仁慈、专制强硬、放任和民主这四种类型的教育方式中,民主的教育方式产生的课堂教学效果最好。传统的外语课堂是专制的课堂,是教师的"一言堂",尽管有些是温柔的一言堂,有些是强硬的一言堂,最终的结果都是剥夺了学生的话语权和选择权,不利于建立良好的课堂交往和培养良好的师生关系。在外语教学信息化的过程中,有些课堂又走向了另一个极端,即过分依赖计算机网络的教学效果,过分相信学生的学习自主性,走向了放任的边缘,最终产生不好的教学效果,影响了学生对老师的信任和尊重。生态课堂教学观提倡在民主平等的基础上开展课堂活动,发展互动对话的课堂交往,建立和谐的师生关系。

3)采取正确的评价方式。教师如何具体地评价学生的言行,对师生关系影响极大。大学生的自尊心很强,有自信、爱面子,教师应多运用移情性评价,即教师以同情的态度,设身处地地结合学生所处的客观环境,以及内心的想法和感受来评价,这样会使学生觉得，老师理解和尊重他们，而且态度恳切、气氛平等，没有居高临下的感觉，这无疑会密切师生之间的关系。与此相反，教师的主观性评价，即以自己的主观认识和已有的框框去评价学生，以自己的水平去要求学生，就容易出现偏差，产生负面效果，拉大师生之间的心理距离。

4）取得移情体验。移情体验是个体通过移情对移情对象产生新的认识和情感。教师的移情体验有：熟悉感，即了解学生，心中有学生的形象在活动；和睦感，即感到学生听从自己，自己受学生爱戴；理解感，即理解学生的言行和内心体验，觉得与学生心心相印；信赖感，深信自己信赖学生，学生也信赖自己；睿智感，认识到当教师的价值及对学生负有的使命。学生的移情体验有：接近感，对老师敬慕和亲近，以至愿意与之接近；安定感，即感受到老师的肯定，对老师感到放心；共鸣感，在潜移默化中品味老师的言行并深受感动；信赖感，完全相信老师并感激老师；觉悟感，即认识到当学生的意义和责任。教师和学生彼此的移情体验，会使对方感情水乳交融，必然会对师生关系产生良好的、积极的影响。

5）正确处理学生的问题行为。在课堂教学过程中，总会有学生注意力不集中，有学生不愿意参与课堂活动，有学生预习复习不到位，有学生学习自主性不够，有学生存在作业作弊行为，等等。处理这些问题行为的方式是否得当，会影响到师生关系的好坏。如果处置不当，就会伤害已有的良好师生关系，或使建立良好师生关系的气氛消失，甚至使师生关系紧张。为此，在处理学生的问题行为时，教师应对事不对人，尊重学生的人格，维护学生的自尊；要客观分析，避免武断行为；要克服冲动，避免投射个人情绪；要多做说服工作，少用惩罚举措。

6）拉近距离，增强交往。首先是身份距离。教师应该通过调整传统角色定位，积极改变传统课堂中师生地位上的巨大落差，以平等的姿态学会与学生交往对话。其次是情感距离。教师应该尊重学生、热爱学生、理解学生、关心学生，做学生的知心朋友。再次是空间距离。在课堂内外，教师都应真正地走近学生、接触学生，空间距离的缩短有助于拉近师生的身份距离和情感距离。在网络虚拟课堂中，教师应该利用网络教学平台上的交流机制，及时了解学生的学习情况，及时回答他们在线提出的问题，让他们感觉到老师仍然在他们身边。只有拉近了师生之间的空间距离、身份距离和情感距离，师生之间的心理距离才会变近，师生才愿意交往对话，才能够增进了解，才可以有效的沟通。

平等和谐的师生关系需要师生共同创造，教师的主导作用还需要学生的积极配合，否则，一个巴掌拍不响，一厢情愿难成事。学生要在尊重、理解、信任的前提下积极配合老师的各项工作，和老师形成良性互动。此外，学生还应发挥主动建构的作用，树立正确的教师观，采取正确的教师评价，获得移情体验，拉近与老师的物理距离和心理距离。平等和谐的师生关系是构建生态课堂的重要因子。

6.4.10 构建多元多向评价体系

教学评价是教学过程的重要一环，也是教学质量控制的重要手段，能够帮助师生获取有关教与学的反馈信息，指导师生适时适当地调控教与学的行为和策略，并能激发师生教与学的积极性。《课程要求》（教育部高等教育司，2007：24）指出，全面、客观、科学、准确的评估体系对于实现教学目标至关重要，因此，大学英语教学评估既应包括对学生的评估，还应包括对教师的评估。对学生学习的评估应包括形成性评估和终结性评估，其中形成性评估又包括学生自我评估、学生相互间的评估、教师对学生的评估、教务部门对学生的评估等；终结性评估主要包括期末课程考试和水平考试。对教师的评估主要是针对教学过程和教学效果进行评估，既要依据学生的考试成绩，又要全面考核教师的教学态度、教学手段、教学方法、教学内容、教学组织和教学效果等。根据这些要求，本研究认为，构建大学英语多元多向评价体系至关重要。（刘长江，2008b）

主体间性哲学为构建多元多向评价体系提供了哲学基础。主体间性是当代哲学用对话理性、交往理性取代主体中心理性、消解一元主体的基础性论题。哲学视域中的主体间性指两个或两个以上主体之间的关系，这种关系不同于主体性哲学中的"我与它"式的二元对立主客关系，而是一种由独白变为对话、由从属变为平等的"我与你"的共存与交往的主主关系。主体间性消解了二元对立的话语模式，提倡主体间的理解与对话，强调主体之间在语言和行为上相互平等、相互理解和融合、双向互动、主动对话。哲学上的主体间性转向为教育领域如何看待教师主体性、学生主体性和师生关系等议题开辟了新视域。主体间性教育指的是在教育过程中，教师主体与学生主体面对共同的客体（如教学资源等），建立在民主、平等、和谐基础之上的相互尊重、相互理解、相互沟通、相互交流的交往对话关系，这种关系包括教师个体与学生个体之间、教师个体与学生群体之间、教师群体与学生个体之间、教师群体与学生群体之间交往对话的关系。广义的主体间性更为宽泛，包括教师与教师之间、学生与学生之间、教师与管理者之间、学生与管理者之间、教师与教学资源之间、学生与教学资源之间平等对话、和谐交往的关系。教育主体间性的这些观点与生态课堂教学观高度一致。

大学英语教学信息化改革已推进了近10年，然而现行的主流教育评价体系仍然存在很多不足之处。

1）评价主体仍然是一元主体。大多数教育评价还停留在以教师为中心的"主体—客体"评价模式，教育评价成了管理者的"专利"活动和教师的"操纵"活动，评价的路径也是一种自上而下的"单向"活动，学生成了被动的受评者，缺少应有的话语权。

2）评价的对象和内容比较单一。长期以来，教育评价的对象主要是以学生为主，缺少对教师、教育管理者、教材、教学条件和环境等的评价，评价的内容主要是教师教授过的知识，缺少对教师的教法、学生的学法、学生的潜能、学生的情感态度等所进行的评价。

3）评价目的和功能单一。大多数教育评价的目的只是了解学生的学习效果，评价的功能只是为教师提供学生学业成就的量化数据，教育评价的丰富功能没有得到充分的发掘，如通过学生对教师、学生对管理者、学生对教材等教学要素的评价，获取有价值的反馈信息，为教材的选择、教师教学方法和手段的改善等提供参考。

4）教育评价的形式、方式和手段也比较单一。长期以来，我们的教育评价手段还停留在考试和测验上，评价的形式主要是终结性评估，缺乏对学习者的学习过程进行评价。评价的方式主要是传统的考试和测验，很少采用考试之外的方式如座谈、问卷调查等。评价的手段主要是纸质的试卷等，缺乏多样化的评价手段，现代教育技术还没有得到充分的利用。随着教育主体间性的确立，构建基于主体间性的多元评价体系已迫在眉睫。

1）多元多向评价体系的构建，在于评价主体的多元化。教育主体间性承认教育活动中的教师、学生双主体，而就评价的主体间性而言，还可以是多元主体。例如教的主体——教师，学的主体——学生，教育管理的主体——管理者，他们作为交互主体可以互相评价，如教师可以对学生或学生群体进行评价，也可以对管理者进行评价；学生可以对教师或教师群体进行评价，也可以对管理者进行评价；管理者可以对教师或学生进行评价。另外，由于完整的主体间性除了外在的主体间性，还有内在的主体间性,因此,这些主体除了互评之外,还可以在类主体间进行评价,也就是说,教师与教师之间、学生与学生之间、管理者与管理者之间还可以进行评价。这些主体间的评价不是单向的,而是双向的;不是操纵的,而是协商的;不是孤立的,而是合作的。他们通过互相尊重、互相理解、相互合作、平等对话进行对彼此的评价,保证了评价信息的可靠性,最终有助于促进交往主体在共同的学习交往中共存与发展。笔者曾调查过大学英语口语课学生自评的现况,并对口语班学生自评能力的培养路径及自评的有效性进行了为期16周的实证研究,自评培训和实践教学验证了如下假设:①学生自评的信度需要教师培训和指导加以保证。②学生自评能通过对动机、态度、自主反思等产生影响而提高学习自主性。③学生自评能有效地促进学生英语口语学习的效率。

2)多元多向评价体系的构建,在于评价对象的多元化和评价内容的多元化。教学评价是一个以教学目标为依据,运用可操作的科学手段,通过系统地收集有关教学的信息,对教学活动的过程和结果做出价值上的判断,并为被评价者的自我完善和有关部门的科学决策提供依据的过程。因此,只要有助于教学的优化,评价对象可以涉及教学的方方面面。首先,如前文所述,评价对象可以是教学过程的多元主体,如教师、学生和管理者,因为这些主体可以在自我主体间和交互主体间两个层面开展互评。当然,评价对象还可以是教学类主体所共同面对的客体,如教材、教学环境、教学软件等。针对不同的评价对象,评价内容也可以多元化。比如,传统的针对学生主体的考试测验一般都是检测其学习效果。其实,针对学生主体的评价内容还可以拓展到其情感、态度、智力、潜能、个性、学习风格、知识水平等等方面。实践证明,及时了解、评价和引导学生的学习态度和情感、个性特征和认知风格能够大大优化学生的学习过程和结果。评价对象多元化和评价内容多元化必将广泛拓展教育评价的功能,增加对教学各方面、各要素的有效反馈。

3)多元多向评价体系的构建,还在于评价目的的多元化和评价功能的多元化。为何而评?能为何而评?评了有什么意义?有什么作用?这些都应该是评价者经常反思的问题。其实,评价的目的很多,简单地说,评价可能是为了测量,为了判断,为了获取信息反馈,为了引导教与学,为了促进教育主体的发展,等等。具体地说,评价不能仅仅停留于对学生主体阶段性学习效果的评判,评价的目的还可以是判断学生的知识水平,了解学生的学习潜能,评判某个教师的教学方法,检验某种教学手段的有效性,研讨某个教学改革举措的合理性,分析所选用的教材的适切性,评价教学环境的优劣性,进一步改进学习软件系统等。多元化的评价目的必须依赖于各种不同的评价形式来实现不同的评价功能,如学生成绩排序、保研生选拔、教材的筛选、教与学的信息反馈、教与学的有效性诊断、教与学的方法修正等。

4)多元多向评价体系的构建,还在于评价形式的多元化。我们必须针对不同的评价目的,选择合适的评价形式。如果是纸笔测试,那么主要有潜能测试、智力测试、水平测试、分级测试、诊断测试、学业测试等。如果为了了解学生的现有水平,就应该选择水平测试;如果是判断学生潜在的学习能力,就应该选择潜能测试;如果是为了了解学生的学习成效,就应该选择学业测试;如果为了寻求对教与学的修正,就应该采用诊断性测试;如果想将学生按水平分流,就应该选择分级测试。其他评价形式还包括定量评价和定性评价、形成性评价和终结性评价。定量评价主要基于数据,适用于便于采集具体数据的评估过程;定性评价主要基于逻辑分析,适用于难以量化的评估过程;形成性评价又称过程性评价,是在教学过程中进行的评价,是为了引导教学过程正确、完善地前进而对学生学习的短期结果和教师教学效果所采取的评价,目的是反馈、修正和监督。终结性评价又称结果性评价,是在某一相对完整的教学阶段结束后对整个教学目标实现的程度做出结论的评价。值得一提的是,在教学过程中,为了达到一定的评价目的,我们常常会同时采取两种或两种以上的评价形式,比如在计算学生的期末考试成绩时,通常都会采取形成性评价和终结性评价相结合的方式

5)多元多向评价体系的构建,还在于评价方式和手段的多元化。传统的纸质考试不应该成为评价方式的唯一选择,我们还可以根据评价的目的、评价的形式选择其他方式,比如面试的方式、师生座谈的方式、问卷调查的方式、课堂观察的方式、学习档案评估的方式、自主评价的方式、同伴/行互评的方式、专家评价的方式等进行评价。评价的手段可以是传统的、纸质的,当然也可以是现代的、电子的、网络的。将现代教育技术运用于网络评价系统的开发是非常合适的,也必将是未来教育评估发展的方向。当前,一些学校已经启用了学生网络评教系统,由学生于学期末尾在网络评价系统里对任课老师进行评估,虽然也有一些负面影响,但总体好处居多,能对教学起到重要的参考作用。此外,由于现代信息技术广泛应用于大学英语教学,很多学校都开始利用网络教学平台的在线记录功能开展对学生的形成性评价,对优

化学生学习过程起到了积极作用。

总而言之，要构建基于主体间性的多元多向评价体系，就必须坚持评价主体的多元性、评价对象和内容的多元性、评价目的和功能的多元性、评价形式的多元性、评价方式和手段的多元性。在评价的过程中，一定要坚持以多元主体的共存与发展为评价的终极目标，坚持以主体间相互沟通、相互了解、平等对话为评价的质量保障，坚持以评价目的为导引，选取适切的评价形式、评价方式、评价手段和评价内容，彰显多元多向评价体系的生态功能。

6.5 本章小结

大学英语课堂生态因受到现代信息技术的扰动而进入失衡状态，系统出现了各种结构上的失衡和功能上的失调，影响了课堂的生产力。如何重构大学英语课堂生态、构建大学英语生态课堂？这正是本章旨在回答的问题。鉴于信息技术应用于外语教学的巨大优势以及信息技术使用的不可逆性，本研究认为，大学英语课堂生态的重构必须坚持以信息化为语境，科学合理地整合信息技术与外语教学，这是重构大学英语课堂生态的前提条件。在宏观层面，重构大学英语课堂生态必须坚持生态性、系统性、人本性和有效性原则；在中观层面，应该通过发挥信息技术作为主导因子的引领作用、控制课堂生态中的限制因子、调整课堂生态因子的生态位、引导系统各组分同步协变、规避课堂环境构建中的花盆效应、重塑互动对话的生态课堂交往、恢复信息化课堂的生态功能、保持课堂生态的活水效应等方法，优化课堂生态结构和功能，促进课堂生态的修复。在实践层面，外语教学工作者尤其要注重创新大学英语教学观念，建立分级分类培养体系和分层分类课程体系，构建多维互动课堂环境，提高师生信息技术素养，提供立体化教学资源，采用因境而变的教学方法，调整师生课堂角色，发展平等和谐的师生关系，构建多元多向评价体系，最终创建和谐高效、师生共生的生态课堂。

第 7 章 结 论

本研究从生态学视角，运用生态学和系统科学的相关理论，按照发现问题、描述问题、分析问题和解决问题的基本思路，对信息化语境下的大学英语课堂生态进行了系统分析和深度探究，最终提出了消解大学英语课堂生态失衡问题的方略和举措。本章将简要回顾本研究所提出的主要观点，反思研究中存在的问题和不足，并展望今后关于此论题进一步研究的方向。

7.1 本研究的主要观点

基于信息化的大学英语教学改革实施了近 10 年，取得了令人瞩目的成就。从教学空间来看，传统课堂开始向网络虚拟课堂延伸拓展；从教学媒介来看，传统纸质教材开始向立体化教学资源转型升级；从教学方式来看，以教师为中心的课堂教学开始向以学生为中心的课堂教学转变；从教学形式来看，网络自主学习开始成为课堂讲授的有效补充；从教学评估来看，教师对学生单向的终结性评价开始向多元多向评价过渡；从教学内容来看，学生听说能力的培养得到了更大程度的关注；从教学效果上看，学生只懂"聋哑英语"的现象得到了较大程度的改观；从教学反馈来看，社会对外语教学"费时低效"、学生"高分低能"的指责有所缓解。然而，大学英语教学改革并未取得圆满成功，而是进入一个发展缓慢的高原期，其重要原因之一是现代信息技术未能和外语教学实现有机整合。随着多媒体网络等现代信息技术的强力介入，大学英语课堂教学也在一定范围和一定程度上出现了师生信息技术素养不高、教学行为与教学理念分离、对网络教学的认识过于简单化、信息化教学环境建设失衡、师生关系疏离等问题，严重影响了信息化教学改革的成效。为了更好地解决这些问题，提高大学英语教学效果，本研究采用了跨学科的研究视角，将大学英语课堂视为一个微观教育生态系统予以研究，重点回答了4个问题：①大学英语课堂生态具有怎样的结构、功能和特征？②信息化语境下的大学英语课堂生态存在哪些失衡现象？③大学英语课堂生态的失衡与现代信息技术的使用有何关联？④如何在信息化语境下重构大学英语课堂生态？

1）大学英语课堂具有生态系统的基本属性，属于微观生态系统，系统内的生态因子包含所有传统意义上的课堂教学要素，如教师、学生、教材、教学手段、教学方法、教室环境等。课堂生态系统的基本结构可以简化为"人＋课堂环境"，"人"自然指教师和学生，他们构成课堂生态主体，"课堂环境"包括教材、教学手段、课堂布置、教学氛围、师生关系、规章制度等，共同构成课堂生态环境。课堂生态主体和课堂生态环境之间相互作用、相互影响，共同决定着课堂生态系统的运行状态。从营养结构来看，教师是生态系统里的生产者，将来自系统外部的信息（即知识）以及自我经历或创造的信息（知识）通过消化和转换，以学生能够吸收的方式，通过课堂环境（包括教学媒介、班风学风等）传授给学生（消费者身份），学生（分解者身份）消化分解这些信息（知识），再通过课堂环境给老师一定的反馈，实现着生态系统中信息和智能的流动。

需要注意的是，教师是课堂生态系统中主要的信息生产者，但却并非唯一的生产者，学生和现代教学媒介也可能成为知识的生产者；学生是主要的信息消费者和分解者，但在师生共生的课堂生态中，教师也可能成为消费者和分解者。因此，在课堂生态系统中，教师和学生相对于不同的交互对象，需要选择性履行生产者、消费者或分解者的角色，与课堂生态环境保持着互动。生态环境的概念很复杂，本研究尝试性地以动态的时空视角将环境分为课前生成环境（教室的物理环境、师生背景、教学媒介等）、课中生成环境（师生关系、生生关系、师生情感态度等）和课后生成环境（班风学风、课堂规章制度等）。在这个意义上，教师和学生虽为生态主体，因为都有可能成为影响学习者的因素，因此也都可能在特定情况下演变为广义上的课堂环境。教师、学生、课堂环境之间产生着复杂的交互作用，同时发挥着课堂生态系统优化结构的功能、调谐关系的功能、促进演化的功能和生态育人的功能。大学英语课堂生态经过长期的运行之后会进入相对平衡的状态，但如果系统的外部环境发生较大变化，就会通过与系统的交互过程带动系统内部结构和功能的异化，系统就会出现失衡。

2）基于信息化的大学英语教学改革实施以来，由于现代信息技术的强力介入，长期处于平稳运行状态的大学英语课堂生态受到了极大的扰动，出现了课堂生态结构上的失衡和功能上的失调。结构上的失衡主要体现在系统组分构成比重的失调、系统组分之间交互关系的失谐和系统内部营养结构的失衡。在构成比重方面，现代信息技术由最初的系统外部环境变为课堂生态的内部因子，并逐渐发展成为主导因子，而系统内部的其他因子却未能与信息技术这个主导因子同步协变，比如，有些教师没有及时转变教学观念，提高信息技术素养，一些学生没能适应新的学习环境，改变传统的学习方式，等等。这样，原本稳定的系统结构就出现了各组分构成比重的失衡。结构上构成比重的失衡，又带来了生态因子之间的关系失谐，主要体现在生态主体之间的失谐、教师与信息技术的失谐、学生与信息技术的失谐、教学模式与信息技术的失谐、教材与信息技术的失谐、教室布局与信息技术的失谐、教学内容与信息技术的失谐、教学评估与信息技术的失谐、教学管理与信息技术的失谐等方面。系统内部各组分之间交互关系的失谐又加剧了系统内部营养结构的失衡，具体表现为大学英语教师缺乏足够的进修机会，不能从系统外部获取可持续发展所需的营养，作为知识消费者的学生未能通过从迅猛发展的现代信息技术中获取足够的营养，促使自己演变成为具有较强自主学习能力和自我建构能力的知识生产者。这样，信息（即知识）的流通渠道依然比较单一，流通的信息也还存在以考试内容为指向、以输入性技能为侧重的异化现象，从而导致了系统输入与输出的失调。大学英语课堂生态结构上的失衡进一步表现在课堂生态功能上的失调，包括结构优化功能衰减、关系调谐功能减弱、演化促进功能退化和生态育人功能降低，最终导致生态系统的整体功能难以发挥。

3）大学英语课堂生态的失衡与现代信息技术的强力介入紧密相关。在这次自上而下推动的大学英语教学改革过程中，传统的趋于平衡的大学英语课堂生态受到的巨大扰动主要来自信息技术这个生态因子的变化，即由系统外部环境变为内部因子甚至主导因子的过程。在这个过程中，原本相对平衡的课堂生态被迅速带离到远离平衡态的非线性区域，系统进入失衡状态。在此状态下，信息技术并没有能够如预想地那般强劲地带动系统内部其他因子同步协变而形成合力，各生态因子的联动效应不够，未能较快地帮助系统完成阶段性演化，重新形成生产力大大增强的新的动态平衡结构——耗散结构。在系统失衡的状态下，系统内部各种交互关系出现失谐，导致系统内存在信息流通不畅的问题；生态因子之间存在生态位重叠，有些生态因子出现生态位分离现象；部分生态因子演变成为限制因子，包括教学观念滞后、信息技术的低值使用或滥用所带来的负面影响；课堂生态环境中依然存在花盆效应；课堂生态内部各种矛盾凸现。这些过程中的问题汇聚到一起，产生了整体效应，引起了各级教育主管部门的关注。外语教育界开始对大学英语教学目标、教学内容、信息技术的作用、网络自主学习的效果等进行集中反思，导致教改进入一个力度减弱、发展变慢的高原期和迷惘期，课堂生态也被带回到线性区域，但是仍然处在较大的震荡中，处于非平衡态。如何重构课堂生态的平衡以提高课堂教学成效，就成了摆在广大外语教育工作者面前亟待解决的问题。

4）信息技术运用于外语教学的巨大优势以及信息技术使用的不可逆性，决定了大学英语课堂生态的重构必须坚持以信息化为语境，以科学合理地整合信息技术与外语教学为基本策略，这是重构大学英语课堂生态的前提条件。本研究认为，重构大学英语课堂生态必须坚持生态性、系统性、人本性和有效性原则。坚持生态性原则主要指以生态的视角为研究路向，以生态学研究方法为主要手段，以生态学理论为主要依据，以课堂生态化为价值取向，观察、分析和解决课堂生态失衡问题。坚持系统性原则主要指坚持以系统的视角、运用系统论观点和方法研究课堂生态系统。坚持人本性原则就是坚持以人为本，以学生为中心，建立和谐的师生关系，实现师生共生的价值追求。坚持有效性原则就是坚持有效教学，追求好的教学成效，通过有效整合现代信息技术与外语教学，创建生态课堂。重构大学英语课堂生态的路径是，通过发挥信息技术作为主导因子的引领作用、控制课堂生态中的限制因子、调整课堂生态因子的生态位、引导系统各组分同步协变、规避课堂环境构建中的花盆效应、重塑互动对话的生态课堂交往、恢复信息化课堂的生态功能、保持课堂生态的活水效应等方法，优化课堂生态结构和功能，促进课堂生态的修复。在实践层面，外语教学工作者尤其要注意创新大学英语教学观念，建立分级分类培养体系和分层分类课程体系，构建多维互动课堂环境，提高师生信息技术素养，提供立体化教学资源，采用因境而变的教学方法，调整师生课堂角色，发展平等和谐的师生关系，构建多元评价体系，最终创建和谐高效、师生共生的生态课堂。

7.2 本研究的局限

本研究采用新的跨学科研究视角，主要运用生态学和系统科学的相关理论和方法，同时适当结合教育学和应用语言学的研究成果，全面、综合地研究现代信息技术强力介入大学英语课堂生态后所导致的系统失衡问题，然后从宏观、中观和微观层面提出了重构大学英语课堂生态的原则、路径和实践策略。本研究拓展了课堂研究的理论空间，开阔了课堂教学问题的研究思路，同时在跨学科理论运用方面进一步推进了教育生态学的发展，具有较好的理论和实践意义，同时在研究视角、研究对象、理论基础和问题解决方案等方面具有一定的创新性。然而，正所谓研前不知深浅，研后方知短长，本研究在研究方法、理论运用和研究内容上还存在不少局限，需要在以后的研究中予以注意。

在研究方法上，本研究主要采用定性研究的方法，本专著以思辨性论述为主，有些观点可能具有个人经验主义倾向。虽然在问题考察和分析过程中，也运用了一些定量数据加以论证，但大多数数据来自于其他学者的研究成果，研究者通过亲身实验和实践所获取的数据相对较少，具有一定的局限性。

在理论运用方面，虽然研究者花了很多时间和精力认真研读了生态学和系统科学的相关理论，并尽力用浅显易懂的语言表达出来，但是由于研究者外语学科教育背景的局限性，本研究对这些跨学科理论的理解深度还有限，理论应用也存在力不从心的情况。比如，本研究未能在深入学习和理解的基础上运用数学建模的方法为大学英语课堂生态建立一个平衡的生态模型，实为一大缺憾。而且，在具体运用生态学和系统科学理论研究大学英语课堂生态时，本研究主要采用了类比分析的方法，有些地方可能会给人一种生搬硬套的感觉，行文上也不乏生硬之处。此外，由于受视角的局限，本研究对教育学和应用语言学相关理论的阐述没能集中析出，而是穿插在具体行文当中。

在研究内容上，虽然本研究在描述问题、分析问题和解决问题的时候，尽量使不同环节的内容呈现显性的对应关系，但在实际研究的过程中，却难以做到各章节在内容上一一显性对应，相反，有些对应关系只能是隐性的。另外，由于本研究关注的对象是全国范围内的大学英语课堂，是一个泛化的概念，并非特指某一特定学校在特定发展阶段的某个特定课型的课堂，因此研究中发现的问题和提出的观点多数是共性的，而这些共性又寓于个性之中。正因如此，有些研究内容不免显得有些宽泛。在提出重构大学英语课堂生态的原则、路径和实践策略时，虽然也有一些具体的实证性内容，但总体上看，更多内容仍处于思辨性的构想阶段，还有待未来具体的实践检验。

7.3　进一步研究的方向

吴鼎福、诸文蔚（2000：179）认为，"教育生态学还属于灰色系统，需要运用现代科学技术成果，从定性与定量的结合上动态地加以研究和探讨"，这一观点指出了未来教育生态研究要关注的3个重要方面：①需要现代科学技术成果的支持，也就是说，教育生态研究不能只着眼于教育学理论，还要注意运用跨学科的研究成果和方法。②要将定性研究和定量研究相结合，使之相互补充，没有定性的定量是一种盲目的、毫无价值的定量，而没有定量的定性缺乏科学数据的检验，只能停留在主观判断和分析层面，唯有将二者结合起来灵活运用才能取得最佳效果。③要用动态的眼光研究教育生态系统，因为系统的平衡是相对的，而失衡是绝对的，动态发展是系统的主要状态。未来对大学英语课堂生态的研究也要突破本研究的局限，采用定性和定量相结合的研究方法，在更深层次上运用生态学和系统科学的相关理论，动态地进行跨学科研究。

目前，教育生态学还属于新兴学科，尚缺乏稳定的学科体系，甚至生态与教育还没有真正融通，（吴鼎福、诸文蔚，2000：4）这也是为什么本研究的理论基础没有直接选用教育生态学的研究成果，而是选择了生态学和系统科学两个学科的基本理论作为教育生态学现有理论的补充。未来的研究可以走出将生态学原理在教学领域进行类比分析的浅层范式，通过对生态学和系统科学的更深层次的理解，将这些学科研究成果真正融会贯通于教育生态的研究，并努力提炼出教育生态学理论在具体学科应用上的基本范式。

一般认为，教育生态学的研究具有"理论—应用—实证"的发展趋向，早期多是普适性的理论研究，研究对象一般比较宏大。随着理论研究的深入，研究的视角就会转移到这些理论在一些学科的具体应用，研究对象以中观为主。随着现代科学技术的迅猛发展，教育生态学将走到运用跨文科的研究成果、通过实证研究的方法、探析一些微观教育问题的阶段。就课堂生态研究而言，未来可以将定性研究和定量研究相结合，更加深入地研究系统内某个因子的生态位、某个因子的限制作用、某两个因子之间的交互关系、课堂中的权利失衡与重构、课堂中的交互关系失衡与重构等细节问题，并将研究成果置于实践中予以检验。相信未来在这些领域和方向必将产生更加丰富的研究成果。

参考文献

汉语文献

埃利斯:《第二语言习得》,上海外语教育出版社2000年版。

鲍静:《大学英语交互式课堂教学的调查分析及启示》,载《科教文汇》2008年第7期,第97—98页。

蔡基刚:《中国大学英语教学路在何方》,上海交通大学出版社2012年版。

陈坚林:《从辅助走向主导——计算机外语教学发展的新趋势》,载《外语电化教学》2005年第4期,第9—12页。

陈坚林:《大学英语教学新模式下计算机网络与外语课程的有机整合——对计算机"辅助"外语教学概念的生态学考察》,载《外语电化教学》2006年第6期,第3—10页。

陈坚林:《大学英语教材的现状与改革——第五代教材研发构想》,载《外语教学与研究》2007年第5期,第374—378页。

陈坚林:《计算机网络与外语课程的整合——一项基于大学英语教学改革的研究》,上海外语教育出版社2010年版。

陈坚林:《现代英语教学组织与管理》,上海外语教育出版社2000年版。

陈晓端、Keith S.:《当代西方有效教学研究的系统考察与启示》,载《比较教育研究》2005年第8期,第56—60页。

陈毅萍、毛燕辉:《ICT与大学英语整合之现状调查》,载《现代教育技术》2011年第3期,第82—85页。

戴炜华:《新编英汉语言学词典》,上海外语教育出版社2007年版。

邓志伟:《个性化教学》,上海教育出版社2002年版。

窦福良：《课堂生态及其管理策略研究》，山东师范大学教育管理专业 2003 年硕士学位论文。

范国睿等：《共生与和谐：生态学视野下的学校发展》，教育科学出版社 2011 年版。

范蔚、叶波：《20 世纪 90 年代以来"有效教学"研究述评》，载《重庆大学学报（社会科学版）》2010 年第 4 期，第 133—137 页。

傅桦、吴雁华、曲利娟：《生态学原理与应用》，中国环境科学出版社 2008 年版。

谷峰：《大学英语多媒体网络自主学习现状调查及启示》，载《辽宁工程技术大学学报（社会科学版）》2012 年第 6 期，第 43—46 页。

管月飞：《论生态课堂及其构建》，安徽师范大学教育学原理专业 2007 年硕士学位论文。

规划编制专家组：《教育信息化十年发展规划（2011—2020）》，人民教育出版社 2012 年版。

何克抗：《信息技术与课程深层次整合的理论与方法》，载《电化教育研究》2005 年第 1 期，第 7—15 页。

何克抗：《信息技术与课程深层次整合理论》，北京师范大学出版社 2008 年版。

胡加圣、冯青来、李艳：《信息技术在于外语课程整合中的地位与作用解析》，载《现代教育技术》2010 年第 12 期，第 72—77 页。

胡涛：《拿什么调动学生—— 名师生态课堂的情绪管理》，西南师范大学出版社 2008 年版。

黄远振、陈维振：《中国外语教育：理解与对话——生态哲学视域》，福建教育出版社 2010 年版。

霍凤元：《生态学知识》，上海教育出版社 1989 年版。

姜闽虹：《网络环境下北京高校教师教学状况研究》，北京理工大学出版社 2009 年版。

教育部高等教育司：《大学英语课程教学要求》，清华大学出版社 2007 年版。

李伯黍、燕国材：《教育心理学（第二版）》，华东师范大学出版社 2001 年版。

李其龙、张可创：《研究性学习国际视野》，上海教育出版社 2003 年版。

李森、王牧华、张家军：《课堂生态论——和谐与创造》，人民教育出版社

2011年版。

李湘虹、庞景安：《信息化浪潮》，京华出版社1998年版。

李豫颖：《信息技术教学论》，厦门大学出版社2008年版。

李运萍：《接受性学习和研究性学习的差异及原因分析》，载《教育与职业》2007年第6期，第165—166页。

李振基：《生态学（第三版）》，科学出版社2011年版。

林骧华等：《文艺新学科新方法手册》，上海文艺出版社1987年版。

刘长江：《大学新生分级测试的性质、设计与实施》，载《外语教育（秋季号）》，南京大学出版社2000年版，第1—4页。

刘长江：《教育人本论与大学英语个性化教学》，载《教育评论》2008a年第4期，第85—88页。

刘长江：《主体间性视野下多元评价体系的构建》，载《教育评论》2008b年第5期，第57—62页。

刘长江：《基于网络的大学英语研究性学习模式探究》，载《外语电化教学》2008c年第1期，第19—23页。

刘长江、吴鼎：《实施研究性学习，创新英语教学观念》，载《疯狂英语（教师版）》2008a年第1期，第46—49页。

刘长江、吴鼎民：《个性化教学观照下的"动态约课"校本研究》，载《外语与外语教学》2008b年第11期，第20—24页。

刘贵华、杨清：《从标签式趋同到内涵式多样——生态课堂研究的回顾与前瞻》，载《教育研究》2011年第12期，第54—58页。

刘淑华、姜毅超：《多媒体环境下大学生英语自主学习能力调查》，载《沈阳师范大学学报（社会科学版）》2009年第5期，第101—103页。

路红霞：《低起点大学生英语自主学习能力现状调查分析》，载《青海大学学报（自然科学版）》2009年第1期，第96—99页。

鲁晶晶、曹雪丽：《多媒体网络技术下英语教学的问题与对策》，载《陕西广播电视大学学报》2008年第4期，第82—84页。

陆巧玲、周晓玲：《网络环境下大学英语教学改革理论与实践》，上海交通大学出版社2012年版。

潘光文：《课堂的生态学研究》，西南师范大学教学论专业2004年硕士学位论文。

皮连生、吴红耘：《两种取向的教学论与有效教学研究》，载《教育研究》2011年第5期，第25—30页。

施良方、崔允漷：《教学理论：课堂教学的原理、策略与研究》，华东师范大学出版社1999年版。

束定芳、庄智象：《现代外语教学——理论、实践和方法》，上海外语教育出版社1996年版。

孙芙蓉、谢利民：《国外课堂生态研究及启示》，载《比较教育研究》2006a年第6期，第87—92页。

孙芙蓉、谢利民：《国外课堂生态研究述评》，载《外国中小学教育》2006b年第6期，12—18页。

孙启美：《现代教育技术与学习模式——走向信息化》，科学出版社2010年版。

孙振钧、周东兴：《生态学研究方法》，科学出版社2010年版。

谭璐、姜璐：《系统科学导论》，北京师范大学出版社2010年版。

王海啸：《大学英语教师与教学情况调查分析》，载《外语界》2009年第4期，第6—13页。

王琦：《信息技术环境下的外语教学研究》，中国社会科学出版社2006年版。

王守仁：《高校大学外语教育发展报告（1978—2008）》，上海外语教育出版社2008年版。

王守仁：《在构建大学英语课程体系过程中建设教师队伍》，载《外语界》2012年第4期，第2—5页。

王守仁、王海啸：《我国高校大学英语教学现状调查及大学英语教学改革与发展方向》，载《中国外语》2011年第9期，第4—11页。

王先荣、曹长德：《试论我国大学英语自主学习的适切度——基于学习者视角的调查研究》，载《外国语文》2010年第5期，第146—148页。

王晓莉：《信息技术环境下学与教方式变革的趋势》，载《教育与教学研究》2009年第8期，第41—43页。

王运武、陈琳：《中外教育信息化比较研究》，电子工业出版社2008年版。

温林妹、李雄、曾淑萍：《大学英语教师能力结构现状调查》，载《疯狂英语（教师版）》2008年第2期，第54—58页。

吴鼎福、诸文蔚：《教育生态学》，江苏教育出版社2000年版。

吴今培、李学伟：《系统科学发展概论》，清华大学出版社2010年版。

吴立岗、夏惠贤：《现代教学论基础》，广西教育出版社2001年版。

夏晋祥：《论"生命课堂"及其教学模式的建构》，载《天津师范大学学报（基础教育版）》2005年第1期，第62—65页。

谢欣欣：《大学英语教学得失谈——基于一份调查问卷的解析和思考》，载《福建师范大学福清分校学报》2010年第6期，第94—98页。

杨治中：《从实际出发求实际成效——关于大学英语教学的若干思考》，载《当代外语研究》2013年第5期，第1—6页。

姚梅林、王泽荣、吕红梅：《从学习理论的变革看有效教学的发展趋势》，载《北京师范大学学报（社会科学版）》2003年第5期，第22—27页。

余胜泉：《构建和谐"信息生态"，突围教育信息化困境》，载《中国远程教育》2006年第10期，第19—24页。

张娟、张晓如：《网络研究性学习中的教与学》，载《泰州职业技术学院学报》2003年第1期，第30—33页。

张舒：《试析课堂生态的结构与功能》，载《洛阳理工学院学报（社会科学版）》2009年第3期，第91—92页。

张尧学：《关于大学本科公共英语教学改革的再思考》，载《中国高等教育》2003年第12期，第21—23页。

曾祥跃：《网络远程教育生态学》，中山大学出版社2011年版。

赵同森：《解读人本主义教育思想》，广东教育出版社2006年版。

中共中央、国务院：《2006—2020年国家信息化发展战略》，中国法制出版社2006年版。

中共中央、国务院：《国家中长期教育改革和发展规划纲要（2010—2020）》，人民出版社2010年版。

左焕琪：《英语课堂教学的新发展》，华东师范大学出版社2007年版。

英语文献

Algozzine, K. M. et al. (1986). Classroom Ecology in Categorical Special Education Classrooms: And so, They Counted the Teeth in the Horse! *Journal of Special Education*, 2, 209-217.

Ashby, E. (1966). *Universities: British, Indian, African: A Study in the Ecology of Higher Education*. Cambridge: Harvard University Press.

Barowy, W. & Smith, J. E. (2008). Ecology and Development in Classroom Communication. *Linguistics and Education*, 19, 149-165.

Becker, F. D., Sommer, R. & Bee, J. et al. (1973). College Classroom Ecology. *Sociometry*, 4, 514-525.

Boylan, M. (2010). Ecologies of Participation in School Classrooms. *Teaching and Teacher Education*, 26, 61-70.

Brooks, C. I. & Rebeta, J. L. (1991). College Classroom Ecology-The Relation of Sex of Student to Classroom Performance and Seating Preference. *Environment and Behavior*, 3, 305-313.

Cremin, L. A. (1976). *Publich Education*. New York: Basic Books.

Damico, S. & Watson, K. (1974). Peer Helping Relationships: An Ecological Study of an Elementary Classroom. Presented at the 59th Annual Meeting of the American Educational Research Association, Chicago, Illinois.

Doyle, W. (1977). Learning the Classroom Environment: an Ecological Analysis. *Journal of Teacher Education*, 28, 51-55.

Doyle, W. & Ponder, G. A. (1975). Classroom Ecology: Some Concerns about a Neglected Dimension of Research on Teaching. *Contemporary Education*, 3, 183-188.

Dukes, M. & Saudargas, R. A. (1989). Teacher Evaluation Bias toward LD Children—Attenuating Effects of the Classroom Ecology. *Learning Disability Quarterly*, 2, 126-132.

Griffith, C. R. (1921). A Comment upon the Psychology of the Audience. *Psychological Monographs*, 30, 36-37.

Guzdial, Mark. (1997). Information Ecology of Collaborations in Educational Settings:

Influence of Tool; Published in proceeding CSCL 97' Proceedings of the 2nd International Conference on Computer Support for Collaborative Learning, Toronto, Ontario, Canada.

Hawley, A. H. (1950). *Human Ecology: A Theory of Community Structure*. New York: Ronald Press.

Holliman, W. B. & Anderson, H. N. (1986). Proximity and Student Density as Ecological Variables in a College Classroom. *Teaching of Psychology*, 13, 200-203.

Jacobs, N. (1989). Nontraditional Students: The New Ecology of the Classroom. *Educational Forum*, 4, 329-336.

Knowles, E. S. (1982). A Comment on the Study of Classroom Ecology: A Lament for the Good Old Days. *Personality and Social Psychology Bulletin*, 2, 357-361.

Kramsch, C. (2003). Language Acquisition and Language Socialization: Ecological Perspectives, *Continuum*, the Tower Building, 11 York Road, London, SE1 7NX.

Leather, J. & Dam, J. V. (2003). *Ecology of Language Acquisition*. Dordrecht: Kluwer Academic Publishers.

Leone, P. E. et al. (1990). Understanding the Social Ecology of Classrooms for Adolescents with Behavioral Disorders: A Preliminary Study of Differences in Perceived Environments. *Behavioral Disorders*, 1, 55-65.

Levine, D. W., O'Neal, E. C. & Garwood, S. et al. (1980). Classroom Ecology: The Effects of Seating Position on Grades and Participation. *Pers Soc Psychol Bull*, 6, 409-412.

Muyskens, P. & James, E. (1998). Ysseldyke Student Academic Responding Time as a Function of Classroom Ecology and Time of Day. *The Journal of Special Education Winter*, 4, 411-424.

Pellegrini, A. D. (1984). The Social Cognitive Ecology of Preschool Classrooms: Contextual Relations Revisited. *International Journal of Behavioral Development*, 3, 321-332.

Richards, J. C. & Rodgers, T. S. (1986). *Approaches and Methods in Language Teaching*. London: Cambridge University Press.

Rieth, H., And Others. (1988). An Analysis of the Secondary Special Education Classroom Ecology with Implications for Teacher Training. *Teacher Education and Special*

Education, 3, 113-119.

Sommer, R. (1967). Classroom Ecology. *Journal of Applied Behavioral Science*, 3, 489-503.

Stires, L. (1980). Classroom Seating Location, Students' Grades, and Attitudes: Environment or Self-selection. *Environment and Behavior*, 12, 241-254.

Tudor, I. (2001). *The Dynamics of the Language Classroom*. Cambridge: Cambridge University Press.

Tyler, R. M. (1975). An Ecological Study of Freeplay in a Preschool Classroom. Paper Presented at the 83rd Annual Meeting of the American Psychological Association, Chicago, Illinois.

van Lier, L. (2004). *The Ecology and Semiotics of Language Learning: A Sociocultural Perspective*. Boston: Kluwer Academic.

Walker, H. M. (1985). Teacher Social Behavior Standards and Expectations as Determinants of Classroom Ecology, Teacher Behavior, and Child Outcomes. Final Report. Nationalist of Education (Ed), Washington. D. D. US: Oregon.

Waller, W. (1932). *The Sociology of Teaching*. New York: Russell and Russell.

Wattenberg, W. W. (1977). The Ecology of Classroom Behavior. *Theory into Practice*, 4, 256-261.

Whalen, C. K. et al. (1979). A Social Ecology of Hyperactive Boys: Medication Effects in Structured Classroom Environments. *Journal of Applied Behavior Analysis*, 1, 65-81.

Wolery, M. & Garfinkle, A. N. (2002). Measures in Intervention Research with Young Children Who Have Autism. *Journal of Autism and Developmental Disorders*, 10(5), 463-464.

Language acquisition and language socialization—ecological perspectives edited by Claire Kramsch, 2002, 76.15 East 26th Street, New York, NY10010.

附录 1　Abstract in English

    Educational informationization is one of the major strategic focuses of China's informatization development and the main path to the educational modernization of our country. It is also an inexorable trend of the times. The rapid development of information technology has been constantly changing people's ways of life, work, thinking, and teaching as well. College English teaching, in particular, has been closely connected to modern information technology in the recent decade. Computer-network-and classroom-based College English teaching model has been widely spread across the country and the overall level of College English teaching has got greatly enhanced. However, during the function transformation of modern information technology from an instrumental role to a leading role in College English classroom teaching, there arose some urgent problems to be solved.

    From an interdisciplinary perspective, the study applies ecology theories and systems science theories to a systemic analysis and in-depth exploration of the College English classroom ecology in the context of informationization by following the basic route map of discovering, describing, analyzing and solving problems, on the basis of which some methods and measures are put forward to reconstruct the ecological equilibrium in College English classroom. To be specific, the present study views the College English classroom as a microcosmic educational ecosystem and particularly answers four questions: ① What are the structure, functions and features of the College English classroom ecology? ② What kinds of imbalance and mismatches exist in College English classroom ecology in the context of informationization?　③ What is the relationship between the ecological imbalance of College English classroom and the application of modern information technology? ④ How to reconstruct the College English classroom ecology in the context of informationization? The four questions above are step-by-step ones and the answer to a previous question lays a research foundation for the latter one. The main ideas of the study are as follows:

1) The College English classroom has the basic attributes of ecosystem and its basic structure can be simplified to " human beings + ecological classroom environment ". Here " human beings " include teachers and students who are the ecological classroom subjects; " ecological classroom environment " includes the pre-class environment (physical environment of classroom, backgrounds of teachers and students, teaching media, etc.), in-class environment (teacher-student relationship, student-student relationship, emotions and attitudes of teachers and students, etc.) and after-class environment (class atmosphere, study style, class rules and regulations, etc.). Classroom subjects and classroom environment interact with each other and thus determine the run state of classroom ecosystem. From the perspective of trophic structure, teachers, as the producers in the ecosystem, impark through classroom environment the information (knowledge) that comes from outside of the system or from their own creation to students who act as consumers. And at the same time, students also act as the decomposers who digest and absorb the information (knowledge) and give some feedback to teachers through classroom environment. In this way, the flow of knowledge and intelligence in the ecosystem gets realized. It should be noted that teachers and students, though they're the ecological subjects, can also become the environmental factors that affect learners. The complicated interaction among teachers, students and classroom environment helps the system fulfill the functions of optimizing the structure, coordinating the relationships, promoting the evolution, cultivating both learners and teachers ecologically, and the like.

2) After the strong intervention of modern information technology in the College English classroom teaching, the College English classroom ecology that has enjoyed a long-term stable state got greatly disturbed. This disturbance resulted in the structural and functional imbalance of the classroom ecology. The structural imbalance is mainly reflected in the disproportion of and disharmony between system components, and the imbalance of

trophic structure within the system. Among them, the disproportion is mainly embodied as the intensified application of information technology; the disharmony is mainly embodied as the mismatches between ecological subjects, and the mismatches between information technology and teachers, students, teaching modes, teaching materials, classroom layout, teaching contents, evaluation of teaching, management of teaching, etc.; the imbalance of trophic structure is mainly embodied in the problems that College English teachers lack opportunities of professional development and that students lack abilities to self-study and self-construct knowledge. Functional disorder includes the declining of structure-optimizing function, the weakening of relation-coordinating function, the slowing-down of system-evolving and promoting function, and the decreasing of talent-fostering function, which makes the overall functions of ecosystem ineffective.

3) The imbalance of College English classroom ecology is closely related to the application of information technology. With the information technology changing from an external environment factor to an internal and even a leading factor, the originally balanced classroom ecology is dragged quickly to the nonlinear area and the system enters a serious non-equilibrium state in which information technology fails to lead other internal factors to synchronize along with it. Therefore, no resultant force forms and no chain reactions occur in the ecosystem, which makes it impossible for the disturbed ecosystem to complete its periodic evolution into a dynamically balanced structure—dissipative structure, which is thought to be more productive. In the off-balance ecosystem, the internal interrelationship becomes disharmonious and contradictions inside the classroom ecology appear. All these problems gather together, leading to the holism effect which attracts the attention of education authorities at all levels. In the circle of foreign language teaching, many people begin to reflect on the College English teaching objectives, teaching contents, the role of information technology, the effect of self-access online learning, and so on. Thus, the teaching reform enters a plateau phase when many English teachers are puzzling over the reform, the push-forward from the government has been reduced and the pace of reform has been slowed down. The classroom ecology has been brought back to the linear area, but it still stays in the non-equilibrium state. How to reconstruct the balance of classroom ecology

and increase the efficiency of classroom teaching? This has become an urgent problem left for many foreign language educators to solve.

4) In view of the great advantage of applying information technology to foreign language teaching and the irreversibility of its usage, the reconstruction of College English classroom ecology must be conducted in the context of informationalization and adhere to the basic strategy of integrating information technology into foreign language teaching scientifically, which is the prerequisite condition for the reconstruction. The present study suggests that in order to reconstruct College English classroom ecology, we must stick to the four principles of being ecological, systemic, human-oriented and effective, optimize classroom ecological structure and functions and promote ecological restoration of classroom ecology by means of making information technology play a leading role as the dominant factor, controlling the limiting factors in the classroom ecology, adjusting the ecological niches of classroom ecological factors, leading the system components to synchronize with each other, avoiding the flowerpots effect in the construction of classroom environment, reshaping the ecological classroom communication and interaction, restoring the ecological functions of informatized classroom, maintaining the flowing-water effect of classroom ecology, etc. In practice, foreign language educators should particularly attach importance to innovating College English teaching notions, establishing a classified and hierarchical educational system and curriculum system, constructing multi-dimensional and interaction-friendly environment, improving teachers' and students' information literacy, providing three-dimensional teaching resources, adopting flexible teaching methods in different situations, adjusting the roles of teachers and students, developing equal and harmonious teacher-student relationship, building a pluralistic and multi-directional evaluation system, and finally creating the harmonious, efficient and teacher-student symbiotic classroom ecology.

The present study not only extends the development space of classroom research, broadens the research approaches to problems in classroom teaching, but also has great theoretical and practical significance for it promotes the development of educational ecology in terms of the application of interdisciplinary theories. The study is to some extent innovative in such respects as the research perspective, research object, theoretical foundation, and the solution to the existing problems. As is known to all, it is impossible for us to be clear about everything to be studied until we have finished the research. In such respects as research methods, theory application and research content, the study still has some limitations that should be noted in future studies.

附录2 本研究中常用词语英译

阿里氏原则：Allee's principle

不可逆的：irreversible

  不可逆过程：irreversible process

  不可逆性：irreversibility

策略：strategy

  宏观策略：macro-strategies

  实践策略：practice strategies

  微观策略：micro-strategies

  学习策略：learning strategy

  元认知策略：metacognitive strategies

  中观策略：medium-scale strategies

传输：transmission

大学英语：college English

  《大学英语课程教学要求》：*College English Curriculum Requirements*

  大学英语课堂：college English classroom

  大学英语课堂生态：college English classroom ecology

  大学英语教学：college English teaching

  大学英语四级考试：College English Test-Band 4，简称"CET-4"

  基于信息化的大学英语教学改革：informationization-based college English teaching reform

单一通道：single channel

定量分析：quantitative analysis

定性分析：qualitative analysis

动机：motivation

  工具型动机：instrumental motivation

  结果型动机：resultative motivation

  内在型动机：intrinsic motivation

  综合型动机：integrative motivation

多媒体：multimedia

  多媒体技术：multimedia technique

  多媒体课件：multimedia courseware

多维互动教学：multi-dimension interactive teaching environment

多样性：diversity

多元多向评价体系：a pluralistic and multi-directional evaluation system

反馈：feedback

  反馈机制：feedback mechanism

  反馈控制：feedback control

  反馈调节：negative feedback

  正反馈：positive feedbak

  负反馈：negative feedback

泛化：generalization; 特化：specialization

范式：normal form

方案：schema; scheme

非线性：nonlinearity

  非线性区域：nonlinear area; 线性区域：linear area

分 -：

  分布：distribution

  分层课程设置：hierarchical curriculum design

  分岔点：bifurcation point

分级分类培养体系：individualized streaming training system; classified hierarchical training system

分解：decompose (vt); decomposition (n)

分类：classification

风格：style

  场独立型风格：field-independent learner

  场依存型风格：field-dependent learner

  冲动型风格：impulsive learner

  思考型风格：reflective learner

  触觉型风格：tactile learner

  视觉型风格：visual learner

  听觉型风格：auditory learner

复杂：complexity

  复杂系统：complex system

  复杂性研究：complexity study

干扰，扰动：disturbance

高斯法则：Gause rule

功能：function

共享资源：to-be-shared resources

过程性问题：transient problems

耗散 -：dissipative.

  耗散结构：dissipative structure

  耗散系统：dissipative system

  耗散结构理论：dissipative structure theory

互利共生：mutualism

环境：environment

  生态环境：ecological environment

  物理环境：physical environment

　　　　心理环境：psychological environment
恢复：restore (vt); restoration (n)
机制：mechanism
集合：set
集合体：ensemble
技术：technology
　　　　技术恐惧者：technophobe
　　　　技术恐惧症：technology phobia
　　　　信息技术：Information Technology，简称"IT"
　　　　现代信息技术：modern information technology
　　　　现代教育技术：Modern Educational Technology，简称"EdTech"
　　　　低值使用技术：underuse of technology
　　　　过度使用技术：overuse of technology
　　　　滥用技术：abuse of technology
计算机：computer
　　　　计算机辅助教学：Computer-Aided Instruction，简称"CAI"
　　　　计算机辅助学习：Computer-Aided Learning，简称"CAL"
　　　　计算机辅助语言教学：Computer-Assisted Language Learning，简称"CALL"
　　　　计算中心：computation centre
　　　　基于计算机和课堂的英语教学模式：computer- and classroom-based college English teaching model
加速器：accelerator
建构主义：constructivism
渐进式问题：step-by-step questions
交互，相互作用：interact
交际能力：communicative competence
教学法：teaching method
　　　　个性化教学：Individualized Teaching

　　　　混合教学法：blended teaching

　　　　交际法：communicative approach

　　　　交际教学法：Communicative Language Teaching, 简称"CLT"

　　　　教学方式：teaching mode

　　　　理论：approach; 方法：method; 技巧：technique

　　　　任务型教学：task-based teaching

　　　　研究性学习：inquiry learning

　　　　有效教学：effective teaching

教育：education

　　　　教育生态：ecology of education，educational ecology

　　　　教育生态学：ecology of education; educational ecology

　　　　教育信息化：educational informationization

　　　　赛博教育：cyber education

　　　　电子教育：e-education

　　　　电子学习：e-learning

　　　　虚拟教育：virtual education

　　　　在线教育：online Education

结构：structure

　　　　耗散结构：dissipative structure

　　　　无序结构：disorder structure

　　　　营养结构：trophic structure

　　　　有序结构：ordered structure

解码：decoding

解码器：decoder

介入：intervention; integration

竞争排斥：competitive exclusion

竞争排斥原理：principle of competitive exclusion

局部平衡：local balance; local equilibrium

局部稳定性：local stability

角色：role

开放性：openness; 封闭性：closedness

可持续发展：sustainable development

可能性：possibility; probability

可能性空间：possibility space

课堂：classroom

  课堂面授：class meeting; classroom instruction

  课堂生态：ecology of classroom; classroom ecology; classroom ecosystem

  课堂生态学：ecology of classroom

  广义课堂：generalized classroom

  生态课堂：ecological classroom

  虚拟课堂：virtual classroom

控制空间：control space

控制理论：control theory

控制论：cybernetics

连锁反应：chain reaction

路径：path

矛盾：contradiction

密度：density; 最适密度原则：optimum density

耐受区：zone of tolerance

耐受性定律：law of tolerance

能量流动：energy flow

前提，先决条件：prerequisite condition

情感：affect; emotion

  情感过滤假说：affective filter hypothesis

  积极情感：positive affect

  技术恐惧者：technophobe

焦虑：anxiety

消极情感：negative affect

群聚：aggregation；群聚效应：clustering effect

软件设计：software design；硬件建设：hardware construction

熵：entropy

生态：ecology

  生态幅：ecological valence

  生态环境：ecological environment

  生态课堂：ecological classroom

  生态平衡：ecological balance

  生态位：ecological niche；或 econiche

  生态系统：ecological system；ecosystem

  生态效应：ecological effect

  生态学：ecology

  生态主体：ecological subject

  参与生态：ecologies of participation

  高等教育生态学：ecology of higher education

  课堂生态：ecology of classroom；classroom ecology；classroom ecosystem

  课堂生态学：ecology of classroom

生态位：ecological niche；或 econiche

  生态位重叠：niche overlap

  生态位分离：niche shift

  生态位宽度：niche breath

  基本生态位：fundamental niche

  现实生态位：realized niche

生产者：producer；分解者：decomposer；消费者：consumer

识别和认证：identification and authentication

失衡：imbalance

失谐：mismatch

食物链：food chain

食物网：food web

输入：input

输出：output

特征：character; characteristic; feature; property; trait

突变：catastrophe; abrupt change

突变论：catastrophe theory

系统：system

    系统分析：system analysis

    系统观：system outlook

    系统科学：system science

    系统理论：system theory

    系统论：System Theory

    系统综合：system synthesis

    动态系统：dynamic system

    封闭系统：closed system

    复杂系统：complex system

    灰色系统：obscure system

    开放系统：open system

    模糊系统：fuzzy system

    生态系统：ecological system; ecosystem

    一般系统论：general system theory

    自适应系统：adaptive system

    子系统：subsystem

线性区域：linear areal；非线性区域：nonlinear area

效应：effect

    边缘效应：edge effect；border effect

花盆效应：flowerpots effect

　　活水效应：flowing-water effect

　　联动效应：chain effect

　　临近效应：proximity effect

　　群聚效应：clustering effect

　　生态效应：ecological effect

　　相干效应：coherent effect

　　拥挤效应：crowding effect

　　整体效应：holism effect

同步：synchronization

同步操作：synchronization operation

同步协变：synchronous changes; co-change

相干效应：coherent effect

相干行为：coherent behavior

相，相位：phase

　　相点：phase point

　　相空间：phase space

协调，协同：coordinate

协同理论：synergetics theory

协同论，协同学：synergetics

信息：information

　　信息传递：information transmission

　　信息高速公路：information superhighway

　　信息化：informationization; informatization

　　信息化发展：informatization development

　　信息化建设：informatization construction

　　信息技术：Information Technology, 简称"IT"

　　信息技术与课程整合：Integrating Information Technology into the Curriculum, 简称"IITC"

信息技术在教育中的应用：IT in education

信息流：information flow

信息论：information theory

信息素养：information literacy

信息技术素养：IT literacy

信息通信技术：Information and Communicative Technology, 简称"ICT"

信息与通信技术在教育中的应用：ICT in education

信息转换：information conversion

国家信息基础设施：National Information Infrastructure, 简称"NII"

基于信息化的大学英语教学改革：informationization-based college English teaching reform

教育信息化：educational informationization

序参量：order parameter

学习：learning

 学习策略：learning strategy

 学习风格：learning style; cognitive style

 学习需要：learning needs

 学习自主性：learning autonomy

 协作学习：collaborative learning

 研究性学习：inquiry learning

 资源型学习：resource-based learning

 自主学习：self-access learning; autonomous learning

演化：evolution; 阶段性演化：periodical evolution

异变：distortion; deformation

因子：factor

 非生物因子：abiotic factor

 辅助因子：instrumental factor

 环境因子：environmental factor

生态因子：ecological factor

　　生物因子：biotic factor

　　限制因子：limiting factor

　　主导因子：leading factor

营养级间传递：nutrient cycle

英语：English

　　学术英语：English for Academic Purpose，简称"EAP"

　　专门用途英语：English for Specific Purpose，简称"ESP"

　　学用英语：learning to use English

　　用英语学：using English to learn

　　基础英语：fundamental English

涌现：emergence

优化：optimization

阈，阈值：threshold

整体性：wholeness

知识流：knowledge flow；信息流：information flow

状态：state

　　不稳定定态：non-stable steady state

　　初始状态：initial state

　　定态：stationary state; steady state

　　非平衡定态：non-equilibrium steady state

　　非平衡态：non-equilibrium state

　　运行状态：run state

　　动态平衡：homeostasis

　　动态系统：dynamic system

自动：automation

自上而下的：bottom-up

自适应：self-adaptation

自我规划：self-planning

自我监控：self-monitoring

自我评估：self-evaluating; self assessment; self evaluation

资源管理：resource management

资源库：reservoir

自主性：autonomy

自组织：self-organization

组分，组件：component

最适密度原则：optimum density

最适区：zone of optimum

最小因子定律：law of the minimum

致　　谢

　　我本不是一个习惯把"感谢"挂在嘴边的人，虽修读西方语言文化20余载，却未能改得了中国人与生俱来血液里的那种含蓄，总以为装在心里就行。然而今天，当捧着这本凝聚着导师的智慧、师长的关怀、家人的期盼和本人梦想的著作时，我却特别感受到了一股来自心底的强烈冲动，一股想摁也摁不住的、想说声"谢谢"的冲动。兴许是心里装得多了，再也装不下了吧。

　　这本小书是由本人博士论文修改而成。回想起来，我初识导师陈坚林教授已是5年前的事了。初次见面，陈老师那儒雅的气质和亲和的话语一下子就消除了我心中的那份紧张，催发了我想要拜师求学的渴望。感谢陈老师让我梦想成真！在随后几年的教学科研中，尤其是最近一年的论文写作过程中，陈老师一直以其渊博的学识、严谨的治学精神和敏锐的学术洞察力给予我启发与指导。当我揣着几个选题而无所适从时，陈老师以其特有的前沿视野为我选了这个跨学科性的论题，锁住了我摇摆的视线；当我忍受不了科研中的辛劳和寂寞而心生懈怠之意时，陈老师殷切的期盼、由衷的鼓励和亲切的关怀，止住了我摇摆的心；当我为论文的内容和思路苦思冥想而百思不得其解时，陈老师在电话那端的娓娓道来为我理清了思路打开了结。如果没有陈老师的耐心指导和持续鼓励，我也享受不到今天这种完成博士论文后的成就感和春暖花开般的心情。衷心感谢陈老师为我的学业所倾注的大量时间和精力！

　　同时，我要感谢上海外国语大学的戴炜栋教授、何兆熊教授、李维屏教授和虞建华教授！先生们在课堂上不仅给我传授了外国语言文学的学科前沿知识，而且还为我传输了一种学会享受教学、享受科研的正能量。感谢张健教授和赵蓉博士在开题答辩会上给予我的点拨！感谢我的挚友胡加圣博士一直以来给予我的鼓励和帮助！感谢答辩委员会里的各位老师为我的论文答辩所倾注的时间和精力以及提出的宝贵意见！

我还想借此机会为多年来积聚于心的对家人的感谢找到恰当的表达，但却发现汉语词汇原来与我一般羞涩。我的父母一直生活在大山深处，因为时代不同，父亲只上了3年学，母亲从未跨进过学堂，但他们却是我最早最好的老师。他们有勤劳的双手、慈爱的心，有着对生活的敬重和对我们子女无限的爱，正是他们榜样的力量教会了我前行的步伐和感恩的心。感谢我的弟弟刘根焰博士一直以来对我的激励，感谢他访学纽约期间极力帮助我搜集论文资料！感谢我的爱人一直以来默默给予我的全方位支持，感谢她营造了一个与我梦想中一模一样的家！最要感谢我那既聪慧又靓丽的宝贝女儿，虽才上初三，却给我带来了莫大的荣耀。在撰写论文的过程中，尤其是当研读那些陌生的生态学和系统科学理论时，我常倍觉晦涩，难免心生倦意，可只要一想到女儿每天坚持早起学习的毅力，就有了"榜样"的力量。感谢亲爱的女儿！

最后，我想感谢工作了20多年的地方——南京航空航天大学。感谢南京航空航天大学为我提供了不断追求进取的动力和实现人生价值的舞台。正是这20多年的教学生涯促进了我的成长，为我今天的论文写作夯实了基础。感谢所有关心我的领导、同事和同学！感谢为本研究提供启发和参考的国内外专家学者！世界图书出版广东有限公司武汉学术中心的宋焱编辑为本书的出版倾注了大量心血，在此一并致以谢意！

但凡偶有所得，当思贵人之助，感激之情，岂是三言两语能表，且谨记于心吧。

2014.7